32,-
RC.

BRUNO ZORATTO

TIBET IN FIAMME

Con intervista al Dalai Lama
Premio Nobel per la Pace 1989

SCHENA EDITORE

© 1990 Schena editore, viale Stazione 177 - 72015 Fasano (Br - Italia)

ISBN 88-7514-399-4

*... A tutti coloro che
sono caduti per la libertà...*

*A Petra K. Kelly
e a Gert Bastian
per il loro encomiabile impegno
a favore del
Tibet libero.*
L'Autore

Sommario

pag.

- 13 Introduzione
- 19 Il paese e i suoi abitanti
- 37 I re del Tibet e i Dalai Lama
- 49 Il quattordicesimo Dalai Lama e l'invasione cino-comunista
- 71 Genocidio e seconda insurrezione, 1987
- 77 Quando finirà la tirannia?
- 89 **Colloquio con Tenzin Gyatso, quattordicesimo Dalai Lama del Tibet a Dharamsala**
- 121 Sopravvivenza e ricostruzione negli anni del duro esilio
- 127 Posizione strategica del Tibet nel cuore dell'Asia
- 137 La bandiera, simbolo della identità nazionale
- 141 Testo della dichiarazione del Comitato norvegese per il Premio Nobel
- 149 Intervento ufficiale del Dalai Lama in occasione del ricevimento di Premio Nobel per la Pace 1989
- 161 Dichiarazione del quattordicesimo Dalai Lama del Tibet, in occasione del conferimento del Premio Nobel per la Pace

Documentazione

- 167 Articolata proposta del Dalai Lama ai membri del Parlamento Europeo (15 giugno 1988)
- 173 Il Dalai Lama in occasione del 30° anniversario della rivolta nazionale tibetana (10 marzo 1989)
- 177 Dichiarazioni di Bonn sulla situazione in Tibet (21 aprile 1989)

Documenti e mozioni accolti ed approvati:
Parlamento italiano (15 marzo 1989) [p. 179]; Parlamento svizzero (16 marzo 1989) [p. 182]; Parlamento europeo (16 marzo 1989) [p. 182]; Nota formale dell'Ambasciata cinese presso la CEE (Bruxelles) [p. 183]; Senato degli USA (1989) [p. 184]; Governo francese (1989) [p. 186]; Governo olandese (23 marzo 1989) [p. 1187]; Governo canadese (7 marzo 1989) [p. 188];

- 189 Risoluzioni delle Nazioni Unite sul Tibet (1959-1961-1965)
- 193 Eccezionale documento scientifico annulla le argomentazioni cinesi sul Tibet (12 agosto 1987)
- 203 Associazione Italia-Tibet
- 207 **Costituzione del Tibet promulgata da S.S. il Dalai Lama (10 marzo 1963)**
- 233 *Bibliografia*

PREMESSA

Negli ultimi anni ho notato un cambiamento positivo nell'atteggiamento internazionale riguardo il Tibet e i Tibetani. Ciò è veramente incoraggiante. Credo che la comunità internazionale potrà comprendere meglio le complesse relazioni tra il Tibet e la Cina se avrà modo di avere delle informazioni basate sui fatti.

Sfortunatamente, la Cina ha distorto sia la storia tibetana che la situazione attuale. Mi compiaccio per questo libro di Bruno Zoratto che sicuramente contribuirà a chiarire alcune delle questioni.

DALAI LAMA

25 dicembre 1989

THE DALAI LAMA

FOREWORD

In recent years I have been finding a positive change in the international attitude towards Tibet and the Tibetans. This is indeed heartening. I believe the international community will be better placed to comprehend the complexed Tibet-China relations if they have access to factual information on the issue.

China, unfortunately, has been distorting the Tibetan history as well as its present situation. I therefore welcome this book by Mr. Bruno Zoratto which I am confident will help to clarify some of the issues.

December 25, 1989

Introduzione

Un olocausto, che nel silenzio piú vergognoso si sta da lustri consumando a danno di un popolo fiero e fra i piú religiosi del mondo: un tibetano su dieci, infatti, è incarcerato o è stato inviato nei campi di lavoro forzato per un periodo compreso fra i dieci e i vent'anni.

Il genocidio è iniziato nel 1950, quando il cosidetto "esercito di liberazione comunista della Republica popolare cinese" ha illegalmente e violentemente occupato il Tibet, dando il via ad una persecuzione unica al mondo, tendente ad estirpare l'ultra-millenaria "civiltà tibetana" legata alla propria profonda religiosità. I nuovi imperialisti iniziarono distruggendo sistematicamente istituzioni civili e religiose, monasteri e templi. Piú di un milione e duecentomila tibetani sono morti massacrati a causa dell'occupazione cinese. Un dramma che continua, di proporzioni gigantesche, se si pensa che i morti sono stati un sesto dell'intera popolazione. Il governo di Pechino ha insediato con la forza e la violenza quasi sette milioni di "coloni" nel peggior senso del termine, superando in questo modo i tibetani che non raggiungono oggi i sei milioni e sono diventati cosí minoranza repressa in casa propria.

La decantata politica di "liberalizzazione" da parte degli strateghi di Pechino è stata clamorosamente sepolta con l'eccidio di piazza Tien An-Men, ma in Occidente vi è ancora qualcuno interessato a sminuire la portata politica della tragedia che il popolo tibetano da oltre quarant'anni vive sulla propria pelle. Si vuole dare precedenza alla convenienza economica dei "grandi affari", illudendosi di relegare un cosí importante problema come quello della sopravvivenza della nazione tibetana a questione meramente provinciale.

Dopo il fallimento della politica cinese nei confronti del Tibet, che a quaranta anni dall'occupazione non lascia ancora dormire sonni tranquilli agli occupanti comunisti, la Repubblica popolare cinese ha escogitato una politica di occupazione per la quale i "coloni" hanno lo scopo di "cinesizzare" il popolo tibetano ormai in minoranza, dando così il via all'assorbimento sistematico già sperimentato con successo in Mongolia. Il fenomeno è vistosissimo nelle grandi città, dove i cinesi sono ovunque numericamente superiori ai tibetani. A Lhasa, capitale del Tibet, ci sono circa centomila civili cinesi contro i cinquantamila tibetani. Nelle cifre sopracitate non sono contemplati i cinquecentomila soldati cinesi del corpo di occupazione, suddivisi nelle quindici divisioni che stazionano permanentemente nella cosiddetta "Regione Autonoma" del Tibet e che oggi conta solo 1 milione 200 mila chilometri quadrati di superficie. Un "Gulag" apparentemente inespugnabile, in cui ad ogni dieci tibetani corrisponde un militare cinese.

Dagli ultimi avvenimenti, lo scontro fra "Buddha e Mao" nel Paese denominato anche "Tetto del mondo" sembra non abbia dato ragione agli invasori comunisti. A conferma di ciò, vi sono le continue proteste popolari sfociate nella proclamazione dello stato di guerra alla vigilia del trentesimo anniversario dell'eroica insurrezione di Lhasa, che comprova ulteriormente la debolezza dell'invasore.

Il popolo tibetano è un popolo religiosissimo, che si identifica nel buddhismo; è un'entità umana indivisibile, che in questi quarant'anni di calvario ha confermato di non poter coesistere in una società comunista come quella cinese. Dopo la gogna, la galera e la morte, viene ora concesso ai tibetani di ricostruire alcuni pochi monasteri, a volte con la sponsorizzazione dello Stato centrale cinese, con lo scopo di dimostrare una parvente apertura.

Lo studio autentico e praticato della religione buddhista è però proibito. Le attività dei monaci e dei loro maestri sono tenute costantemente sotto controllo dagli uomini del partito e in stretta collaborazione con i servizi di sicurezza; tutte le strutture monastiche sono infiltrate da elementi di fiducia dell'apparato, che ha imposto un "manager" cinese per ogni monastero buddhista.

Talvolta, le autorità ufficiali, in occasione della visita di consistenti gruppi di turisti occidentali, orchestrano vere e proprie sceneggiate, facendo vestire per alcune ore da monaci buddhisti autentici militari cinesi, illudendosi cosí di provocare l'impressione che la libertà religiosa nel Tibet occupato sia pratica quotidiana. Comunque, solo a un esiguo numero di aspiranti (poco piú di una decina in tutto, per ogni anno) prescelti dai notabili del regime, è permesso di entrare a far parte della comunità monastica.

La colonizzazione comunista cinese, oltre ad aver provocato un disatro ecologico senza precedenti, distruggendo immense foreste, ha portato un altissimo tasso di inflazione che supera il 300%. Per la prima volta nella loro storia, i tibetani hanno conosciuto il grande dramma della disoccupazione su larga scala. Sembra che nella valle di Lhasa, piú di trenta mila tibetani abbiano perduto la loro occupazione, a seguito dell'arrivo dei "coloni", che hanno precedenza ovunque e che usufruiscono dei migliori servizi.

L'assistenza medica, infatti, è di gran lunga migliore di quella riservata ai locali; come anche le strutture proposte all'educazione scolastica, che costringe i bambini tibetani a vivere e frequentare scuole inadeguate e ghettizzanti, laddove sino a poco tempo fa era persino reato imparare la lingua tibetana. Anche le refezioni scolastiche sono organizzate in modo tale che i bambini tibetani languiscono, mentre quelli cinesi sguazzano nell'abbondanza. Non c'è quindi da meravigliarsi che in questo clima di vero e proprio razzismo, solo il 20% dei posti nelle scuole superiori sia riservato ai tibetani, mentre il restante 80% è dei cinesi.

Il Governo comunista di Pechino, dopo aver fallito su tutto il pianeta cinese con la politica di pianificazione familiare, in Tibet usa il pugno di ferro. Infatti, gli aborti e le sterilizzazioni forzate delle donne tibetane sono pratica comune. A Chamdo, la terza città del Tibet in ordine di importanza, numerosi feti sono stati ritrovati nei bidoni della spazzatura degli ospedali.

Sventolare la bandiera della Patria tibetana è reato. Chi piange o chi ricorda in Occidente la morte del noto studioso Gheshe Lobsan Wanchuk, arrestato nel 1983 e scomparso nel novembre del 1987 assieme a centinaia e centinaia di altri oppositori della colonizzazione cinese? Mentre il mondo ricorda Mandela, nessuno batte ciglio quando per le vie di Lhasa o di altre città tibetane vengono giustiziati pubblicamente dei tibetani, secondo il macabro rituale cinese che considera, come nel medioevo, "educativa" l'esecuzione sulle pubbliche piazze dei condannati. Dove sono i sensibili intellettuali che in Europa e negli USA hanno sottoscritto talvolta accorati e chilometrici appelli di libertà e di rispetto degli Universali Diritti dell'Uomo calpestati in Chile, nel Sud Africa, in Palestina e persino nella Russia sovietica di Gorbaciov?

Il Tibet è stato scorporato dal Governo cinese in sei "amministrazioni", seguendo l'antico principio del "divide et impera". L'originario territorio tibetano è stato inserito nelle confinanti province cinesi, mentre solo il Tibet centrale (la regione di U-Tsang) ed alcune zone del Tibet orientale (la regione Kham) fanno parte della cosiddetta "Regione Autonoma del Tibet". Tale impostazione amministrativa ha lo scopo evidente di indebolire il peso politico del Tibet e, quindi, della sua causa. Ciò contribuisce enormemente allo sfaldamento della Nazione tibetana e al processo di cinesizzazione delle varie etnie tibetane che, trovandosi a lottare su tutti i fronti, sono scoperte e non sempre riescono a contrapporre quella durezza necessaria per provocare il rigetto.

Qualcuno, descrivendo recentemente l'attuale stato d'animo di questo "piccolo Vietnam" della Cina, ebbe giustamente ad affermare: "Pechino è a duemila chilometri a nord-est della capitale tibetana e a un milione di chilometri di distanza dal cuore dei tibetani". Questa frase, infatti, inquadra la dimensione drammatica di una realtà che pesa e preoccupa internazionalmente. L'assegnazione del Premio Nobel per la pace a Sua Santità il XIV° Dalai Lama ne è la conferma.

A quarant'anni dalla occupazione e a trenta dall'eroica rivolta a Lhasa, si è costretti a denunciare il fallimento – nonostante la brutale repressione – della politica comunista cinese nei confronti del Tibet.

Clamorosamente, perché sconfitti dalla protesta non violenta che ha caratterizzato l'azione del Governo tibetano in esilio, nonostante i monaci buddhisti di Lhasa siano stati costretti ad assaltare ed incendiare le caserme della capitale.

La difficile situazione in cui si trova oggi il Tibet occupato, venutasi a peggiorare dopo i tragici fatti di Pechino, ha superato ogni livello di guardia. La poco seria presunta disponibilità cinese nel venire a patti con chi viene regolarmente diffamato perché considerato "separatista" o "indipendentista" al servizio dello straniero, ha però portato alla ribalta la "Questione Tibet", costringendo controvoglia anche gran parte dei Governi occidentali (e quello indiano, che ha sempre considerato il problema sotto un punto di vista prettamente egoistico) a prendere atto che qualcosa si è inceppato in casa cinese, nonostante le fortissime pressioni della diplomazia di Pechino, che ostacola ovunque con ogni strumento iniziative tendenti ad internazionalizzare il problema.

La difficile situazione in cui si trova il Tibet occupato, provato ulteriormente dallo stato di guerra che permane a Lhasa e dalle inevitabili conseguenze ai tragici fatti di piazza Tien An-Men, necessita ancora della incondizionata solidarietà degli uomini liberi. Solidarietà che può essere dimostrata con una qualsiasi iniziativa – come la pubblicazione di questo libro – tendente a far conoscere la dimensione morale e politica di questo Olocausto dimenticato.

La tragedia tibetana ha bisogno ancora di quella solidarietà mondiale che da oltre quarant'anni accompagna la lotta imperterrita del "Guerriero disarmato", insignito, non a caso, del Premio Nobel per la pace 1989.

Il paese e i suoi abitanti

Il Tibet è un altopiano attraversato dalle montagne, situato in media oltre i 4.000 metri sul livello del mare, circondato da catene montuose alte dai 7.000 agli 8.000 metri. A nord, l'altopiano versa le sue acque nel bacino del Tarim, a sud in direzione dell'India anteriore e posteriore e ad est verso la grande corrente cinese. L'enorme spazio centrale non ha sbocco sul mare ed è coperto, nelle sue numerose ed ampie valli, da immense quantità di detriti. La piú famosa catena montuosa del Tibet è quella dell'Himalaya dove si trova il monte piú alto del mondo, la vetta dell'Everest.

Il Tibet confina ad ovest con l'India e il Nepal, a nord-ovest con il Turkestan orientale (Sinkiang), a nord-est con la provincia cinese Kansu, ad est e sud-est con le province cinesi Szechuan e Yünnan, a sud con il Bhutan e con Burma.

La capitale è Lhasa, situata sul fiume Brahmaputra, chiamata anche la città santa perché residenza, un tempo, del Dalai Lama. Come in tutto il paese, anche a Lhasa vi sono molti monasteri; la costruzione piú importante è quella del Potala, residenza appunto del Dalai Lama. Davanti ad esso si erge un enorme obelisco che ricorda come sotto il dominio del XXXVI re del Tibet, Tride Tsukten, Tara Lugong, il ministro reale, occupò diverse provincie cinesi, obbligando l'imperatore a pagare i tributi. Milletrecento anni orsono, un sovrano tibetano iniziò la costruzione del Potala edificando un padiglione nel quale era solito ritirarsi in meditazione. Nel diciassettesimo secolo, il palazzo venne considerevolmente ingrandito dal V° Dalai Lama. La parte centrale dell'edificio odierno, alto tredici piani, sorse secondo le sue istruzioni. Egli però morí prima che il palazzo avesse raggiunto il secondo piano, ma allorché comprese che si stava avvicinando la sua ultima ora, diede disposizione al suo primo ministro perché tenesse nascosta la sua scomparsa. Temeva infatti che i lavori potessero essere sospesi a causa della sua morte. Il primo ministro trovò un monaco che gli rassomigliava e tenne cosí nascosta la scomparsa del suo Signore per circa tredici anni, fino a quando cioè la costruzione del Potala non venne ultimata. Segretamente, poi, dispose che una lapide, con incisa una preghiera di "reincarnazione", venisse murata nella parete. Ancora oggi è possibile vederla al secondo piano del palazzo.

A Lhasa, il Dalai Lama aveva pure la residenza estiva, denominata Norbulingka. Il trasferimento dal Potala al Norbulingka avveniva sempre con una grande festa alla quale il popolo partecipava con entusiasmo. Davanti al tempio principale di Lhasa vi era un albero denominato "capelli di Buddha". Una antica leggenda profetizzava ogni genere di sciagure ai tibetani se esso fosse morto. Durante la rivoluzione culturale, questo albero venne danneggiato gravemente dai cinesi che ne utilizzarono una parte come legna da ardere. Sulla collina di Tschgpori, di fronte al Potala, sorgeva, prima di essere completamente distrutta dalle guardie rosse, la famosa scuola di medicina. In essa gli studenti apprendevano l'antica saggezza tibetana e l'uso delle erbe curative.

La seconda città del Tibet è Schigatse. Sulla strada di Lhasa, oltre Gyantse, in direzione di Schigatse, si arriva a Yamdrok Yumtso, un lago sulle cui rive sorgono le rovine del monastero Samding, residenza un tempo dell'incarnazione femminile piú nota, Dordsche Phagmo. Nella scala gerarchica delle incarnazioni essa occupa il quarto posto, una posizione quindi molto elevata. Già nel 1716 la sua incarnazione compí un miracolo, allorché le truppe mongole di Dzungar minacciavano il suo monastero. Una leggenda racconta che, dopo essersi trasformata in scrofa, mutò i monaci in cinghiali e il monastero in porcile. I musulmani, nella loro antica avversione nei confronti di tutto ciò che riguarda i maiali, fecero intorno alla costruzione sacra un grande arco.

Schigatse era famosa per il vicino monastero Traschilhünpo.

Qui terminò nel 1907 la spedizione del famoso geologo svedese Sven Hedin, la cui carovana decimata venne fermata dai tibetani e non poté raggiungere Lhasa. Schigatse era la sede del Panchen Rinpoche* il quale, pur essendo una incarnazione maggiore del Dalai Lama, occupa nella globale gerarchia tibetana il secondo posto. Già da generazioni il Panchen Rinpoche è utilizzato dai cinesi per provocare concorrenza al Dalai Lama. Dei sei mausolei del Panchen Rinpoche oggi ne esiste uno soltanto. Schigatse è situata piú in alto di Lhasa e il suo clima è decisamente freddo. Ciò nonostante, qui cresce il miglior grano del paese e sia il Dalai Lama che molti nobili prendevano la farina da questa città. La città era inoltre famosa per i suoi artigiani considerati i migliori del Tibet. Qui veniva lavorata in particolare la lana, che giungeva per mezzo di enormi carovane dalla vicina Tschangtang. Schigatse era infine nota per i suoi tessuti utilizzati per fabbricare tappeti, la cui celebrità era superata solo da quelli di Gyantse.

In Tibet vivono oltre sei milioni di persone su una superficie di 2.300.000 kmq. Il suo territorio è quindi piú grande di quello dei dodici Stati membri della CEE messi insieme.

Oltre ai tibetani vi sono minoranze mongoliche, cinesi, nepalesi e kaschmiriche. La lingua tibetana appartiene al gruppo tibeto-birmanico degli idiomi cino-tibetani. Essa viene parlata in Tibet, nelle zone limitrofe della Cina, dell'India e del Nepal, cosí come pure a Sikkim e nel Bhutan. Caratteristiche del sistema fonico sono le consonanti collegate all'inizio di parola, che hanno contribuito alla formazione dei toni vocali e che oggi sono scomparsi in molti dialetti. Alla particolarità della grammatica appartengono una frequente ed estesa inflessione del tema verbale, la immutabilità del nome e un grosso numero di parole ausiliarie. La lingua viene scritta in un alfabeto originario dell'India risalente al settimo secolo.

Ad un precoce popolamento del Tibet richiamano i ritrovamenti di una civiltà megalitica che si estendeva probabilmente ad

---

* Il Panchen Rinpoche in Europa è comunemente conosciuto come Panchen Lama.

ovest di Ladakh fino a Kuku-noor a nord-est. Già nell'antichità i tibetani ebbero contatti con l'India. Secondo la tradizione indiana, il re indo-ario Rupati intorno al 1400 a. C., dopo una guerra perduta, fuggí con il suo seguito in Tibet, ove si ebbe una fusione con la popolazione. Secondo fonti tibetane e mongole, già nel primo millennio avanti Cristo l'altopiano tibetano era abitato da tribú nomadi. Queste tribú furono governate da principi di stirpe e si definivano popolo del "Bo-pa". Nel secondo secolo a. C. il re Nyatri Tsenpo, di cui si diceva che discendesse da una casa reale indiana, unificò le tribú tibetane e fondò il primo grande impero tibetano.

La gran parte della popolazione segue la religione buddhista, ma vi sono ancora seguaci dell'antica religione Bon. Nucleo centrale del buddhismo è la dottrina della rinascita, in base alla quale dopo la morte ci si può trasformare in un animale, in un altro uomo o addirittura in Buddha. Dato che gli animali potrebbero essere reincarnazioni di uomini, era vietata la loro uccisione. Per il clima rigido, però, una alimentazione senza carne non sarebbe stata sufficiente, perciò si permise di acquistare animali morti per nutrirsi. Il macellaio comunque era un emarginato, simile a chi aveva l'incarico di seppellire i morti davanti alla città e di farne cibo per gli avvoltoi. Anche la pesca non era permessa. I cinocomunisti hanno ovviamente autorizzato l'uccisione degli animali, oltre la caccia e la pesca.

Nel suo libro *Sette anni in Tibet* (edizioni Ullstein 1983) lo scalatore e geografo austriaco Heinrich Harrer ha cosí descritto questa antica concezione di vita:

> In tutti quegli anni non ho mai incontrato nessuno che osasse esprimere il minimo dubbio sulla dottrina buddhista. Certo, esistono molte sette, ma la loro differenza consiste unicamente in alcuni dati esteriori. Non si può ignorare la fede ardente che emana da tutti e già dopo un breve soggiorno non ero piú in grado di uccidere una mosca a cuor leggero. In compagnia di un tibetano, poi, mai avrei osato uccidere un insetto per il solo fatto che mi dava noia. Questo atteggiamento provoca una certa commozione. Se una formica durante un pick-nick si arrampica su qualcuno, viene presa con tenerezza e allontanata. Se una mosca cade nella tazza di té, è un piccola catastrofe. Essa viene salvata dall'annega-

mento, perché in fin dei conti potrebbe essere la reincarnazione della nonna morta. Sempre e dovunque ci si adopera per salvare vite e anime. D'inverno si rompono i ghiacci delle pozzanghere gelate per salvare i pesci e i vermi prima che congelino. D'estate li si tira fuori quando i corsi d'acqua si essiccano. Bambini, mendicanti e servi dei nobili trascorrono spesso ore intere in acqua a salvare ogni specie di esseri viventi. Li si raccoglie in secchi e recipienti, li si lascia liberi nell'acqua e cosí si è fatto qualcosa per salvare la propria anima. Oppure, ancora, si va di casa in casa e si vendono i *salvati* ai benestanti, perché anche questi possano avere parte a questa opera meritoria. Piú vite si salvano, piú si è felici. L'unione con tutte le creature è una commovente caratteristica dell'anima di questo popolo.

Non potrò mai dimenticare un'esperienza di questo genere fatta insieme al mio amico, il monaco Wangdüla. Andammo insieme nell'unico ristorante cinese di Lhasa e vedemmo nel pollaio un'oca che correva e che certamente era destinata alla cucina. Improvvisamente Wangdüla tirò fuori una banconota e, comprata l'oca, la fece portare a casa. A casa sua ho visto per anni quest'oca dondolare ed invecchiare serenamente.

Tipica di questo atteggiamento orientato a salvare tutti gli esseri viventi era anche la disposizione per la quale durante il periodo triennale di meditazione del giovane Dalai Lama, in tutto il Tibet venivano sospesi i lavori di costruzione. In tutte le direzioni e in ogni angolo del paese venivano inviati messaggeri per impartire l'ordine fino all'ultima casa contadina. Infatti, è inevitabile che durante i lavori nella terra insetti e vermi vengano uccisi e, per questa ragione, la gente preferisce evitare i lavori. In seguito, allorché io stesso ebbi a dirigere questo genere di lavori, vidi con i miei occhi come i kulis gettavano continuamente gli attrezzi e da ogni palata di terra tiravano fuori tutte le specie viventi.

Coerentemente, con questo atteggiamento, in Tibet non esisteva la pena di morte. L'assassinio era considerato il crimine piú abominevole. Il colpevole veniva frustato e incatenato ai piedi, una punizione questa che, in verità, era solo di poco piú umana della pena di morte, perché spesso il condannato terminava la sua esistenza tra atroci tormenti. In tal modo comunque non venivano violate le credenze. I criminali condannati ai ferri terminavano la loro vita nel penitenziario di Schö o venivano affidati ad un governatore distrettuale che rispondeva di loro. Il condannato doveva portare i ferri per sempre e non riceveva dallo Stato alcun alimento. Comunque, vi erano sempre uomini generosi che gli davano da mangiare - sempre per salvare una vita! I criminali condannati, come unico privilegio, avevano quello di poter chiedere l'elemosina a Linkhor nei giorni della nascita e della morte di Buddha, incatenati a coppie.

I furti e le piccole violazioni venivano puniti in pubblico a frustate. Il collo del criminale veniva cinto da una tavola su cui era scritto il reato commesso; la gogna durava un paio di giorni. In questa situazione però, uomini caritatevoli portavano al condannato da mangiare e da bere. Malfattori e briganti venivano portati davanti al tribunale e per punizione spesso venivano amputati loro mani e piedi. La ferita veniva sterilizzata immergendo il moncherino nel burro fuso. A Lhasa, la città santa, già da lungo tempo queste punizioni disumane non venivano piú applicate.

Anche i delitti politici venivano trattati con grande severità. Per anni si raccontò della severa punizione dei monaci del monastero Tengyeling che nel 1910 avevano cercato di scendere a patto con i cinesi. Il loro monastero venne demolito e il loro nome cancellato.

In Tibet non esisteva un tribunale ufficiale. Le indagini su ogni singolo fatto erano affidate a due o tre nobili; si trattava di un sistema che portava facilmente alla corruzione; solo pochi infatti erano coloro che avevano fame di amministrare una giustizia infallibile. Spesso, sotto forma di tributi feudali, venivano pagate congrue somme ai corrotti, cosa che inquinava la giustizia perché i casi di lite venivano risolti tramite prebende. Quando uno pensava di essere stato condannato ingiustamente, aveva ancora la possibilità di ricorrere al Dalai Lama. Durante il suo passaggio poteva consegnargli personalmente una lettera, avvicinandosi alla portantina. Si trattava comunque di una cosa non lecita e cosí se il Dalai Lama riteneva che avesse ragione, veniva subito assolto, altrimenti per ottenere la libertà doveva scontare il doppio della pena che gli era stata precedentemente inflitta.

Per la giustizia nella città santa era competente il magistrato, ad eccezione del periodo di dominio dei monaci, ventuno giorni, in occasione del nuovo anno. Il compito era assolto da due funzionari laici i quali avevano un gran da fare dato che con la massa dei pellegrini arrivava in città anche molta plebe. Cosí come la popolazione ricorreva spesso agli indovini e ai Lama per avere aiuto e consiglio nei problemi della vita quotidiana, anche il governo, in vista di importanti decisioni, interrogava l'*Oracolo di Stato*. Heinrich Harrer ebbe una volta occasione di visitare con un amico tibetano l'Oracolo di Stato nel monastero di Netschung. Questa la significativa descrizione che ne fa nel suo libro da noi già citato:

> A quel tempo la dignità di Oracolo di Stato era rivestita da un giovane di diciannove anni. Questi era di umili origini ma già in molte occasioni aveva mostrato le sue capacità medianiche. Per quanto la sua routine non fosse cosí grande come quella del suo predecessore il quale doveva pure collaborare alla ricerca del Dalai Lama, ci si attendeva molto da lui. Spesso mi sono arrovellato il cervello per cercare di capire se si trattava di una non comune capacità di concentrazione che gli permetteva in brevissimo tempo, davanti ad un pubblico numeroso, di entrare in un lunghissimo stato di trance o se l'*Oracolo* faceva uso di droghe e di altri mezzi.
> Per agire da Oracolo, il monaco deve separare lo spirito dal corpo affinché la divinità del tempio possa prendere possesso di lui e parlare attraverso la sua bocca. Nell'istante in cui ciò avviene, egli diventa manifestazione del Dio. Questa è la convinzione dei tibetani e pure il mio amico Wangdüla vi credeva fermamente...
> Dal Tempio risuona verso di noi una musica cupa e misteriosa. Entriamo. La visione è spettrale. Da ogni parete ghignano tremende smorfie e orribili teschi mentre l'aria carica di incenso angustia il petto. Dai suoi appartamenti privati il giovane monaco viene condotto nell'oscura sala del Tempio. Reca sul petto un rotondo specchio di metallo; i servi lo vestono con paramenti variopinti e lo conducono al trono. A questo punto tutti si allontanano da lui. Oltre la musica cupa ed evocante, non si ode alcun suono. Il medium comincia a concentrarsi. Lo osservo intensamente senza togliergli gli occhi di dosso, nessun movimento del suo viso mi sfugge, piano piano la vita sembra abbandonarlo. Un enorme sospiro si libra nello spazio: la Divinità ha preso possesso di lui. Un tremito coglie il medium sempre piú forte mentre il sudore imperla la sua fronte. Ora entrano i servi e gli mettono sul capo un ornamento gigantesco e fantasioso, cosí pesante che due uomini devono reggerlo mentre lui lo indossa. La gracile figura del monaco scompare sotto il peso di questa tiara e sprofonda ancor di piú nel cuscino del trono. Mi passa per la mente che non è un caso che

i medium vivano poco. Lo stress fisico e spirituale di queste sedute annulla la loro forza.

Il tremore diventa sempre piú forte, la testa sovraccaricata dondola su e giú mentre gli occhi sporgono fuori dalle orbite. Il viso è rigonfio di un colore rosso malato. Bisbigli escono tra i denti; improvvisamente il medium balza in piedi, i servi lo aiutano e lui scivola tra loro. Mentre si ode il lamento dell'oboe, il giovane monaco comincia a roteare in una strana danza estatica. Il suo affanno e lo scricchiolio dei denti sono gli unici suoni umani nel tempio. Adesso comincia a picchiare selvaggiamente con il suo enorme anello sul lucido scudo pettorale e il tintinnio sovrasta il cupo rullio del tamburo. Si gira su un unico piede sotto l'enorme corona. I servi riempiono le sue mani di orzo che egli lancia contro la massa impaurita degli spettatori. Tutti si inginocchiano ed io temo di attirare l'attenzione come intruso. Il monaco è adesso indecifrabile... Disturbo durante l'interrogatorio degli dei? Diventa piú tranquillo. I servi lo tengono fermo e un ministro del governo si reca davanti a lui. Getta un fiocco di seta sulla testa schiacciata dal peso e comincia a porre le domande escogitate dal governo con astuzia. Un incarico di governatore da assegnare, la scoperta di una incarnazione maggiore, la pace o la guerra, tutto viene proposto alla decisione dell'Oracolo. Spesso una domanda deve essere posta piú volte fino a quanto l'Oracolo non comincia a balbettare. Mi sforzo di comprendere le parole mormorate. Impossibile! Mentre il vice governatore umilmente inchinato cerca di capire, un monaco piú anziano scrive velocemente le risposte. Egli ha già assolto questo compito centinaia di volte perché era il segretario dell'Oracolo precedente. Non riuscivo comunque a liberarmi dal sospetto che il vero Oracolo fosse proprio il segretario. Le risposte registrate, con ogni ambiguità erano sempre in linea con il governo ed erano sufficienti a sgravare il consiglio da ogni responsabilità, per quanto grande. Se un Oracolo dava continuamente risposte sbagliate, si faceva un breve processo: veniva sollevato dall'incarico. Questa era una misura la cui logica non mi è mai riuscito di comprendere. Ma non era il Dio che parlava attraverso il medium?

Ciò nonostante il ruolo dell'Oracolo di Stato era molto onorato, perché egli ricopriva l'ufficio di un Dalama che corrisponde al terzo livello ed è il maggiore signore del monastero di Netschung cui spettano molte prebende.

Le ultime domande restano senza risposta. Forse le forze hanno abbandonato il giovane monaco, o è la divinità ad essere in collera? Monaci si avvicinano al medium tremante per l'eccitazione e gli danno piccoli fiocchi di seta. Egli tesse nodi. Questi fiocchi verranno appesi ai postulanti e varranno come amuleti protettori.

> Ancora l'Oracolo tenta di fare un paio di passi di danza, poi crolla tutto in una volta e viene portato inanime fuori dal tempio da quattro monaci...
> L'interrogatorio dell'Oracolo risale all'epoca prebuddhista, quando gli dèi pretendevano sacrifici umani, e fu assunto come rito senza quasi alcun cambiamento...

I Buddhisti credono che in uno spazio indeterminato siano sospesi altri infiniti mondi. Ciascuno di questi, secondo le loro credenze, è costituito da numerosi piani. In basso sono gli inferni freddi e profondi nei quali i malfattori soffrono spaventose pene temporanee. Al di sopra si estende il piatto della terra, circondato dai mari e con al centro il monte Meru. Su di questo vivono animali, uomini, spiriti affamati e demoni. Intorno a Meru ruotano il sole, la luna e le stelle. Sul monte Meru e nei palazzi volanti al di sopra di esso, dimorano gli dèi. Al di sopra delle "regioni delle brame" cui appartengono i piani finora nominati, vi sono le regioni delle "pure forme" e delle "senza forme", dove dimorano dèi, privi di desideri, con corpi di materia fine o senza corpo. Tutti gli esseri terreni e ultraterreni sottostanno allo stesso modo al principio di causalità, alla necessità, cioè, che ogni effetto abbia la sua causa, da ricercarsi nelle azioni buone o cattive compiute (Karma), sicché nel cosmo domina un continuo nascere e perire per cui le singole essenze mutano continuamente il modo di esistere. I mondi, ad eccezione del cielo superiore, si trovano in costante mutamento tra il morire e il divenire. Se un mondo scompare, lo spazio da esso occupato resta vuoto. Da questo però, in conseguenza del Karma degli abitanti del mondo precedente che fanno in cielo una pausa, deriva un nuovo mondo. Questo processo dura sino a quando non si è espiato tutto il Karma.

In contrasto con le altre religioni il buddhismo insegna che non esiste nessuna potenza imperitura, né materia, né anima, né un Signore del mondo, né un assoluto impersonale che costituisce la causa originaria del mondo stesso. Ogni individuo e il mondo da lui conosciuto sono concepiti unicamente come fattori di esistenza che sorgono in un rapporto di reciproca dipendenza e sono destinati a passare (Dharma). I Dharma non sono riducibili a forze rappresentate materialmente, le quali, mediante una collaborazione, producono le singole essenze e il mondo percepito da queste ultime. Si distinguono cinque gruppi: "Rupa" ovvero "sensualità corporee", "Wedana" ovvero "sensazioni", "Sanja" ovvero "atti del distinguere", cioé percezioni e rappresentazioni, "Sanskara" ovvero "forze motrici", "Wignjana" ovvero "atti della coscienza recettiva". Quando muore un individuo, si annulla il collegamento del Dharma che lo aveva formato; i Sanskara di significato buono o cattivo, vale a dire gli impulsi della volontà che diventano Karma, assurgono a base di una nuova essenza che riceve compenso o punizione per le buone e le cattive opere del morto. Il buddhismo non prevede nessuna migrazione dell'anima, ma lo sviluppo di una nuova essenza dal Karma dello scomparso. Ciò è chiarito nei particolari dalla nota dottrina del "sorgere in dipendenza" le cui dodici parti, secondo la comune tradizione buddhista, rappresentano il divenire causale di una personalità in tre esistenze consecutive.

Simbolo delle diverse forme d'esistenza che hanno bisogno della redenzione è la ruota. Secondo la dottrina buddhista, dall'eternità procedono la rinascita e il sempre nuovo morire, fino a quando l'uomo non riconosce che tutto è "passaggero senza una sostanza perseverante e colmo di dolore". Nel buddhismo il dolore è la disgrazia che caratterizza la realtà della esitenza individuale. Si tratta evidentemente del dolore fisico e psichico. Di questa esperienza colma di dolore parla la prima delle "quattro nobili verità": I fattori dell'esistenza delle singole forme di vita (ogni realtà è individuale) sono pertanto colme di dolore. Causa della sofferenza, secondo la "seconda nobile verità" è la sete, cioé la brama, la volontà di vivere. Questa viene superata, come afferma la "terza nobile verità", con la *estinzione della sete*, con la mortificazione della brama e di ogni passione. La "quarta nobile verità" mostra infine la "nobile ottupla via" che conduce all'annullamento della causa della sofferenza: rette opinioni e sentimenti, retto parlare, agire e vivere, rette aspirazioni, retto pensare e retto sprofondare. Diversi di questi concetti sono equivalenti, la via della salvezza può essere pertanto ricondotta a tre gradini: condotta etico-ascetica, immersione e conoscenza catartica. Non si tratta di un risultato dovuto ad un pensiero razionale ma di un'intuizione; questa pure consiste in tre settori, è un "sapere triplo": ricordo delle proprie esistenze precedenti, conoscenza della legge del Karma, conoscenza delle "quattro nobili verità". Cosí si chiude il circolo, infatti la quarta di queste verità indica la via che conduce all'annullamento del dolore. Il monaco l'ha già percorsa come vuole la dottrina. Questa si estende ora all'ammissione delle visioni intuitive. Cosí "...lo spirito viene liberato dalla follia del desiderio, dell'essere nel mondo, dell'ignoranza; il redento raggiunge la conoscenza: la redenzione è compiuta, la nascita sradicata, il sacro mutamento eseguito... non è data un'ulteriore nascita". (Digha Nikaja 2, 98). In questa esistenza che si prolunga fino alla morte, è già raggiunto il Nirvana al quale, dopo la morte, segue il "Nirvana perfetto". Questo si sottrae ad ogni umano pensare, è un nulla per gli uomini, la massima spiritualità per i santi. Nel buddhismo solo il Nirvana è eterno ed indipendente. Come gli uomini, gli animali, gli spiriti affamati e i demoni, anche gli dei necessitano della redenzione e come gli altri sono sottoposti al ciclo delle nascite.

Il Mahayana ha trasformato questa filosofia pluralistica del divenire in un monismo. Nagardschuna (vissuto intorno al 200 d. C.), insegna che i fattori dell'esistenza, dato che sono passeggeri ed esistenti, sono in relazione fra loro, non possiedono alcuna vera realtà; essi non sono che apparizioni, reale è solo il Nirvana. Samsara e Nirvana non sono che differenti forme espressive del "vuoto" uno-tutto. La posteriore filosofia del Mahayana si avvicina sempre di piú alle visioni induiste nelle quali essa assume un concetto spirituale a fondamento del mondo illusorio.

La versione tibetana del buddhismo deriva dal Mahayana e possiede certi elementi della religione Bon, prebuddhista. Sotto l'influsso di monaci qualificati essa ha ricevuto poi una organizzazione e struttura gerarchica. Si tratta di una religione per monaci alla quale appartengono solo i Lama e dalla quale sono esclusi i profani.

I profani si occupano solo di quanto concerne il culto, creano cioè circoli intorno ai monumenti sacri, onorano le reliquie, azionano i mulini votivi, comprano amuleti. I mulini e le ruote votive sono meccanismi a forma di un cilindro di metallo o di legno, pieni di strisce di carta sulle quali quasi sempre è stampata o scritta la preghiera *Om mani padme hum*. Il mulino votivo viene fatto girare. Secondo le credenze buddhistico-tibetane, ogni giro corrisponde ad una recita della formula di preghiera. Vi sono mulini votivi piú grandi ospitati nelle case e cosí pure alcuni che sono azionati dal vento e dalle ruote ad acqua.

Un Lama reincarnato viene chiamato dai fedeli con il nome di "Rimpoche", il "prezioso". L'autorità suprema spirituale e temporale del Tibet è il Dalai Lama, costretto ad esiliare per evitare la schiavitú cinocomunista. I buddhisti tibetani credono che egli sia la incarnazione di Chenrezi (Avalokiteshvara), cioè della "compassione", un aspetto del Buddha. Dalai Lama significa "Oceano del sapere". Nel loro libro *Oltreoceano – Dalai Lama*, Synthesis 1984, Roger Hicks e Ngakpa Chögyam ebbero cosí a scrivere su questa "divinità" incarnata:

> Il loto è uno dei simboli piú significativi del buddhismo. Esso ha le radici nel fango e cresce nell'acqua, spesso in acqua putrida e sporca, ma i suoi puri fiori bianchi si dischiudono nell'aria, indisturbati dai due elementi dai quali esso nasce. Allo stesso modo, gli insegnamenti del Buddha mettono le radici nel mondo terreno e i loro fiori sbocciano in una dimensione che trascende il terreno.
> Nel Panteon tibetano delle essenze della coscienza, denominate erroneamente in occidente "divinità", la compassione viene simboleggiata da Chenrezi. Come molte essenze della coscienza, anche questa possiede molteplici forme di apparizione, tra le quali alcune sono totalmente estranee alla mentalità occidentale. In una immagine essa ha mille braccia e mille teste ed ancora mille occhi sulle palme delle mani e sulle piante dei piedi. Una leggenda riferisce che, una volta che la divinità stava riflettendo sul modo di permettere a tutti gli esseri viventi di raggiungere la letizia spirituale, la sua testa, avendo appreso l'impossibilità di portare a termine questa impresa, si ruppe in mille pezzi. Amitabha, il Buddha della luce sconfinata, la richiamò in vita e le donò anche la sua figura. Le mille teste e i molti occhi simboleggiano la onnivedente natura della sua compassione e le mille braccia la natura del suo aiuto, onnicomprensiva e sempre presente.
> Spesso Cherenzi viene anche rappresentato mentre regge un bianco fiore di loto e per questo è conosciuto come il portatore di loto. Milioni di persone credono che Cherenzi sia rappresentato in

terra dal monaco buddista Tenzin Gyatso il quale, proprio per questa ragione, viene considerato pure come portatore del bianco loto. La maggior parte dei tibetani lo chiamano Yeshi Norbu che significa "prezioso gioiello" o "il prezioso". Coloro che gli stanno vicino lo chiamano semplicemente Kundun che significa "presente". In Occidente viene invece chiamato con il titolo di Dalai Lama.

A proposito delle incarnazioni e quindi anche della sua, l'attuale Dalai Lama, il quattordicesimo, cosí si esprimeva nel suo libro *La mia vita e il mio popolo – La tragedia del Tibet* (Edizioni Knaur 1962):

> Le incarnazioni sono esseri che hanno raggiunto i diversi gradi del Nirvana o che sono arrivati al piú alto gradino al di sotto del Nirvana; i Buddha Bodhisattvas e Arhats. Mentre rinascono per aiutare altri esseri ad elevarsi al Nirvana, essi stessi sono aiutati ad elevarsi alla dignità di Buddha. Anche gli Arhats raggiungono alla fine questa dignità. I Buddha rinascono unicamente al fine di aiutare gli altri, dato che essi hanno già raggiunto tale dignità, vale a dire il grado piú alto. La loro rinascita non dipende da un atto della loro propria volontà; un tale processo attivo e spirituale è incompatibile con il Nirvana. La loro esigenza interiore di aiutare gli altri – causa della loro "*buddhità*" – consente di assumere un'altra figura in un nuovo corpo. Le loro reincarnazioni si succedono, laddove le condizioni sono sempre favorevoli e non significano che i Buddha abbandonino il Nirvana da loro raggiunto. Per usare una immagine: è sempre possibile vedere i riflessi della luna ove vi siano le condizioni necessarie, nelle acque tranquille dei laghi e dei mari. Contemporaneamente, la luna prosegue il suo cammino nel cielo completamente indisturbata. È cosí come la luna può rispecchiarsi contemporaneamente in una molteplicità di luoghi, anche ad un Buddha è possibile rinascere in diversi corpi. Tutte le incarnazioni di questo genere, come ho già detto, tramite i loro desideri, in tutte le loro esistenze possono esercitare influenza nella scelta del luogo e del momento della loro incarnazione, e dopo ogni nascita conservano il ricordo della loro esistenza passata nella misura in cui è sufficiente agli altri di identificarli.

In Tibet esistono due categorie di monaci, i "berretti rossi" e i "berretti gialli". I berretti rossi possono prendere moglie, i berretti gialli devono attenersi al celibato e condurre una vita ascetica. Un decimo circa della popolazione del Tibet viveva nei monasteri. Ogni famiglia soleva consacrare un bambino alla chiesa; sempre, nelle case davanti agli altari e nei templi, ardono lampade votive. In Tibet si trova il piú grande monastero del mondo e si chiama Drepung. In esso vivevano diecimila monaci. I tre maggiori monasteri del paese, Drepung, Sera e Ganden erano anche denominati le "tre colonne dello Stato" per il fatto che nel sistema di governo, come vedremo, esercitavano una importante funzione.

Fino al momento della occupazione da parte della Cina rossa, il sistema di governo del Tibet aveva un carattere quasi feudale. Nel paese vi erano circa duecento famiglie nobili. La piú grande proprietà fondiaria era nelle mani dei monasteri, mentre la popolazione pagava una parte delle tasse sotto forma di corvées. Ogni incarico governativo era occupato da due diversi funzionari, uno laico e uno ecclesiastico. In tutto il paese i funzionari di Stato erano trecentocinquanta. A prendere le decisioni importanti era l'assemblea nazionale costituita da cinquanta funzionari laici ed ecclesiastici. La presidenza era affidata a quattro abati di ciascuno dei monasteri di Drepung, Sera e Ganden, ai quali venivano ad aggiungersi quattro segretari finanziari laici e quattro monaci. La corporazione dell'assemblea nazionale, i funzionari laici ed ecclesiastici, provenivano da diverse cariche ma nessuno apparteneva al governo. La costituzione prevedeva che essi, riuniti insieme in uno spazio attiguo, ricevessero l'insieme delle deliberazioni, senza però avere diritto di voto. In tutte le questioni l'ultima decisione spettava al Dalai Lama e, fino al momento in cui questi non era ancora maggiorenne, al reggente. Nessuno, ovviamente, avrebbe mai osato discutere una proposta che proveniva da un'autorità cosí elevata. I favoriti del potente esercitavano il maggiore influsso nell'assemblea nazionale.

Fino a poco prima del 1960 ogni anno, accanto alla piccola, veniva convocata la grande assemblea nazionale, che era composta da tutti i funzionari e dai rappresentanti degli artigiani. Questa assemblea di circa cinquecento uomini venne infine tacitamente soppressa perché non aveva altro scopo se non quello di "soddisfare" le leggi, mentre fondamentalmente tutto il potere restava nelle mani del Dalai Lama e in quelle del reggente.

Il governo, il "Kashag", si componeva di tre dignitari laici e di un monaco. Questi provenivano dalle maggiori famiglie nobili del paese ed erano responsabili solo davanti al Dalai Lama o al reggente.

La vita culturale del Tibet in ogni sua manifestazione era quasi unicamente contraddistinta da fattori religiosi. Gli oggetti artistici erano costituiti soprattutto da scritture religiose, sculture e pitture di contenuto religioso. Le cose d'arte più rinomate erano i "Thankas", oggetti da parete che rappresentavano motivi religiosi e si potevano trovare in ogni tempio, monastero o casa privata. Ogni anno prima della occupazione cinese, a Lhasa avevano luogo rappresentazioni teatrali estive; per sette giorni consecutivi gruppi di attori recitavano ininterrottamente dall'alba al tramonto; gli attori provenivano dal popolo, da tutti i mestieri e, a rappresentazioni finite, riprendevano la loro abituale vita privata. Solo pochi raggiungevano una notorietà tale da poter vivere di questa arte. Ogni anno venivano rappresentati gli stessi drammi. Nello stile delle nostre opere, i ruoli venivano cantati alla maniera di un recitativo, l'orchestra si componeva di tamburi e campanelle. La musica serviva soprattutto ad accompagnare il ritmo delle danze. Solo i comici interrompevano la recita del dramma e raccontavano il loro ruolo. I costumi molto belli e preziosi appartenevano al governo. Il Gyumalungma era uno dei sette gruppi teatrali ed era famoso per le sue parodie.

I visitatori stranieri e gli osservatori descrivevano i tibetani come un popolo molto ospitale e assai ricco di umore. Sia all'arrivo che alla partenza degli ospiti, essi usavano venir loro incontro o accompagnarli fino a distanze di dieci chilometri, un gesto di cortesia, questo, limitato però soltanto ai connazionali. Per secoli il Tibet è stato un paese pacifico e profondamente religioso, che non si preoccupava di quanto succedeva oltre i suoi confini – che, a volte, non erano nemmeno segnati –, desideroso di vivere in pace. Per questa ragione, tranne poche eccezioni, non era consentito agli stranieri di visitare il paese o di stabilirvisi. Proprio per la sua intrinseca gioia e per la sua noncuranza degli affari del mondo esterno, il Tibet durante il governo del XIII° Dalai Lama, trascurò di istituire ambasciate e rappresentanze diplomatiche all'estero, nonostante fosse diventato un paese moderno e indipendente. Questo errore nella vita successiva del Tibet verrà a costare assai caro.

Non conducendo guerre per secoli, il Tibet ha utilizzato il suo esercito unicamente per la difesa alle frontiere dagli stranieri indesiderati, per le parate a Lhasa e come polizia. Tuttavia, ogni località era tenuta a fornire, in base al numero degli abitanti, una certa quantità di uomini per il servizio militare. Non si trattava di un obbligo come è da noi perché lo Stato aveva interesse al numero e non alle persone specifiche. Di conseguenza coloro che avevano l'obbligo della leva, potevano pagare dei sostituti e cosí accadeva frequentemente che taluni di questi restassero soldati per tutta la vita. Le truppe, anche se non è possibile alcun confronto con le forze militari europee o americane, facevano un'ottima impressione per le loro formazioni serrate. Un caporale prussiano, pur avendo da ridire, non avrebbe potuto trovare da nessun'altra parte una obbedienza piú totale. Di questo non c'è da meravigliarsi, perché l'armata era costituita in gran parte da servi della gleba abituati ad una obbedienza cieca. A ciò, si aggiungeva inoltre l'ideale della difesa del paese e della religione, cosa che riempiva tutti di ardore guerriero. Al posto delle decorazioni, il soldato tibetano riceveva ricompense piú tangibili. Ad esempio, dopo la vittoria, aveva diritto al bottino. I saccheggi erano di conseguenza abbastanza frequenti e solo le armi prese al nemico dovevano essere consegnate. Questa usanza veniva praticata anche all'interno del paese nella lotta contro le bande criminali e in questa circostanza i bottini dei soldati erano particolarmente ricchi.

Nonostante l'isolamento dal resto del mondo, i tibetani conoscono molte lingue: il mongolo, il cinese e l'indiano, tre idiomi abbastanza diversi tra loro.
Nel paese è praticata la poligamia e cosí pure la poliandria, la maggior parte dei tibetani però vive in coppia. La preoccupazione

del sovrappopolamento è sconosciuta e da secoli il numero degli abitanti è immutato. Accanto alla poliandria e al diffuso monachesimo, una delle cause dell'assenza della crescita demografica è la mortalità prematura. In media la vita dei tibetani si aggira intorno ai trent'anni; molti bambini muoiono piccoli e di tutti i funzionari del paese, nel 1960 uno solo superava i settanta anni e solo quattro superavano i sessanta.

L'economia del paese si basa soprattutto sull'agricoltura, sull'artigianato e sul commercio. I cinesi hanno impiantato piccole industrie i cui frutti però non vanno a beneficio dei tibetani ma della Cina comunista.

I re del Tibet e i Dalai Lama

Nell'anno 127 avanti Cristo, Nyatri Tsenpo, come già descritto, divenne primo re di tutto il Tibet. La monarchia durò per quaranta generazioni. Durante il periodo di governo dei primi 27 re nacque in Tibet la religione Bon, accanto a numerose altre credenze, in parte anche singolari.

Il governo del 28° sovrano, Lhathothori Nyentsen, comportò un avvenimento assai significativo per il Tibet: al re capitò tra le mani un volume della dottrina buddhista e da allora ebbe inizio la diffusione nel paese di questa religione.

Il 33° re, Songtsen Gampo, (governo 618-649) diede un grande contributo al consolidamento della nuova religione. Ancora giovane, aveva inviato il suo ministro Thonmi Sambota in India al fine di conoscere il paese e la sua fede. Al ritorno di questi in Tibet, egli creò l'alfabeto tibetano ancora oggi in uso. Il sovrano introdusse l'usanza per la vita spirituale e mondana con la definizione di dieci regole per la funzione religiosa e di sedici per il comportamento in pubblico. Molti templi e cappelle vennero eretti durante il suo governo e fu proprio lui ad iniziare la costruzione del Potala. Oltre alle sue tre mogli tibetane, il re sposò ancora una cinese ed una principessa nepalese ed è suo merito se dal Nepal e dalla Cina vennero portate due immagini del Buddha. Durante il periodo di governo del re Songtsen Gampo, i Tibetani appresero dall'India, dalla Cina e dal Nepal molteplici tecniche artigiane cosí che la situazione economica del paese migliorò, il popolo ebbe uno sviluppo e la forza della nazione crebbe.

Il 36° sovrano, Tride Tsukten, già lo conosciamo; sotto il suo governo i Tibetani conquistarono molte province cinesi e di questo è ancora oggi testimonianza l'obelisco del Potala.

Il 37° re, Trisong Deutsen (governo 754-797), fece venire in Tibet un notevole numero di eruditi indiani. Molti Pandit indiani e tibetani che conoscevano il sanscrito, tradussero allora in lingua tibetana gli insegnamenti del Buddha. Venne fondato il monastero di Samye e per la prima volta sette uomini ricevettero in Tibet l'investitura monacale. Il potere politico del Paese crebbe e la sfera del dominio tibetano si estese ad altri territori.

Sotto il 40° re, Ngadak Triral (governo 815-838), il numero dei monaci crebbe sensibilmente. Durante il suo governo si ebbe una nuova guerra con la Cina e i tibetani conquistarono gran parte dell'Impero di mezzo; la pace venne ristabilita grazie alla mediazione di Lama tibetani e di monaci cinesi chiamati Hashangs. Nel territorio di confine Khung-Khu-Meru tra la Cina e il Tibet, la frontiera è contrassegnata da una colonna di pietra; simili colonne vennero erette davanti al palazzo dell'imperatore cinese e davanti al tempio di Jokhang a Lhasa. Su queste colonne venne inciso in lingua cinese e tibetana il testo dell'accordo in base al quale i due paesi si impegnavano a non sconfinare. Questi tre re, il 33°, il 37° e il 40° sono considerati i maggiori della storia tibetana.

Sotto il 41° re, Langdarma, salito al trono nell'838 d. C. venne però annullato tutto quanto era stato fatto dai suoi predecessori. Con i suoi ministri, Langdarma cercò di fare di tutto per estinguere la religione buddhista e le usanze tibetane. Dopo quattro anni di sciagure venne assassinato.

Dal governo del primo re a quello di Langdarma erano trascorsi quasi mille anni. In questo tempo il paese era cresciuto materialmente e spiritualmente. Dopo la morte del 41° re venne però diviso. Il monarca infatti aveva lasciato due mogli e due figli, dei quali uno non era suo. Le due regine litigarono tra loro, i ministri presero partito e di conseguenza il paese venne diviso tra i due principi. La divisione portò ad una ulteriore frammentazione dalla quale nacque una serie di piccoli principati. Trascorsero cosí 407 anni.

Nel XIII secolo però, Sakya Pandita, il grande gerarca della scuola Sakya, convertí i mongoli al buddhismo. Con l'aiuto della potente casa regnante, i Sakyapas salirono incontestati al potere. Nel 1253, Choegyal Phagpa, suo nipote e successore, ritornò dalla corte del dominatore mongolico Kublai Khan nel Tibet, dove prese possesso delle tre province tibetane.

Torniamo adesso un po' indietro, vale a dire ai tempi della dominazione mongola di Gengis Khan (1206-1227). Questo dominatore mongolo è stato odiato da persiani, cinesi ed indiani che lo hanno deriso e considerato un barbaro, ma presso i tibetani egli ebbe un'altra considerazione. Si racconta che Gengis Khan ebbe a chiamare alla sua corte i rappresentanti di tutte le religioni, al fine di stabilire quale fosse nel mondo la migliore. Seguaci di Confucio, taoisti e musulmani accorsero in massa e cosí pure i seguaci delle differenti confessioni buddhiste e degli ordini cristiani, oltre a maghi e sciamani del Tibet e della Mongolia. Egli non fece null'altro, al di fuori di esaminarli. A vincere furono i buddhisti tibetani, perché, fattolo sedere al suo posto preferito, riuscirono a tenere sospeso alle sue labbra, senza che nessuno lo toccasse, il boccale della sua bevanda preferita.

A prescindere dalle considerazioni che ognuno di noi può fare su questa storia, è certo il fatto che a quell'epoca mongoli e tibetani fondarono una sorta di patto sacerdotale protettivo, in base al quale, mentre i tibetani si prendevano cura del benessere spirituale dei mongoli, questi ultimi attendevano al benessere materiale dei tibetani. I condottieri mongoli facevano generosi regali ai monasteri tibetani e garantivano al Tibet la sicurezza all'interno. Anche se in alcuni territori si verificavano lotte tra diversi piccoli principati, grazie al patto sacerdotale protettivo con i mongoli, il Tibet poté vivere in un clima religioso pacifico.

Nel 1391, in questo clima, nacque Pema Dorje, il primo Dalai Lama. Divenuto monaco, come previsto, dopo molti anni di studio visitò Tsong-Khapa, il fondatore della scuola riformata dei berretti gialli, il quale gli fece dono di un lembo della sua veste, gesto considerato un grande onore. Per la sua energia inesauribile e per la sua forza spirituale, Pema Dorje venne anche chiamato Gedun Drub, nome che può essere anche tradotto come "Completatore del sacerdozio".

Durante la vita di Gedun Drub, vennero fondati Ganden, Drepung e Sera. Egli fu il primo grande Lama di Drepung; la sua epoca fu caratterizzata da un profondo spirito religioso e la sua personalità fu una delle maggiori del tempo. Dopo una vita lunga e senza macchia, Gedun Drub "mostrò come si può superare il dolore", cosí si esprimono i suoi biografi. Gli fu attestato il raggiungimento della "buddhità".

Nel 1475 nacque Gedun Gyatso, il secondo Dalai Lama, che venne pure nominato Grande Lama di Drepung. La sua epoca coincide con la caduta della dinastia mongola Yüan nel 1368 e con il governo della dinastia Ming in Cina.

I cinesi non avevano la forza sufficiente per avanzare pretese, ma la situazione politica interna era instabile. Chiunque desiderasse il potere mondiale, stringeva alleanza con una scuola buddhista o con una setta e con il pretesto di un disegno religioso cercava di fare i propri interessi. Era l'epoca funesta delle guerre di religione. Il secondo Dalai Lama si sforzava di tenere la sua scuola fuori da queste vicende; egli dedicò la sua vita esclusivamente al sacerdozio e fece dei berretti gialli, i Gelupga, l'avanguardia spirituale del buddhismo tibetano.

Il terzo Dalai Lama, Sonam Gyatso – Gyatso significa "oceano" – nacque nel 1543. In considerazione della spaventosa situazione nella quale si trovava il paese, egli desiderava rinnovare l'accordo con i mongoli. Uno dei capi guerrieri piú potenti dei mongoli fu Altan Khan, che fissò con il Dalai Lama un incontro sulle rive del lago Kokonor nel 1578. La dinastia Ming nel frattempo aveva cosí bene consolidata la sua posizione in Cina che ormai costituiva una autentica minaccia per il Tibet. La nuova alleanza tra mongoli e tibetani fece però si che la Cina non osasse conquistare il Tibet. Altan Khan funse da mediatore tra i due popoli e arrivò a combinare un incontro tra il terzo Dalai Lama e l'imperatore cinese nel 1588. Sfortunatamente Sonam Gyatso morí poco prima che l'incontro avesse luogo.

Nel 1589 nacque il quarto Dalai Lama, un mongolo di nome Yonten Gyatso. Nel 1601 questi venne condotto a Lhasa sotto la protezione di tibetani e mongoli e venne insediato nelle funzioni di grande Lama di Drepung. Dall'inizio del XVII secolo si svolsero frequenti lotte, principalmente tra il re di Tsang e la famiglia Phagmodru. Il Tibet scivolò sull'orlo della guerra civile. Il quarto

Dalai Lama preferì non interessarsi di politica e si concentrò sulla vita religiosa. Nel 1616, all'età di ventisei anni, andò nella "terra della purezza".

Il quinto Dalai Lama, noto come il Grande Quinto, nacque a Chonggyal nel 1617 e prese il nome di Lobsang Gyatso. I mongoli lo onorarono, ma in Tibet alcuni gruppi gli furono ostili, tra gli altri il re di Tsang. In questa circostanza si ebbe realmente una guerra: i mongoli accorsero a protezione del Dalai Lama ed il re di Tsang alla fine venne sconfitto insieme agli altri nemici. In seguito a questi avvenimenti, i mongoli conferirono al Grande Quinto il massimo potere su tutti i territori che avevano conquistato ed egli si trovò ad essere così, sia re del Tibet, sia suprema autorità spirituale del paese. Da allora in poi i Dalai Lama hanno sempre avuto la funzione di autorità suprema spirituale e laica del paese fino a quando il quattordicesimo Dalai Lama non dovette andare in esilio.

Dopo 750 anni, all'epoca del quinto Dalai Lama, il Tibet visse nuovamente un periodo di fioritura. Le truppe mongole garantivano la sicurezza interna, ma il Dalai Lama era e rimase la massima autorità dello Stato. Come andavano le cose, lo mostra la fallita invasione del Tibet occidentale intrapresa dal giovane e poco riflessivo re di Ladakh. Con l'aiuto mongolo i tibetani riuscirono a battere gli invasori e Ladakh divenne una sorta di Stato vassallo. Vassallo del Tibet, non della Mongolia. Esso doveva pagare anche un minimo tributo a Gushri Khan, il signore dei mongoli, ma la somma maggiore veniva versata a Lhasa. Le tasse erano comunque nel complesso modeste e pretese solo allo scopo di impartire a Ladakh una lezione. Come sempre, la maggiore fonte di entrate per il Tibet rimase il commercio e non la riscossione dei tributi.

Il quinto Dalai Lama fu un uomo ricco di energia, di intuizione e di capacità d'azione. Egli si rese conto di quali riforme il paese avesse bisogno ed ebbe anche la forza necessaria per realizzarle. A lui va ricondotto il provvedimento per il quale la maggior parte delle funzioni statali furono assolte da monaci e laici, in modo da assicurare che nessun interesse di partito avesse il sopravvento e che allo stesso tempo vi fosse un equilibrio tra le necessità amministrative e gli ideali monastici.

Il Grande Quinto si prese anche la cura di realizzare un equilibrio tra le scuole e le sette buddhiste. A questo scopo limitò i privilegi dei berretti gialli e diede alla organizzazione religiosa una costituzione tale, che ancora oggi nel governo in esilio del quattordicesimo Dalai Lama cinque posti nel Parlamento sono riservati ai capi delle scuole religiose: rispettivamente a Nyingma, Kagyud, Sakya, Gelupga e Bon.

Sotto il quinto Dalai Lama sorse uno Stato in cui regnava la più completa libertà religiosa e nel quale l'apparato del governo non serviva a giochi di potere o di conquiste ma alla risoluzione dei problemi quotidiani. Egli si distinse anche nell'ambito religioso; molti "tesori del cuore" che potrebbero essere tradotti come *rivelazioni*, risalgono a lui.

In Cina, nel 1644, la dinastia Ming venne sostituita dalla dinastia Manciu e dopo la morte di Gushri Khan apparve evidente che il dominio dei mongoli stesse per terminare. Già allora la Cina mostrava l'intenzione di invadere il Tibet scarsamente popolato. Mentre il paese si trovava in questo stato di pericolo, il Grande Quinto morí all'età di 65 anni. Come già riferito, si ritenne opportuno tenere celata la sua morte per tredici anni per prevenire una invasione da parte cinese e per portare a termine la già iniziata costruzione del palazzo del Potala.

Tsangyang Gyatso fu il sesto Dalai Lama. Nato a Ögyen Ling, nell'attuale provincia indiana di Aunachal Pradesh, a quattordici anni venne presentato al popolo tibetano come Incarnazione. Non aveva ancora venti anni, allorché conobbe l'amore e il piacere del vino e si rivelò grande poeta. Nel 1702 si verificò uno scandalo: invece di effettuare l'ultimo giuramento, restituí l'abito da monaco; con ciò, però, non cessò di essere Dalai Lama ma soltanto di essere monaco. Cherenzi infatti può operare per il bene di tutti gli esseri sensibili sia come monaco che come laico. Il sesto Dalai Lama deve essere stato un maestro del Tantra e, nonostante la sua inconsueta maniera di vivere, pochi erano i tibetani che dubitavano che egli fosse un autentico Dalai Lama. La maggior parte di essi era della ferma convinzione che, anche mentre si trovava a Lhasa a bere smodatamente, contemporaneamente era anche nel Potala incarnato in altri corpi a meditare. Questa credenza era rappresentata in una immagine di lui data dal Grande Tredicesimo. Anche Sir Charles Bell nel suo libro "Portrait of the Dalai Lama" afferma: "Egli non si atteneva alle prescrizioni di un sacerdote. Beveva abitualmente il vino e spesso faceva comparire il suo corpo contemporaneamente in diversi posti, per esempio a Lhasa, Kongpo e altrove". Anche il luogo in cui passò nella "Terra della purezza" è incerto. Una delle sue tombe si trova ad Alhaser in Mongolia, un'altra nel monastero di Reinshaufen (Drepung). "Il suo incarnarsi contemporaneamente in altri corpi viene disapprovato da tutte le sette della nostra religione perché crea confusione e rende il cammino difficile" (da ROGER HICKS & NGAKPA CHÖGYAM, *Oltre Oceano – Dalai Lama*).

Dal punto di vista politico il sesto Dalai Lama fu una catastrofe. Nel 1702 venne ordito contro di lui un attentato nel quale erano implicati probabilmente i mongoli. L'attentato fallí.

Lhazang Khan, un principe mongolo, inviò numerosi ambasciatori a far visita all'imperatore cinese per convincerlo ad intervenire contro il VI° Dalai Lama.

Nel 1705 si venne alla guerra tra i mongoli e le truppe tibetane. I mongoli vinsero e nel 1706 l'ex reggente venne decapitato. Sempre nello stesso anno Lhazang Khan dichiarò deposto il Dalai Lama.

La popolazione di Lhasa allora si armò per proteggere il Dalai Lama dagli invasori, ma lo stesso, resosi conto che si stava preparando un massacro, decise di consegnarsi spontaneamente ai mongoli. Morí appena ventiseienne nel 1706 durante il trasporto dal Tibet in Mongolia. Poco dopo il 1717, i sudditi mongoli del Dalai Lama si sollevarono contro Lhazang e lo uccisero.

Il settimo Dalai Lama, Kelsang Gyatso, nacque nel 1708 a Lithang, nel 1717 venne riconosciuto e nel 1720 venne insediato nei suoi diritti. Dal momento che il Tibet non era piú sotto la protezione mongola, l'influenza cinese cominciò a diventare notevolmente spiacevole. Kelsang Gyatso venne accompagnato a Lhasa da una imponente schiera di soldati cinesi che non si ritirò neppure dopo il suo insediamento sul trono. I duemila soldati della guarnigione cinese vennero nutriti con le riserve alimentari di

Lhasa e l'imperatore cinese K'ang Hsi insediò inoltre dopo il 1727-28 due ambasciatori – chiamati Ambas – in qualità di alti commissari. Nel 1721, infine, l'imperatore emanò un editto, in base al quale il Tibet sarebbe dovuto diventare uno Stato vassallo della Cina, una pretesa questa assolutamente ingiustificata. Vennero persino elaborate delle falsificazioni storiche per mettere a punto questo progetto. La prevista visita del Grande Quinto, che avrebbe dovuto aver luogo ottanta anni prima, venne travisata come un atto di omaggio e di sottomissione.

A parte gli abitanti di Lhasa, che avevano stretti contatti con la guarnigione cinese, nessun tibetano ebbe notizia dell'editto cinese. Lhasa era molto distante da Pechino e le comunicazioni nell'enorme paese spopolato erano talmente cattive che le pressioni cinesi si avvertivano appena. K'ang Hsi morí nel 1722 e suo figlio Yung Chen ritirò la guarnigione, lasciando però gli ambans. Il reggente Phola diede ai suoi consiglieri cinesi molto credito mentre il settimo Dalai Lama non si occupò di politica. Alla morte di Phola, nel 1747, gli successe il figlio. Questi abusò a tal punto del suo potere che gli ambans lo fecero assassinare. Non appena però il popolo tibetano apprese la notizia, insorse contro i consiglieri cinesi, uccidendoli.

Durante il governo del settimo Dalai Lama i cinesi si intromisero negli affari tibetani. Con uno speciale decreto che doveva rivelarsi fatale, Tsang e il Tibet occidentale vennero sottomessi al Pantschen Rinpoche. In esso il popolo tibetano vide soltanto una luogotenenza regionale e pertanto mai ufficialmente questo provvedimento venne invalidato. A questo tacito accordo era da ascrivere il fatto che i cinesi poterono poi trattare il Tibet come territorio di loro sovranità. Il settimo Dalai Lama morí nel 1757.

Nel 1758 nacque l'ottavo Dalai Lama il quale, dopo il suo riconoscimento nel 1762, ebbe nome Jampal Gyatso. Questi non prese parte alla vita politica del paese ma creò il Kashang, il governo. Egli morí nel 1804.

Gli altri Dalai Lama che si susseguirono non ebbero alcun ruolo nella vita del Tibet e tutti morirono in giovane età. Il nono visse dal 1806 al 1815, il decimo dal 1816 al 1837, l'undicesimo dal 1838 al 1856 e il dodicesimo dal 1856 al 1875. Molto probabilmente vennero assassinati non appena ebbero a mostrare un certo interesse alla guida politica del paese.

Nel corso del XIX secolo i cinesi hanno in Tibet un influsso moderato ed è in questo periodo che incominciano ad avanzare pretese sul Paese.

Anche nella scelta del Dalai Lama era importante il ruolo dell'imperatore cinese. Questi faceva scrivere i nomi dei tre o quattro candidati e li metteva in una urna d'oro, poi aveva cura di pescare con un paio di bacchette il nome del Dalai Lama. Era la provvidenza ad offrire la garanzia della scelta del vero Dalai Lama e a preoccuparsi che il nome pescato fosse quello giusto.

Il Grande Tredicesimo, il Dalai Lama Thubten Gyatso, nacque nel 1876. Il suo rinvenimento corrispose alle visioni e alle altre esigenze della fede, e l'Oracolo di Netschung confermò che si trattava della giusta incarnazione. Per la prima volta dal 1762 venne omessa la procedura dell'imperatore cinese e dell'urna d'oro poiché nessuno dubitava che egli fosse il vero Dalai Lama. Questi venne portato a Lhasa nel 1878 e elevato al trono l'anno seguente. All'età di diciotto anni chiamò a sé i capi dei piú grandi monasteri e diede loro ordine di riorganizzare la disciplina monacale. A diciannove anni venne dichiarato maggiorenne.

Verso il 1895 per la prima volta ebbe occasione di mettere la sua autorità alla prova. Dato che si ammalava continuamente senza che i medici riuscissero a scoprirne la causa, venne interrogato l'Oracolo di Netschung. Questi annunciò che era in corso un complotto per uccidere il Dalai Lama con la magia e forse anche con il veleno. I sospetti erano orientati verso il primo ministro, fratello del reggente e verso il reggente stesso. Essi non furono puniti con la morte, ma vennero solo frustati ed inviati in esilio. Dopo aver cosí mostrato la sua forza, il giovane Dalai Lama non doveva fare altro che mostrare come, dopo oltre trecento anni, avrebbe ripreso la funzione di re.

In quest'epoca Russia e Inghilterra si contendevano l'egemonia nell'India settentrionale e nell'Afghanistan, mentre il Tibet costituiva per loro una posizione strategica di grande importanza. La Cina preferí mettersi da parte perché la dinastia Manciu era ormai agli sgoccioli e la Gran Bretagna nel 1904 decise di occupare il

Tibet realizzando un patto qualunque. Nel frattempo il potere del Dalai Lama nel paese si era consolidato ed egli si rifiutò persino di acconsentire alle proposte di nomina dei cinesi per il Kashag, per non parlare poi dell'inserimento di cinesi nel gabinetto di governo. Gli ambans si erano dovuti rendere conto ben presto del fatto che le loro mani erano legate e deliziavano regolarmente il loro imperatore con false notizie. Per questa ragione l'imperatore cinese venne definito dai tibetani come il "sacco colmo di menzogne". Incoraggiato dal suo successo, il Grande Tredicesimo volle anche occuparsi degli inglesi. Egli sapeva che un trattato avrebbe preceduto il commercio e che non appena questo fosse fiorito, sarebbero arrivate le truppe a *tutelare* gli interessi. Gli inglesi inviarono una spedizione al comando del colonnello Younghusband e il Dalai Lama diede disposizione al suo piccolo esercito di limitarsi ad opporre resistenza senza combattere. Nonostante gli episodi di valore, quando fu chiaro che i tibetani non avrebbero potuto trattenere a lungo i britannici, il Dalai Lama, allora ventottenne, si ritirò in Mongolia, regione che all'epoca non era ancora divisa tra la Cina e la Russia ma che costituiva un paese indipendente, dalla situazione comunque non troppo chiara.

Il Dalai Lama lasciò a Lhasa un reggente che concluse con Younghusband un trattato con il quale si stabiliva che il Tibet avrebbe impedito alle altre potenze straniere di esercitare un qualunque influsso sugli affari interni del paese e si riconosceva il protettorato britannico su Sikkim. Inoltre, per rafforzare il commercio interno e quello con le Indie britanniche, sarebbero state istituite tre piazze commerciali. Non appena l'accordo fu sottoscritto, gli inglesi si ritirarono. Il passo sulle potenze straniere si riferiva alla Cina. Questa non avanzò alcuna protesta contro il trattato anglo-tibetano. Nel 1906 la Gran Bretagna concluse con la Cina un trattato col quale il governo cinese riconosceva formalmente l'accordo anglo-tibetano e in tal modo finí l'influenza cinese sul Tibet, almeno dal punto di vista giuridico. Le cose però in pratica non andarono cosí velocemente. I cinesi dichiararono il Dalai Lama deposto e nominarono come reggente il Panchen Rinpoche che però oppose un netto rifiuto. Il governo tibetano si attenne ovviamente ancora alle indicazioni e agli ordini del Dalai Lama. Questi aveva appena fatto ritorno a Lhasa nel dicembre 1909, allorché le truppe cinesi nel febbraio 1910 entrarono nella capitale. Di nuovo fu costretto alla fuga e questa volta verso le Indie britanniche. Dice un proverbio tibetano: "Chi conosce uno scorpione trova simpatica la rana". I tibetani non amano particolarmente le rane; la rana è simbolo di un agire improvviso, impetuoso, ma non è pericolosa. Il perfido scorpione invece è mortalmente pericoloso e inoltre, in base alle credenze tibetane, è situato al posto piú infimo delle incarnazioni carnali. Lo scorpione cinese aveva spinto il Dalai Lama a cercare aiuto presso la rana britannica.

Nel mese di febbraio 1910, il Dalai Lama arrivò in India per cercare di procacciarsi dagli inglesi l'aiuto contro la Cina. Questi però non erano disposti a prendere una qualche iniziativa. Fu il destino ad aiutare i tibetani. Nel 1911, approfittando del fatto che in Cina era scoppiata la rivolta nazionalistica guidata dal Kuomintang di Sun Yat-sen e che questa aveva portato alla caduta della dinastia Manciu, essi riuscirono a cacciare gli invasori dal paese e nel luglio 1912 il Dalai Lama poté fare il suo ingresso nel Potala. Il Tibet, indipendente ora politicamente, riuscí a conservare la sua sovranità per circa 38 anni. Trascurò purtroppo di insediare ambasciate nei paesi esteri e non diede in tal modo possibilità alle potenze internazionali di riconoscere formalmente il governo del paese.

Il Tredicesimo Dalai Lama riorganizzò l'esercito dalle basi e a tale scopo chiamò nel paese esperti militari di diverse nazioni tra le quali anche la Gran Bretagna. Gli inglesi introdussero come inno nazionale il *God save the King*. Gli ordini furono dati in lingua inglese fino a quando, con il governo del quattordicesimo Dalai Lama, venne introdotta nell'ambito militare la lingua tibetana. La riforma militare però finí per fallire a causa dell'esiguo numero dei tibetani in grado di entrare nel corpo ufficiali. Il Grande Tredicesimo operò anche una riforma monetaria, introdusse infatti la carta moneta, e creò un servizio postale. Il tentativo di istituire a Lhasa una scuola secondo il modello occidentale fallí per la resistenza opposta dalla popolazione. La riforma piú importante fu quella relativa alle pratiche giudiziarie. Mentre un tempo i funzionari, non sempre incorruttibili, accettavano i ricorsi, adesso, come già detto, pur con il rischio di incorrere in una severa punizione in caso di risposta negativa, era dato di rivolgersi al Dalai Lama personalmente con uno scritto di preghiera. Al fine di controllare il comportamento dei funzionari, il Dalai Lama diede vita ad una polizia segreta. Al contrario della maggior parte degli altri servizi segreti che notoriamente sono impegnati a sorvegliare tutti coloro che si oppongono al sistema vigente, il servizio segreto tibetano prese di mira i funzionari e sorvegliò che essi non fossero né duri, né ingiusti e che non si riempissero le tasche. Ogni funzionario sorpreso ad oltrepassare le proprie competenze poteva star certo che sarebbe stato abbassato al rango di colui al quale aveva arrecato il torto.

Riassumendo, dalla storia sin qui narrata si può riconoscere che se un popolo straniero avesse voluto avanzare delle pretese sul Tibet, questo avrebbe potuto essere con un certo buon diritto quello indiano a causa della influenza spirituale e culturale esercitata o quello mongolo per la protezione accordata. In nessuno caso i cinesi, la cui influenza in Tibet aveva trovato spazio, non per una guerra perduta da questo paese, ma infiltrandosi tra la indifferenza dei tibetani. Nel 1912 comunque non vi era alcun dubbio che il Tibet fosse riuscito a liberarsi completamente dalla Cina.

Il popolo tibetano è fra i più religiosi del mondo. Anche questo aspetto, trascurato dagli invasori cinesi, ha contribuito a rendere loro difficile ogni azione tendente a soggiogare ed a sottomettere il popolo che abita sul "Tetto del mondo".

Oltre 6.000 monasteri sono stati messi a ferro e fuoco dai cinesi durante l'invasione. Nella foto gli oggetti sacri danneggiati nel "Tempio bianco".

Le rovine del monastero Dungar.

I templi buddhisti, per il popolo tibetano, hanno lo stesso significato sacro delle chiese per i cristiani. Una delle divinità del tempio Gyantse, decapitata dalle "guardie rosse", che consideravano la pratica religiosa come un fatto borghese e di classe.

Il quattordicesimo Dalai Lama e l'invasione cino-comunista

Il 6 luglio 1935 a Takster nella provincia dell'Amdo, nacque Tenzin Gyatso, quattordicesimo Dalai Lama del Tibet. Questa zona, sebbene fosse popolata dai tibetani, all'epoca faceva parte del territorio a sovranità cinese. Gli antenati del quattordicesimo Dalai Lama erano originari del Tibet centrale e dalle ultime due generazioni un membro della famiglia occupava l'incarico di sindaco. I genitori erano contadini e, a tale proposito, nel suo libro da noi già citato egli ebbe a scrivere:

> Se fossi venuto al mondo in una famiglia ricca o nobile, non avrei potuto mai condividere realmente i sentimenti e le emozioni delle classi tibetane piú basse. Grazie invece alle mie umili origini, posso comprendere questi uomini e leggere i loro pensieri. Questo è pure il motivo per il quale soffro cosí intensamente con loro e per cui ho tentato di fare del mio meglio per rendere la loro sorte piú sopportabile in questa vita.

La madre del Dalai Lama mise al mondo sedici figli, di cui ben nove morirono in tenera età. Insieme al Dalai Lama sopravvissero due sorelle e quattro fratelli. Alla morte del tredicesimo Dalai Lama, avvenuta nel 1933, come di consueto gli affari di governo passarono nelle mani del reggente. Da questo momento cominciò la ricerca del quattordicesimo Dalai Lama, vale a dire della incarnazione del tredicesimo. Vennero consultati l'Oracolo di Netschung e numerosi Lama per scoprire in quale luogo si fosse recata la reincarnazione. A nord-est di Lhasa erano state avvistate strane formazioni di nuvole; dopo la sua morte, il corpo del tredicesimo Dalai Lama era stato posto a Norbulingka su un trono con il volto rivolto verso sud. Alcuni giorni dopo si notò che il suo viso si era girato verso est. Improvvisamente su un pilastro di legno sul lato nord-orientale dello scrigno apparve un fungo a forma di stella. Questi ed altri fenomeni indicavano la direzione nella quale bisognava cercare il nuovo Dalai Lama.

Nel 1935 il reggente si recò in pellegrinaggio sul lago sacro di Lhamoi a sud-est di Lhasa e là ebbe visione di tre segni grafici tibetani: *ah*, *ka* e *ma*, seguita dalla immagine di un monastero con tetti di colore verde giada e dorato insieme ad una casa dai mattoni color turchese. Nel 1936 Lama e dignitari vennero inviati in tutte le zone del Tibet per cercare il luogo che il reggente aveva visto nell'acqua del lago sacro. Coloro che erano andati verso est giunsero a Dokham e scoprirono i tetti verdi e dorati del monastero di Kumbum. A Taktser si imbatterono nella casa del quattordicesimo Dalai Lama che aveva i mattoni color turchese.

Il Lama del monastero di Sera che guidava il gruppo si travestí allora da servitore mentre a sua volta il servitore si travestí da Lama. Dopo aver fatto ingresso nella casa, il Lama, travestito da servo, si recò in cucina dove erano soliti stare i bambini e allorché il futuro Dalai Lama vide il rosario che quello portava con sé, glielo chiese e gli disse che lo aveva riconosciuto nonostante il travestimento. Quando il Lama chiese il nome della guida del gruppo, il bambino diede la risposta giusta e disse pure il nome del vero servitore. Il Lama di Sera rimase ad osservare il bambino per tutto il giorno, e il giorno seguente il futuro Dalai Lama dovette indicare tra alcuni oggetti, tra i quali certi erano piú riccamente adornati di altri, il rosario, il tamburo e il bastone del tredicesimo Dalai Lama. Non appena l'esperimento riuscí, i dignitari seppero con certezza di avere rinvenuto l'incarnazione. Le lettere che il reggente aveva visto nel lago sacro significano: ah = Amdo, la regione in cui si trova Taktser, ka = Kumbun (monastero di) ka e ma = monastero di Kama Rolpaj Dorje, sul monte al di sopra di Taktser.

Naturalmente i genitori avevano notato queste prove e pensavano che si trattasse di un semplice Lama incarnato nel loro figlio. Solo in seguito con loro grande stupore appresero la verità. Ora, tanto il governatore cinese quanto la città di Lhasa dovevano essere messi a conoscenza dei fatti. Fino al momento in cui le notizie cifrate giunsero a Lhasa passarono due anni. Cosí a lungo durarono pure le trattative con il governatore cinese, il quale per rendere pubblico il quattordicesimo Dalai Lama pretese dapprima una somma di 100.000 dollari cinesi ed in seguito ancora 300.000, denaro che poté essere raccolto tra molte difficoltà.

Nel giugno 1939 ebbe inizio il viaggio verso Lhasa, viaggio che durò tre mesi e tredici giorni. Il 14 gennaio 1940 ebbe luogo l'insediamento sul trono dei leoni.

Il nuovo Dalai Lama trascorse le stagioni fredde nel Potala e quelle calde nel Norbulingka senza avere la possibilità di muoversi liberamente, assistito da monaci e maestri religiosi, separato dalla sua famiglia che però ora aveva la possibilità di fargli visita nei suoi palazzi. Egli conseguí le piú alte dignità religiose. Durante il periodo della sua formazione mostrò grande interesse e predisposizione per la tecnica, scompose il suo orologio e lo rimontò di nuovo. Il già citato Heinrich Harrer fu suo maestro di inglese e gli rese familiari le conquiste e la mentalità occidentali. Vivendo praticamente isolato nella sua residenza, un giorno il Dalai Lama si costruí un cannocchiale per osservare da lontano la vita di Lhasa.

Già negli anni della gioventú cominciò a prendersi cura del suo paese. Non appena fu in grado, insediò un comitato di cinquanta membri, funzionari laici e religiosi, come pure deputati dei monasteri e una piccola commissione di riforma a carattere stabile, che doveva esaminare quali fossero i miglioramenti necessari e riferirne al grande comitato e, in ultimo, al Dalai Lama.

In primo luogo venne avviata la riforma fiscale. Fino ad allora il governo aveva stabilito l'ammontare delle imposte che ogni distretto doveva pagare, ma da tempi remotissimi le cose erano andate in modo tale che nel pagare le tasse, ogni autorità distrettuale aveva stabilito a proprio piacimento le somme da pagare per i cittadini e dal ricavato provvedeva pure alle proprie spese e agli stipendi. Il quattordicesimo Dalai Lama modificò radicalmente il sistema. Le autorità distrettuali dovettero aumentare l'imposta prescritta e versarla completamente nelle casse dello Stato. I funzionari furono stipendiati dallo Stato. Venne inoltre stabilito che i servizi (le corvée) ai quali i contadini erano obbligati dall'antichità e per i quali già il tredicesimo Dalai Lama aveva introdotto una ricompensa, non potessero essere pretesi senza l'autorizzazione del Kashag. Anche l'indennizzo venne aumentato.

In riferimento ai mutui o prestiti ai contadini, vennero introdotti dei miglioramenti. Mai fino ad allora erano stati varati dal governo provvedimenti per ottenere la restituzione dei prestiti e degli interessi e, in tal modo, gli importi dovuti erano saliti incommensurabilmente, mettendo i contadini nella condizione di non poter pagare. I contadini debitori vennero ripartiti in tre categorie: chi non era in grado di pagare né gli interessi né il capitale vide il proprio debito completamente condonato; altri erano in grado di pagare solo il capitale iniziale ma non gli interessi, e a rate; l'ultimo gruppo infine doveva pagare tanto gli interessi quanto il capitale, a rate. I contadini gradirono molto queste misure.

L'ultima riforma fu quella del sistema sociale. Fino ad allora le grandi proprietà fondiarie erano state lasciate in eredità alle famiglie nobili, a condizione che ogni famiglia di ogni generazione fornisse un erede e provvedesse al suo mantenimento. Il governo non aveva alcuna influenza sui rapporti di lavoro dei contadini. Il quattordicesimo Dalai Lama decise che la maggior parte delle proprietà fondiarie tornasse nelle mani dello Stato, che le famiglie alle quali un tempo erano state concesse in beneficio venissero risarcite e che i funzionari venissero stipendiati. Il terreno doveva essere ripartito tra i contadini che fino a quel momento lo avevano coltivato. In tal modo tutti costoro diventarono affittuari dello Stato, mentre l'amministrazione e la giustizia si unificavano, in modo da garantire che non vi fosse più alcun nobile a fungere da giudice sui suoi affittuari. Una riforma del genere stava per essere estesa anche alla proprietà dei monasteri, ma prima che avesse luogo si giunse allo scontro con i cino-comunisti.

Alcuni monaci avevano appreso, presumibilmente da antiche scritture, che "una grande potenza avrebbe portato la guerra dal nord del Tibet, che avrebbe distrutto la religione erigendosi a dominatrice del mondo". Il timore si riferiva alla Russia, la cui politica all'indomani della seconda guerra mondiale doveva creare preoccupazione anche in Tibet.

Ancora piú vicina della Russia era però la Cina, che nel 1948 si trovava nella fase finale della guerra civile e che, si prevedeva, dopo la vittoria dei comunisti, avrebbe tentato di intraprendere la rivoluzione mondiale e di occupare altri Paesi, cominciando dal Tibet.

A Lhasa, la gente continuava a vedere dei segni malefici: nascevano bestie deformi e la colonna di pietra ai piedi del Potala fu trovata un mattino per terra, a pezzi. Quando poi in un giorno di sole splendente iniziò a gocciolare acqua dalla bocca di uno dei draghi 'sputa-acqua' della cattedrale di Lhasa, tutta la capitale andò fuori di sé.

Il 15 agosto 1948, la Città santa fu colta dal terrore a causa di un forte terremoto. Di nuovo un segno malefico! Tutti erano impauriti per la faccenda della cometa: l'anno precedente infatti, si era visto in cielo brillare per giorni e notti una cometa. I vecchi si ricordavano che l'ultima volta che avevano visto una cometa, era scoppiata una guerra con la Cina.

Un giorno arrivò una lettera del fratello piú anziano del 14° Dalai Lama, abate del convento di Kumbum, che si trovava nel territorio sottostante alla sovranità della Cina rossa, poiché questa vi aveva preso il potere e tentava ora di influenzare a proprio favore il Dalai Lama, tramite il Taktser Rimpoche. La lettera annunciava la venuta del fratello. Allorquando i due fratelli si parlarono, s'intesero subito nel rifiuto dei cinesi.

Poco dopo giunse a Lhasa la notizia che i comunisti cinesi avevano convogliato le loro truppe alla frontiera orientale. Si radunò l'Assemblea nazionale e si decise di dirigere un appello urgente alle altre Nazioni, nella speranza di poter fermare in tempo i cinesi con questa misura diplomatica. Vennero incaricate quattro delegazioni, con lo scopo di cercare aiuto rispettivamente in Inghilterra, negli Stati Uniti, in India e nel Nepal.

Prima che partissero le delegazioni, i quattro Paesi vennero informati sia della palese minaccia dell'indipendenza del Tibet che dell'intenzione del governo tibetano d'inviare delle delegazioni. Le risposte a questi telegrammi furono scoraggianti. I britannici assicuravano la loro partecipazione piú calda, ma dichiaravano di non poter essere d'aiuto al Tibet, a causa della sua posizione geografica. Gli Stati Uniti d'America risposero nello stesso tono, rifiutandosi addirittura di accogliere la delegazione tibetana. Anche il governo indiano dichiarò di non essere in grado di portare aiuto militare al Tibet e consigliò di non opporre resistenza armata, ma di avviare trattative per una soluzione pacifica.

Fu cosí che il Tibet si trovò completamente abbandonato a se stesso. In questa situazione di pericolo apparvero a Lhasa grandi manifesti, nei quali si chiedeva che il Dalai Lama venisse dichiarato maggiorenne. I tibetani speravano in tal modo di porre fine alla economia delle lobbies dei reggenti, alla loro venalità e corruzione e di rafforzare la solidarietà del popolo schierato intorno al suo capo. Il Dalai Lama però sentiva di essere ancora troppo giovane.

Il 7 ottobre 1950, senza alcuna dichiarazione di guerra, i cinesi attaccarono il Tibet in sei luoghi contemporaneamente. Cominciarono i primi combattimenti. A Lhasa la notizia giunse solo dopo dieci giorni e, mentre i primi patrioti morivano per la libertà del loro paese, a Lhasa si celebravano ancora feste e si attendeva un miracolo. Il governo, all'arrivo delle brutte notizie, convocò gli oracoli piú famosi del paese. A Norbulingka si ebbero delle scene drammatiche; gli anziani abati e i ministri supplicarono gli oracoli per ottenere il loro sostegno nella difficoltà del momento. Alla presenza del Dalai Lama gli anziani si gettarono ai piedi dei monaci incaricati delle profezie e li supplicarono di indicare solo questa volta la giusta via. Giunto al culmine dello stato di "trance", l'Oracolo di Stato si impennò improvvisamente e cadde ai piedi del Dalai Lama gridando "Fatelo re!" Anche le profezie degli altri oracoli si espressero allo stesso modo e cosí il Kashag invitò il Dalai Lama, che aveva solo sedici anni, ad assumere la guida del governo. Pur essendo in un primo momento incerto, allorché l'assemblea nazionale rinnovò la preghiera, egli comprese che in un momento cosí grave non poteva sottrarsi alla responsabilità. Con una cerimonia solenne organizzata secondo le tradizioni, gli vennero affidati i supremi poteri.

Nel frattempo le truppe cino-comuniste erano penetrate già centinaia di chilometri all'interno del paese e di fronte alla loro superiorità ogni resistenza finí per fallire; presto i comunisti avrebbero raggiunto la capitale.

Nel supremo bisogno, l'assemblea indirizzò alle Nazioni Unite una petizione con la richiesta di aiuto contro gli aggressori. Le armate rosse popolari sostenevano che il loro intervento era dovuto alla necessità di eliminare dal Tibet l'influenza imperialista, ma come già spiegato, da secoli e anche in quello stesso periodo, il paese era totalmente distaccato dal resto del mondo, pacifico, dedito unicamente alla vita religiosa e chiuso a qualsiasi tipo di influenza da parte dei paesi imperialisti. Il pretesto per l'aggressione era stato scelto assai male, ma questo non impedí che anche la petizione alle Nazioni Unite venisse respinta. L'ONU infatti si limitò ad esprimere la speranza che il Tibet e la Cina avrebbero potuto trovare presto un accordo.

Anche se le notizie a proposito di fatti eroici erano sempre piú frequenti, nel complesso l'esercito tibetano veniva sconfitto. Ci si preparava alla resa. Ci si ricordò di come la situazione fosse migliorata dopo la fuga del Tredicesimo Dalai Lama e, come in tutte le situazioni difficili, venne interrogato l'oracolo di Netschung. Alla presenza del Dalai Lama e del reggente vennero impastate due palle di farina di orzo e furono poste su una bilancia d'oro al fine di fargli raggiungere lo stesso peso. Due bigliettini con un sí e con un no vennero arrotolati intorno alle due palle che vennero gettate in un boccale dorato. Il calice venne premuto nelle mani dell'Oracolo di Stato che nel frattempo, in stato di *trance*, continuava la sua danza. Questi fece ruotare il recipiente sempre piú velocemente fino a quando una delle due palle cadde a terra. Essa conteneva il sí e fu cosí provato che anche gli dei erano a favore della fuga. Anche il Kashag si espresse nella stessa maniera. Controvoglia il quattordicesimo Dalai Lama si decise alla fuga a Dromo (Yatung) vicino al confine indiano. Venne inviato in quel luogo anche una parte del tesoro dello Stato. Prima di partire il Dalai Lama nominò due ministri, un alto funzionario di nome Losang Tashi, un monaco, ed un vecchio esperto amministratore laico di nome Lokhangwa.

Poiché, né le nazioni cui si era fatto ricorso volevano organizzare aiuti, né l'ONU voleva promuovere un dibattito sulla questione tibetana, al Dalai Lama non restò altro da fare che avviare trattative con la Cina. I cino-comunisti facevano pressioni perché tornasse a Lhasa, convinti come erano che in tal modo anche i tibetani non avrebbero piú avuto ragione di ribellarsi al loro dominio. Il Dalai Lama si decise ad inviare ai cino-comunisti una delegazione di cinque funzionari incaricati di avviare le trattative. All'inizio del 1951 la delegazione fece il suo ingresso a Pechino. I cinesi prospettarono alla delegazione tibetana una proposta di trattato con dieci punti. I tibetani reclamavano la loro indipendenza, ma i cinesi abbozzarono un accordo composto da diciassette articoli e lo presentarono come ultima possibilità. Non c'era piú da discutere. I delegati tibetani vennero minacciati personalmente, vennero paventate ulteriori sanzioni militari e venne loro proibito di assumere istruzioni presso il loro governo. Nella impossibilità di ricevere direttive, la delegazione tibetana si piegò alla prepotenza e sottoscrisse il documento. Finché poté, però, fece resistenza, cercando di evitare di apporre il sigillo che solo avrebbe potuto conferirgli validità. Per tutta risposta i cinesi lo falsificarono e costrinsero la delegazione a vidimare il documento. Eccone il testo integrale:

1. Il popolo tibetano si dovrà unire e scacciare gli aggressori imperialisti dal Tibet; il popolo tibetano dovrà ritornare nella grande famiglia multietnica della madre-patria – la Republica Popolare di Cina.

2. Il governo locale del Tibet dovrà sostenere attivamente "l'armata di liberazione del popolo" nell'occupazione del Tibet e rafforzare la difesa nazionale.

3. In conformità alla politica nei confronti delle etnie come è stabilito nel "Programma Generale" della Conferenza Consulente Politica del Popolo Cinese (CCPPC), il popolo tibetano ha diritto all'esercizio dell'autonomia nazionale regionale sotto la guida unita del Governo Centrale del Popolo.

4. Le autorità centrali lasceranno immutato il sistema politico esistente nel Tibet. Le autorità centrali inoltre non toccheranno lo stato, le funzioni ed i poteri attuali del Dalai Lama. I funzionari dei diversi gradi gerarchici dovranno esercitare le proprie funzioni come finora.

5. Lo stato, le funzioni ed i poteri attuali del Panchen Erdeni dovranno essere mantenuti.

6. Per stato, funzioni e potere attuali del Dalai Lama e del Panchen Erdeni s'intendono lo stato, le funzioni ed i poteri del XIII° Dalai Lama e del IX° Panchen Erdeni, al tempo che tra di loro sussistevano rapporti amichevoli e pacifici.

7. La politica della libertà religiosa come viene sancita nel "Programma Generale" della Conferenza Consulente Politica del Popolo Cinese (CCPPC) dovrà avere effetto. La religione, gli usi e costumi del popolo tibetano dovranno essere rispettati ed i conventi dei Lama dovranno essere tutelati. Le autorità centrali dovranno lasciare immutati le fonti d'introito dei conventi.

8. Le forze armate tibetane verranno integrate passo per passo nell'armata di liberazione del popolo e diverranno parte delle forze nazionali di difesa della Reppublica Popolare di Cina.

9. La lingua scritta e parlata nonché le strutture scolastiche dell'etnia tibetana dovranno essere sviluppate passo per passo in conformità alle condizioni odierne nel Tibet.

10. L'agricoltura, l'allevamento, l'industria ed il commercio tibetani dovranno essere sviluppati passo per passo ed il livello di vita del popolo dovrà essere migliorato passo per passo, in conformità alle condizioni odierne del Tibet.

11. Riguardo a diverse riforme nel Tibet, le autorità centrali non eserciteranno nessuna costrizione. Rimarrà a discrezione del governo locale nel Tibet di attuare autonomamente delle riforme e se nel popolo si manifesteranno dei desideri di riforma, questi dovranno essere esauditi dopo aver consultato le persone autorevoli nel Tibet.

12. Per quanto riguarda i funzionari che in precedenza inclinavano verso l'imperialismo ed il Kuomintang, ma che hanno ora rotto tutti i rapporti con le forze imperialiste ed il Kuomintang, e non eserciteranno sabotaggio né opporranno resistenza, essi potranno rimanere nelle loro funzioni nonostante il loro passato.

13. L'armata di liberazione del popolo che entrerà nel Tibet osserverà le direttive politiche sopraccitate, si comporterà per bene in ogni caso di compravendita e non prenderà assolutamente niente con la forza – né ago né filo – alla popolazione.

14. Il Governo Centrale del Popolo dovrà gestire gli affari esteri del territorio del Tibet in modo uniforme. Con i Paesi vicini si stabilirà una coesistenza pacifica e sulla base della parità, del reciproco profitto e del reciproco rispetto delle frontiere e della sovranità verranno istaurati e sviluppati rapporti economici e commerciali leali.

15. Per assicurare l'attuazione pratica di questo trattato, il Governo Centrale del Popolo dovrà creare un comitato militare ed amministrativo nonché un quartiere generale nel Tibet. Oltre alle persone inviate dal Governo Centrale del Popolo dovrà essere chiamato a collaborare ed impiegato tanto personale indigeno tibetano quanto possibile.

16. Al personale indigeno tibetano, che collabora nel comitato militare ed amministrativo, possono appartenere delle forze patriottiche del Governo locale del Tibet di diverse zone e di conventi primeggianti; la lista dei nomi dovrà essere stabilita su consultazione tra gli incaricati del Governo Centrale del Popolo e le diverse autorità interessate e dovrà essere presentata al Governo Centrale del Popolo per l'approvazione.

17. I costi del Comitato Militare Amministrativo, il quartiere generale e l'armata di liberazione del popolo entrante nel Tibet vengono sostenuti dal Governo Centrale del Popolo. Il governo locale del Tibet aiuterà l'armata di liberazione del popolo nell'acquisto e nel trasporto di viveri, mangime ed altre cose del fabbisogno quotidiano.

18. Questo trattato entra in vigore subito dopo che siano state apposte le firme ed i sigilli ai documenti.

Sottoscritto e sigillato dai delegati autorizzati del Governo Centrale del Popolo: Delegato Capo Li Wei-han (Presidente della Commissione per gli Affari delle Nazionalità); Delegati: Chang Ching-wu, Chang Kuo-hua, Sun Chih-yuan.

Delegati autorizzati del governo nazionale del Tibet: Delegato Capo: Kaloon Ngabou Ngawang Jigme (Ngabo Shape); Delegati: Dazasak Khemey Sonam Wangdi, Khentrung Thupten Tenthar, Khenchung Thupten Lekmuun, Rimshi Samposey Tenzin Thundup. *

Per quanto l'accordo fosse un vero e proprio diktat e accantonasse la sovranità del Tibet, in esso tuttavia erano presenti alcune garanzie.
Ben presto però i cino-comunisti violarono quasi ogni articolo dell'accordo.
Non appena l'intesa fu firmata, il governo di Pechino inviò a Lhasa il generale Chang Chin-wu come suo rappresentante. Dato

---

* Da: H. E. RICHARDSON, *Tibet. Storia e destino*, Francoforte/Berlino 1964.

che questi, per recarsi in Tibet, passò attraverso l'India attraverso Dromo Yatung, la città dove si era rifugiato il Dalai Lama, lí ebbe luogo il loro primo incontro. A tale proposito il Dalai Lama scrisse:

> Mentre era ancora lontano, guardai dalla finestra perché volevo sapere quale aspetto avesse. Ciò che vidi furono tre uomini in giacca grigia e berretti a punta; accanto ai miei funzionari con i loro abiti pregiati di colore rosso e oro, essi apparivano monotoni e insignificanti. Allora non potevo supporre la tetra monotonia nella quale la Cina avrebbe finito per spingerci, ma la mia impressione che questo generale fosse insignificante era solo un'illusione.

Nell'estate del 1951 il Dalai Lama ritornò a Lhasa nel Norbulingka e i cinesi cominciarono a mettere in pratica gli accordi. Il Tibet orientale rimase occupato e a Lhasa vennero a stabilirsi 16.000 soldati cino-comunisti. Questi espropriarono terreni per i loro accampamenti e sotto il peso delle loro richieste di cibo e di vettovagliamento la debole economia tibetana non resse. Tutti i soldati dovevano essere nutriti con le magre risorse del paese. Improvvisamente, il prezzo del grano salí di dieci volte, quello del burro di nove, per i generi di consumo generale il prezzo salí di due o tre volte. Per la prima volta a memoria d'uomo, Lhasa si trovava ai margini di una terribile carestia. Fame e miseria sono le caratteristiche principali che accompagnano ogni presa del potere dei comunisti. Nella fornitura del vettovagliamento, i generali cinesi parlavano di un prestito il cui controvalore avrebbe dovuto essere investito nello sviluppo industriale del paese. Una promessa questa destinata a non essere mai soddisfatta. Il sequestro di case e la pretesa di approvvigionamenti costituivano una aperta violazione degli articoli 13, 16 e 17 dell'accordo. Il popolo cominciava a mostrare i primi segni della collera. Si cominciavano ad udire insulti da parte dei bambini che pure cominciavano a lanciare sassi contro i soldati comunisti cinesi. Un altro duro colpo contro i sentimenti religiosi dei tibetani e un'altra violazione degli accordi, fu il rogo di animali morti all'interno della città santa di Lhasa. Il generale Chang Chin-wu si rifiutava di indagare sui motivi della ostilità della popolazione, ma si lagnava del fatto che per le strade venissero indirizzati ai soldati canti di scherno e di ingiuria. Egli pretendeva che Lokhangwa vietasse semplicemente il cantare per le strade. Il Premier scrisse l'ordine in una forma piú dignitosa e lo emanò. Poco dopo, i cinesi pretesero che venissero vietati gli assembramenti per evitare le critiche che quotidianamente erano mosse nelle assemblee pubbliche alle autorità cinesi. Sebbene in virtú dell'art. 4 dell'accordo il sistema politico tibetano non potesse essere soggetto a mutamenti, i cinesi cominciarono a limitare la libertà d'espressione. Un altro motivo di tensione fu costituito dalla pretesa del generale Chang Chin-wu di inviare le truppe tibetane ad addestrarsi nei campi militari cinesi di Lhasa. Allorché Lokhangwa oppose un rifiuto, il generale esigette che su tutti gli accampamenti tibetani venisse issata la bandiera cinese. Il Premier chiarí che era un controsenso pretendere dai tibetani relazioni amichevoli quando poi non si perdeva occasione per ferire il loro orgoglio nazionale e minacciare la integrità del paese. E aggiunse ancora a voce: "Se si colpisce un uomo sulla testa rompendogli il cranio, difficilmente si potrà pretendere da lui gentilezza ed amicizia". Queste prese di posizione finirono per irritare i cinesi e, su loro pressione, il Dalai Lama dovette licenziare il primo ministro.

Già a quel tempo si pose al Dalai Lama il dilemma se dovesse o no chiamare il suo popolo a riscattare la libertà con la forza. Poiché la lotta appariva priva di prospettive, essa rappresentava ai suoi occhi un vero e proprio suicidio. A ciò si aggiungevano poi le sue convinzioni religiose. Scrive nel suo libro: "La resistenza armata non solo non era praticabile, ma era anche contraria alla morale. La non violenza era l'unica via morale". Il Dalai Lama conservò ancora a lungo questa convinzione nel suo esilio indiano.

Per far cambiare opinione ai tibetani, i cinesi avanzarono al Kashag la proposta di inviare in Cina una delegazione di funzionari, monaci, commercianti e altra gente perché constatasse di persona come nella repubblica popolare cinese vigesse la massima libertà religiosa. I tibetani accettarono la proposta e scelsero i membri della delegazione. Dal rapporto che questa presentò al suo ritorno, apparve chiaramente che esso era stato formulato secondo le direttive dei cinesi.

Il Dalai Lama venne invitato a recarsi a Pechino all'assemblea nazionale.

Il Tibet aveva ricevuto dieci posti nell'assemblea nazionale. I rappresentanti cinesi erano stati, per cosí dire, eletti. Il Dalai Lama venne pregato di procedere alla nomina dei membri tibetani. Il governo cinese desiderava che fosse il Dalai Lama a guidare la delegazione. Egli accettò questa proposta e nel 1954 si recò a Pechino. Durante il viaggio notò che i cinesi avevano costruito numerose strade strategiche. La costruzione di queste strade aveva accresciuto tra i tibetani l'insoddisfazione e il malcontento, perché molti operai erano stati costretti a lavorare dato che nessuno era disposto a collaborare volontariamente. La paga poi era stata molto bassa. Il territorio era stato espropriato senza alcun risarcimento, in violazione dell'articolo 13 dell'accordo. Il Dalai Lama, acclamato da una massa di studenti e di membri delle organizzazioni giovanili cinesi, cosí descriveva nel suo libro l'impressione ricevuta da questa accoglienza:

> Avevo però un cattivo presentimento: questi uomini che pure ci accoglievano con tanta cordialità, ugualmente ci avrebbero rimproverato aspramente. Era solo necessario dir loro ciò che dovevamo fare. Ricordavo la storia della visita di un funzionario cinese in una città tibetana. Gli abitanti, accorsi in massa, applaudivano in modo frenetico. Molto rallegrato dall'accoglienza, egli domandò ad uno di essi se fossero felici sotto il nuovo regime. "Sí, molto felici" – era stata la risposta – "Tutto è eccellente. Solo questa tassa non ci piace". "Nuove tasse?" "Sí, la tassa dell'applauso. Ogni volta che viene uno di voi, dobbiamo tutti accorrere ad applaudire". Se si pensa a tutte le tasse che erano state introdotte in Tibet per lavori piú o meno graditi, questa storia potrebbe essere anche vera.

Circa le trattative con i cinesi, il Dalai Lama riferisce che durante gli interminabili discorsi nessuno stava ad ascoltare. Un alto membro del partito, infine, riferí l'opinione ufficiale ed il presidente la accettò senza ulteriore discussione. A proposito del suo soggiorno in Cina il Dalai Lama ebbe a scrivere:

> Questa fu l'impressione generale che rimase in me del soggiorno di quasi un anno in Cina: produttività e progresso materiale,

ma tutt'intorno la grigia nebbia del livellamento e della uniformità, che contrastavano con la tradizionale magia e con la gentilezza dell'antica Cina. Questa uniformità mitiga la terribile forza del comunismo ed io, del resto, non riuscivo a credere che i cinesi sarebbero stati capaci di sottoporre i tibetani ad una tale schiavitú dello spirito. Fede, umore e individualità sono per il nostro popolo il respiro vitale e nessuno cambierebbe volontariamente questi tre valori con il progresso materiale, anche se il cambio non dovesse comportare la sottomissione di un altro popolo.

A Pechino il Dalai Lama ebbe lunghi colloqui con Zhou Enlai e Mao Tsetung. Questi gli disse che era dispiaciuto del fatto che alcuni responsabili cinesi in Tibet non si comportassero bene. Il Dalai Lama credette alla buona fede di Mao Tsetung e durante l'esilio in India rimase della convinzione che non fosse stato Mao ad ordinare le misure repressive.

Mao Tsetung annunciò la costituzione di un "Comitato per la preparazione del territorio tibetano autonomo", del quale avrebbero fatto parte 51 componenti, tutti tibetani ad eccezione di 5.

Nel frattempo i cinesi avevano inasprito la collettivizzazione nel paese della economia agricola, irritando i contadini. Essi avevano poi aizzato alcuni scontenti e nell'autunno 1955 organizzarono dei processi pubblici contro i proprietari terrieri tibetani. Portati davanti al tribunale, questi vennero trattati come criminali ed offesi dal popolo. Questo provvedimento trasgrediva gli articoli 4 e 11 dell'accordo. Ai sobillatori venne promesso che essi avrebbero ricevuto tutta la terra, ma per loro doveva esserci un brutto risveglio, in quanto i terreni migliori tra quelli espropriati furono riservati ai coloni cinesi e alle famiglie dei soldati.

Intanto erano state istituite in Tibet alcune "scuole delle nazionalità" per educare i bambini al comunismo. I bambini tibetani non volevano assimilare la concezione materialista e cosí l'iniziativa finí nel nulla. La conseguenza fu che i cinesi decisero di togliere ai genitori i bambini appena nati per mandarli in Cina, nella speranza di farli crescere secondo i principi comunisti. Il successo di tale iniziativa rimase in dubbio e comunque queste misure trasgredivano in maniera grave l'articolo 7 dell'accordo.

Durante il suo ritorno da Pechino, il Dalai Lama attraversò il distretto di Chamdo dove aveva avuto inizio l'invasione e dove i cinesi avevano insediato il comitato di liberazione "Chamdo" che avrebbe dovuto collaborare in seguito con lui. Anche se in esso erano presenti alcuni membri tibetani, tutto il potere era nelle mani dei funzionari cinesi. In questo distretto vivevano i Khampas, per i quali la cosa piú importante era il fucile che possedevano. Quando i cinesi ordinarono la consegna di tutte le armi, i Khampas si decisero alla resistenza. Il Dalai Lama tentò di calmare la popolazione, rinviando ogni decisione alla attività del comitato preparatorio. I Khampas comunque formarono bande di guerriglieri, capeggiati dal quarantaquattrenne Andrutshang, diventato in seguito l'eroe della resistenza. Prima di tutto, i Khampas attaccarono i posti di guardia cinesi per procurarsi armi e munizioni; in tre mesi diventarono molte centinaia. I cino-comunisti risposero con il bombardamento di Tschating, Batang e Tranko e con la distruzione di alcuni monasteri. Furono poi bombardate Tschekundo e Litang, due città sospettate di sostenere i Khampas.

Nel 1956 si insediò il comitato preparatorio che elaborò una costituzione accettabile priva di qualunque traccia di comunismo. Quando però si conobbe la composizione del comitato, tutte le speranze svanirono. Anche se venti membri erano tibetani, essi appartenevano al comitato di liberazione "Chamdo" e al comitato costituito dai comunisti nel distretto occidentale del Panchen Rimpoche. Entrambe erano creature cinesi. A ciò si aggiungevano inoltre cinque membri cinesi. Nella pratica poi, però, fu un altro organismo a stabilire le linee di azione politica: il comitato del Partito Comunista Cinese in Tibet del quale non facevano parte i tibetani. Per quanto fosse il presidente del comitato, il Dalai Lama non poteva fare granché. Allorché il comitato cominciò ad insediare i suo uffici, la popolazione si rese conto di cosa l'aspettasse. La reazione non fu una sorpresa. A Lhasa ebbe luogo una pubblica riunione di protesta nella quale venne abbozzata una risoluzione in cui si rifiutava il "comitato di preparazione". I cinesi pretesero nuovamente che le assemblee venissero vietate e, contro voglia, il Dalai Lama sottoscrisse questa disposizione.

Nel 1956, durante la festa di Monlam, lo scontento e l'amarezza nei confronti dei cinesi aveva pervaso ormai tutti i ceti della popolazione. Apparvero personalità politiche spontaneamente scelte dal popolo. Questo e i suoi capi volevano cacciare i cinesi, ma il Dalai Lama si oppose alla loro volontà di ricorrere alla forza. Per evitare loro conseguenze piú gravi, tre dei capi vennero fatti arrestare per ordine del governo tibetano.

A Chamdo intanto i cino-comunisti convocarono un'assemblea di 350 dirigenti tibetani per deliberare in qual modo sarebbero dovute essere introdotte le "riforme". Le discussioni si protrassero per giorni interi e, alla fine, circa cento membri dell'assemblea votarono per le riforme, a condizione che il Dalai Lama e il resto del paese fossero d'accordo. In quaranta si pronunciarono per una immediata realizzazione, ma duecento si schierarono contro. I cinesi annunciarono che le riforme sarebbero state introdotte in un tempo adeguato. Quattro settimane dopo convocarono a Jomdha Dzong una assemblea, circondata dai soldati, e in essa dichiararono che le "riforme democratiche sarebbero dovute essere realizzate immediatamente. I funzionari là convenuti sarebbero stati istruiti in proposito. Dopo che questi furono d'accordo vennero allontanate le sentinelle. Durante la notte però i funzionari fuggirono – erano piú di duecento – e raggiunsero le bande della guerriglia.

In occasione del duemilacinquecentesimo anniversario della nascita del Buddha, il Dalai Lama venne invitato a recarsi in India. A prezzo di molte umiliazioni ricevette il permesso di recarsi nel paese vicino. In India ebbe occasione di parlare con Nehru, che però non gli promise né un appoggio militare, né un sostegno diplomatico. Disperato e stanco di una lotta senza prospettive, il Dalai Lama pensò seriamente di trattenersi in India e di dedicarsi unicamente alla vita religiosa. I cinesi lo invitarono a tornare a Lhasa, ricordandogli il proverbio "Il leone delle nevi appare dignitoso se resta nella sua grotta, se invece scende a valle viene trattato come un cane". Cosí egli decise di tornare in Tibet. I cinesi con molto buon gusto avevano innalzato alla frontiera accanto alle piccole bandiere di preghiera le rosse insegne della

La presenza militare in Tibet è un segreto, ma viene calcolata sui trecentomila soldati. I tibetani vengono obbligati a servire nella cosiddetta "Armata popolare di liberazione" o nella "Milizia popolare", interamente controllata dai comunisti. Alcune donne tibetane, costrette ad imparare l'uso delle armi.

Dimostrazioni di protesta a Nuova Delhi contro la riprese dei colloqui fra Cina ed India.

Soldati del "corpo di occupazione cinese" per le vie di Lhasa.

I Mig-21 di costruzione cinese, ricoperti da speciali involucri di stoffa, ripresi all'aeroporto di Gongga, oltre a vigilare sul Tibet, hanno il compito di controllare la contesa frontiera con l'India.

Un dimostrante tibetano lancia pietre contro la stazione di polizia in fiamme a Lhasa.

repubblica popolare cinese ed alcuni ritratti di Mao. Un gradevole saluto di benvenuto!

I cino-comunisti intanto avevano cominciato a distruggere interi paesi e monasteri, ad umiliare personalità e dirigenti laici, ad incarcerarli, a torturarli, e persino ad ucciderli. Vennero espropriati territori; immagini sacre, scritture ed altre cose che per i tibetani hanno carattere sacro, vennero infangate, distrutte o rubate. Sui manifesti e sui giornali apparvero bestemmie contro gli dei e persino nelle scuole i giovani vennero educati all'odio contro la religione: questa era solo un mezzo per sfruttare il popolo, e Buddha era nient'altro che un "reazionario". Gli articoli 7, 11 e 13 dell'accordo vennero calpestati. In tutto l'est, il nord e il sud-est del Tibet gli uomini fecero ricorso alle armi; solo l'ovest e la parte centrale del paese restarono tranquilli.

All'inizio del 1958 forti gruppi di guerriglieri Khampas erano nascosti intorno a Lhasa. La città si trovò ben presto ad essere sovrappopolata. I soldati cinesi non osavano allontanarsi piú dalle loro baracche e la guerriglia aveva sotto controllo zone sempre piú estese. Circa trecento Khampas coraggiosi costituirono il *Khelempa*, (volontari), una specie di corpo di Kamikaze. Nel 1958 Andrutshang diede l'ordine al suo piccolo esercito di recarsi a gruppi di tre o quattro uomini a Nyemo, una località a 80 chilometri a sud di Lhasa, e di riunirsi fuori dal paese. Nel locale monastero si trovava un arsenale segreto del governo tibetano. I Khampas attaccarono la guarnigione cinese forte di circa 1200 uomini e si impadronirono delle armi. Cosí poterono organizzare altri assalti. Nell'autunno dello stesso anno i guerriglieri si sentivano abbastanza forti da osare una battaglia in campo aperto. Presso Tsetang, una grande città commerciale a sud del fiume Brahmaputra, i Khampas festeggiarono la loro piú grande vittoria. Nel novembre, i guerriglieri agli ordini di Andrutshang nei territori a sud del Brahmaputra e ad est di Gyantse erano circa 12.000. Ovunque, essi ebbero il sostegno e la solidarietà delle popolazioni. Ovviamente, i cino-comunisti erano alquanto preoccupati per l'evolversi della situazione.

Il Dalai Lama, fermo nelle sue convinzioni che la violenza fosse senza scopo e contro la morale, inviò due funzionari laici e tre monaci a far visita in nome del Kashag ai capi della guerriglia per recare loro un'ambasciata. Egli voleva che venissero intavolate trattative, ma quando la rappresentanza del Kashag raggiunse i Khampas, essa passò al nemico. I cinesi pretendevano ora che l'armata tibetana venisse impiegata contro gli insorti ma il Kashag rifiutò, adducendo come motivo l'eccessiva debolezza dell'esercito, non sufficientemente addestrato e male armato. Inoltre, esso era indispensabile per mantenere l'ordine a Lhasa. A un certo punto, i cinesi avanzarono la pretesa che a nove persone – tra le quali anche l'ex premier Lokhangwa e i fratelli del Dalai Lama Thubten, Jigme Norbu e Gyelo Thondup – venisse tolta la cittadinanza. Il Dalai Lama ebbe a scrivere a tal proposito: "Parve a me e al governo che non valesse la pena di contrapporci a questo ordine". Egli assicurava che la "punizione" non avrebbe mai procurato agli interessati il benché minimo dispiacere.

A Lhasa ormai si era allo scontro aperto tra il governo e i cinesi. Questi ultimi dichiaravano che il Kashag si era alleato con i "reazionari" e lasciavano intendere che i suoi componenti non solo sarebbero stati fucilati, ma giustiziati lentamente in pubblico. Nel corso di una assemblea femminile, un generale cinese fece il seguente paragone: "Dove c'è la carne putrida si radunano le mosche, ma se si mette da parte la carogna, non c'è piú motivo di adirarsi con le mosche". Le mosche erano i guerriglieri e la carne putrida il Kashag e il Dalai Lama. La situazione era disperata: da un lato, i cino-comunisti accusavano il Kashag di essere collegato con la guerriglia, i Khampas, dall'altro, erano assolutamente convinti che il governo se la intendeva con i cinesi.

Nel frattempo un gruppo clandestino di giovani, il Tsogpa, aveva cominciato ad agire nella capitale. Questi giovani coniarono lo slogan "andatevene cinesi, noi vogliamo l'indipendenza!" che si diffuse ben presto tra la gente. Il 10 marzo 1959 il Dalai Lama venne invitato dai comandanti cinesi ad assistere ad una rappresentazione teatrale in uno dei loro accampamenti. Egli avrebbe dovuto recarvisi senza scorta e, nonostante le preoccupazioni, egli accettò l'invito. Quando la popolazione ne ebbe notizia, cominciò a temere che i cinesi mirassero a rapire il Dalai Lama.

Essi si ricordavano che già in passato, in quattro diverse località delle province orientali, altri dignitari Lama erano scomparsi per sempre, dopo aver accettato inviti dai comandanti cinesi per qualche manifestazione. Tre erano finiti uccisi ed uno era stato incarcerato. Sembrava quindi una tecnica prediletta dai cinesi quella di creare situazioni, nelle quali le persone a loro scomode venivano a trovarsi senza protezione e subito sopraffatte.

Il mattino del 10 marzo 1959 trentamila tibetani formarono una catena umana intorno a Norbulingka per proteggere il Dalai Lama. A Lhasa ebbero luogo grandi raduni popolari nei quali vennero approvate risoluzioni che miravano ad abrogare l'accordo dei 17 punti. Il Dalai Lama cercò di tranquillizzare la gente e trattò contemporaneamente con i cinesi. Questi dichiararono che i ribelli avevano eretto barricate a nord di Lhasa e che il Kashag doveva ordinare il loro immediato allontanamento. Se ciò non fosse avvenuto, le conseguenze sarebbero state assai serie. Il 16 marzo il Dalai Lama ricevette notizie circa l'intenzione dei cinesi di bombardare Norbulingka. Alle quattro del pomeriggio caddero due granate in una palude all'esterno della porta nord della città. Dopo che i lanciatori di granate avevano dato un segnale di morte, la fuga per il Dalai Lama non poteva essere più rimandata. Per non farsi riconoscere dalla massa di persone che si trovavano a Norbulingka, il Dalai Lama si travestí con un abito di soldato ed un cappello di pelliccia e all'alba del 17 marzo 1959 abbandonò Lhasa insieme alla sua famiglia. Dopo un viaggio lungo e faticoso raggiunse l'India.
Il 20 marzo, alle due di notte, i cinesi cominciarono il bombardamento di Lhasa che durò due giorni. Piú di 800 tibetani rimasero vittime; i cinesi distrussero anche parte del Potala e i monasteri vicini.
Poco dopo aver attraversato il confine indiano, il Dalai Lama ricevette un telegramma di saluto di Nehru. Questi però non voleva affrontare alcun rischio e si preoccupò molto che nella stampa internazionale non fosse data molta pubblicità al fatto che il Dalai Lama avesse scelto di soggiornare nel suo paese. In proposito, il "Times" ebbe a scrivere che le autorità indiane addette

alla sicurezza si preoccupavano di tenere lontani dal Dalai Lama tanto i vecchi amici quanto i possibili nemici.

Mentre ancora si trovava sul territorio tibetano in attesa del visto delle autorità indiane per l'asilo, il Dalai Lama apprese che il governo cinese aveva dichiarato decaduto il suo governo. Con questo atto, i cinesi avevano violato quanto restava dei 17 punti dell'accordo. A Lhuntse Dzong il Dalai Lama formò un governo provvisorio che varò un proclama destinato ad essere diffuso in tutto il Tibet.

Dietro il confine indiano, a Tezpur, il 18 aprile 1959 il Dalai Lama emanò una dichiarazione che riassumeva brevemente tutti i trascorsi e sottolineava la trasgressione dell'accordo dei diciassette punti da parte dei cinesi. Il testo, redatto in terza persona, diede ai cinesi la possibilità di affermare che esso era ambiguo, pieno di menzogne e che non era opera del Dalai Lama. Essi supponevano che egli fosse trattenuto contro la sua volontà, ma in seguito, al suo arrivo a Mussoorie in India, il Dalai Lama confermò di avere redatto personalmente il testo della dichiarazione di Tezpur e di essere stato in tutto e per tutto l'ideatore della iniziativa.

Nel giugno 1959 tenne una conferenza stampa nella quale denunciò a chiare lettere l'accordo dei diciassette punti. Nel frattempo, numerosi fuggiaschi avevano abbandonato il Tibet alla volta dell'India. Il Dalai Lama voleva sottoporre la questione tibetana alle Nazioni Unite, ma il Tibet non ne faceva parte e l'India rifiutava di farsi portavoce di tale richiesta. Alla fine, la federazione della Malaisia e la Repubblica d'Irlanda si dichiararono disposte ad intervenire. In uno scritto del 28 settembre 1959 questi due paesi avanzarono la richiesta all'ONU, e con quarantacinque voti a favore, nove contrari e ventisei astenuti (inclusa l'India), venne approvata una risoluzione:

> Nel richiamo alla dichiarazione dei diritti dell'uomo e della libertà, come è formulata nella carta delle Nazioni Unite e nella dichiarazione generale dei diritti umani riconosciuti dalla assemblea generale del 10 dicembre 1948, così come nella considerazione dei diritti e delle libertà dell'uomo, cui il popolo tibetano così come ogni altro ha diritto, compreso il diritto alla libertà civile e

religiosa, anche in considerazione della eredità culturale e religiosa del popolo tibetano, cosí come della autonomia della quale ha sempre goduto, commossi profondamente dai rapporti, tra i quali le comunicazioni ufficiali di sua santità il Dalai Lama sulla privazione dei diritti e delle libertà di cui il popolo tibetano è stato vittima con la violenza, e nella spiacevole constatazione che tali avvenimenti hanno contribuito ad aumentare in modo crescente le tensioni internazionali, determinando un peggioramento delle relazioni tra i popoli, e che è tempo che i politici responsabili intraprendano seri e positivi sforzi per eliminare le tensioni e per migliorare le relazioni internazionali.

Il Dalai Lama rimase un anno a Mussoorie, poi si trasferí a Dharamsala, ove vive ancora oggi. Qui, nel corso degli anni, si sono formati insediamenti tibetani che ospitano innumerevoli esuli, sono sorti ospedali, scuole e la famosa *"Library of Tibetan Works and Archives"*. È qui che opera pure il governo in esilio con tutto il suo apparato e le sue strutture parallele di cui parleremo altrove.

Di tanto in tanto, il Dalai Lama mandava e manda proprie delegazioni in Tibet per esaminare le locali situazioni e gli umori generali nonostante le immaginabili difficoltà. I cinesi si prendono cura di paragonare questi delegati del Dalai Lama alle gru. Le gru vanno e vengono, le rane, cioè i tibetani, devono invece restare.

Genocidio e seconda insurrezione
1987

Nel luglio 1960 apparve il rapporto della famosa "Commissione Giuridica Internazionale", una associazione di circa quarantamila giuristi di tutto il mondo, che aveva svolto una puntigliosa indagine sulle violazioni dei diritti umani in Tibet da parte degli invasori cinesi. Nel suo libro *La mia vita e il mio popolo*, il Dalai Lama cosí commenta i risultati di questa inchiesta:

> Decine di migliaia di tibetani sono stati uccisi, non solo nel corso di azioni militari, ma anche singolarmente. Li si è uccisi senza alcun processo, solo in base al sospetto di avere organizzato la resistenza contro il comunismo o di avere accumulato denaro. Li si è uccisi solo per la loro posizione e spesso anche senza alcun motivo. Essi dovevano morire perché non erano diposti a rinunciare alla lora fede. Non sono stati fucilati, li si è bastonati a morte, crocifissi, arsi vivi, annegati, sono state lacerate le loro carni vive, li si è lasciati morire di fame, strangolati, impiccati, bruciati, sepolti vivi, decapitati, gli si è squarciato il ventre. Questi crimini sono stati commessi pubblicamente, parenti e amici delle vittime sono stati obbligati ad assistere. Testimoni oculari hanno riferito tutto. Uomini e donne sono stati martoriati fino alla morte in presenza dei loro congiunti; i bambini sono stati costretti a sparare contro i genitori. Particolarmente perseguitati furono i Lama, accusati dai cinesi di essere "improduttivi" e parassiti. I monaci venivano umiliati in ogni modo, e a subire torture erano in particolare i piú anziani e i piú stimati: li legavano agli aratri, li cavalcavano come cavalli, li frustavano e li battevano. Altre cose sono talmente spaventose che non è possibile descriverle. E mentre i Lama venivano lentamente martoriati a morte, li si scherniva per la loro fede e gli si chiedeva di realizzare miracoli per preservarsi dal dolore e dalla morte.
>
> E non è ancora abbastanza. Un gran numero di tibetani è stato

incarcerato o deportato con destinazione ignota. Molti sono morti in seguito alla brutalità e alle privazioni del lavoro coatto, molti, per la disperazione e la miseria, hanno preferito darsi la morte. Nei villaggi i cui uomini si erano dati alla guerriglia, le donne e i bambini rimasti sono stati uccisi a colpi di mitragliatrice.

Migliaia di bambini in età fino ai quindici anni sono stati tolti ai genitori e non sono stati più rivisti. I genitori che protestavano sono stati incarcerati o fucilati. I cinesi sostenevano che lontano dai bambini i genitori potevano lavorare meglio. Molti sono stati i bambini deportati in Cina per essere educati secondo i principi del marxismo-leninismo.

Sono molti in Tibet coloro che ritengono di essere stati sterilizzati. Essi raccontano di aver subito una operazione dolorosa ma la commissione internazionale non ha dato molto peso alle loro affermazioni, perché le operazioni descritte non corrispondevano ad alcuno dei metodi di sterilizzazione conosciuti dai medici dell'India. Da quando il rapporto della commissione è stato chiuso, è venuto fuori altro materiale probatorio sulla base del quale io ritengo che effettivamente siano state compiute operazioni di sterilizzazione.

Oltre a questi orrendi crimini i cinesi hanno messo in atto una distruzione sistematica dei nostri monasteri. Hanno ucciso i Lama, hanno rinchiuso i monaci nei campi di lavoro o li hanno costretti con minacce ad interrompere il loro celibato. I monasteri ormai vuoti e i templi sono stati utilizzati come caserme o come stalle.

Sulla base del materiale probatorio raccolto, la commissione internazionale dichiarò i cinesi colpevoli del peggiore crimine del quale un uomo o un popolo può essere accusato: il genocidio, cioè "della intenzione di sterminare un gruppo nazionale, etnico, razziale o religioso, totalmente o anche in parte.". La commissione era giunta alla convinzione che i cinesi avevano intenzione di distruggere i buddhisti del Tibet. Con uno sguardo retrospettivo credo che si possano individuare i motivi dei crimini cinesi.

All'inizio erano tre i motivi per i quali volevano avere il Tibet. Innanzi tutto il nostro paese è grande, ma in esso vivono solo sette o otto milioni di tibetani; in Cina più di un miliardo di uomini, e la popolazione cresce di anno in anno di molti milioni. Spesso si fa la fame. Per questa ragione i cinesi volevano acquistare il Tibet come necessario spazio vitale. Ed infatti, hanno insediato nel nostro paese schiere di contadini, per questo non ho dubbi sul fatto che essi lavorino a preparare un futuro nel quale i tibetani saranno solo una minoranza insignificante. Nel frattempo, il livello di vita dei contadini tibetani sarà ridotto ad un minimo, per cui verranno a trovarsi in condizioni ancora peggiori di quelle dei contadini del popolo invasore. Nella storia del Tibet non c'è traccia di carestia, ma oggi sono molti gli uomini a soffrire la fame.

In secondo luogo, la nostra terra è ricca di tesori minerari. Noi non li abbiamo mai sfruttati perché non avevamo particolari esigenze per i beni del mondo. I cinesi affermano che essi avrebbero installato in Tibet già molti cantieri e io credo di poter dire che le loro affermazioni corrispondono a verità, ma questo sviluppo tecnico non serve tanto al popolo del Tibet quanto all'arricchimento della Cina.

I cinesi aspirano infine al dominio sull'Asia, se non su tutta la terra, come molti di loro ammettono apertamente. In questo senso, la conquista del Tibet è un primo passo. Io non sono un esperto di cose militari, ma basta la semplice ragione a dirci che nessun altro paese in Asia è dal punto di vista strategico importante come il nostro. Le sue montagne si sviluppano come una imprendibile fortezza per le armi moderne. Da qui è possibile attaccare l'India, il Burma, il Pakistan e gli Stati del sud-est asiatico al fine di sottometterli, di distruggere la loro religione, come è accaduto per la nostra, per diffondere ulteriormente l'ateismo. I cinesi hanno già costruito diciotto campi d'aviazione e lavorano attualmente a creare in tutto il paese una rete di strade strategiche. Se si considera che l'India non ha propositi aggressivi, queste misure militari hanno un solo scopo, quello di fare del nostro paese un punto di partenza per la futura espansione.

La Commissione Giuridica Internazionale aveva parlato espressamente di genocidio, ma nessuna organizzazione "democratica" ha intrapreso una campagna di opinione come accade per esempio oggi per il Sudafrica, per il Cile o la Palestina. Quando all'ONU si tornò ad affrontare questo tema, lo si fece in maniera non drammatica. Nel 1960 la Tailandia e la federazione della Malaisia avevano nuovamente avanzato la richiesta che la "questione Tibet" fosse affrontata dalle Nazioni Unite. Per motivi di tempo però essa non venne messa all'ordine del giorno. Nel 1961 Irlanda e Salvador si unirono agli altri due paesi, e questa volta con cinquantasei voti favorevoli, undici contrari e ventinove astensioni – tra le quali quella dell'India – venne approvata una risoluzione. Si trattava fondamentalmente di una accentuazione della precedente, ma ci si riferí anche all'enorme numero di profughi: "Con profonda preoccupazione per la situazione di necessità nella quale questi avvenimenti hanno gettato il popolo del

Tibet e per la massa di tibetani che si sono rifugiati nei paesi vicini...".

La terza proposta di risoluzione, presentata nel 1965 da Salvador, Irlanda, Malaisia, Malta, Nicaragua, Filippine e Tailandia venne accettata con quarantatre voti favorevoli, ventisei contrari e ventidue astensioni; Questa volta anche l'India votò a favore del Tibet. Questa risoluzione ribadiva chiaramente la intangibilità dei principi contenuti al secondo periodo nella Carta e nella Dichiarazione Generale dei diritti dell'uomo; il primo dei quattro punti diceva: "L'assemblea generale... si rammarica per la continuata violazione dei diritti e delle libertà del popolo tibetano".

La Cina rossa comunque non si lasciò distogliere dalla sua politica colonizzatrice e criminale neppure dalle Nazioni Unite e ancora possono essere ricordati fatti orrendi: in alcuni casi, i tibetani vennero scuoiati vivi.

Di circa seimila monasteri oggi ne sono rimasti quarantotto, ciò significa che oltre il 99% sono andati distrutti. Dato che la religione è una delle particolarità vitali della cultura tibetana e una caratteristica del popolo, la distruzione dei monasteri rappresenta un colpo mortale alla loro coscienza. In forza della loro fede però, i tibetani sono riusciti a sopravvivere e questo anche perché hanno sempre conservato l'attaccamento al Dalai Lama in esilio e non si sono fatti influenzare dalle misure cinesi atte a distruggere la religione. Ogni turista proveniente da Lhasa conferma che i tibetani supplicano i visitatori solo di una cosa: desiderano possedere una immagine del Dalai Lama. I tibetani sono ormai in una fase di "esilio interiore".

Principalmente, a Lhasa e nel parco Schugtrilingka esiste un movimento clandestino di resistenza e, se in città o altrove nel paese, si verifica qualcosa, la notizia subito si diffonde in un baleno tra i tibetani anche senza stampa e radio.

Nel 1978 i prigionieri politici erano circa centomila e solo col tempo vennero rilasciati. Durante la rivoluzione culturale operavano i famigerati tribunali Thamzing nei quali venivano bastonati e dileggiati i "ricchi contadini" e i "reazionari", non appena avevano confessato di avere sfruttato le masse. Ancora oggi i tibetani che non appartengono né al gruppo dei collaboratori, né a quello dei neutrali, devono recarsi ogni sera alle diciannove al "Thamzing", cioè al *lavaggio del cervello*. Uno deve porsi davanti a tutti, gli altri gli lanciano ogni genere di accuse e lo costringono ad autoincolparsi. I "delinquenti" vengono rimproverati, calpestati e pestati. Tutti devono sottoporsi a questa orribile messinscena. Alcune famiglie preferirono darsi la morte piuttosto che sottoporsi ad una simile farsa.

Deng Xiaoping, come già Zhou Enlai, aveva promesso che avrebbe realizzato alcune riforme. Un esempio della cosiddetta liberalizzazione fu la reintroduzione del diritto al pellegrinaggio, laddove però non fu tenuto in considerazione il fatto che i pellegrini avrebbero perso il diritto alle razioni di alimenti. Inoltre, i tibetani ricordano ancora bene l'era del "lasciate fiorire mille fiori"; nessuno oggi vuole fare qualcosa che possa esporlo ad attacchi, nel caso che nuovamente la politica cinese cambi direzione. Nel 1983 piú di millecinquecento tibetani furono arrestati a causa delle loro cosiddette attività criminali e per aver aizzato il popolo. Nello stesso periodo vennero anche eseguite alcune condanne a morte con il colpo alla nuca, ma questa volta almeno i parenti non furono costretti ad assistere.

La politica di denazionalizzazione da parte della Cina rossa appare in tutta la sua portata con l'insediamento di cinesi nel Tibet. Oggi, nel paese infatti, vivono circa sette milioni di cinesi e i tibetani sono già diventati a tutti gli effetti una minoranza. In seguito a questa "emigrazione interna" si sono verificate sempre piú spesso insurrezioni, ma i cinesi hanno ermeticamente bloccato le informazioni per impedire al mondo di venirne a conoscenza. La rivolta del 1987 però non ha potuto essere tenuta nascosta.

L'occasione fu data dal fatto che per il 24 settembre 1987 le autorità cinesi avevano convocato una grande riunione di massa alla quale erano obbligati a presenziare oltre quindicimila tibetani. Nel corso di questa riunione, in un processo pubblico, vennero condannati undici tibetani e di questi, due vennero giustiziati davanti a tutti. Inoltre, i cinesi, nella stessa occasione, criticarono aspramente la visita del Dalai Lama negli Stati Uniti, cosa che fece adirare i tibetani a tal punto che, il 27 settembre, ebbe luogo una prima dimostrazione guidata dai monaci del monastero di Drepung. Il brutale comportamento della polizia cinese fece adirare i tibetani ancora di piú. Circa trentatré persone, monaci e laici, che avevano preso parte alla dimostrazione, vennero arrestati, picchiati e torturati. Quando questa notizia si diffuse tra la gente, i timori e la rabbia accrebbero, e il primo ottobre, di nuovo, centinaia di tibetani guidati dai Lama del monastero di Sera inscenarono una manifestazione per chiedere il rilascio dei monaci arrestati il 27 settembre. Altri arresti seguirono ai primi. In questa circostanza alcuni monaci vennero picchiati pubblicamente e ciò provocò l'insurrezione di Lhasa che durò alcuni giorni, fino a quando su tutto non calò un silenzio da cimitero.

La repressione fu crudele. Sulla prima pagina del "Corriere della Sera" del 14 agosto 1988 è apparso un significativo articolo intitolato "Nel Tibet delle torture". In esso era dato di leggere: "Suore che vengono aggredite e morse dai cani, che sono costrette a mangiarne la carne cruda e sanguinolenta o che vengono torturate con i bastoni elettrici; monaci e laici, accusati di reati politici, che vengono appesi per i polsi come salami o che vengono bastonati a sangue o che per mancanza di sonno e di cibo sono ridotti a rottami umani...". Sempre sul "Corriere della sera" il 18 agosto 1988 apparve un articolo dettagliato dal titolo "I barbari nel tempio del Dalai" che descriveva dettagliatamente il trattamento criminale riservato ai monaci al tempo della occupazione.

Quando finirà la tirannia?

Già nel 1961 il Dalai Lama mise a punto una costituzione per il suo paese, per quanto era possibile, ovviamente, nella condizione del suo esilio. La costituzione prevedeva una Camera unica, il parlamento, che avrebbe dovuto rappresentare, secondo le sue stesse parole, non unicamente la totalità del popolo ma anche in una certa misura interessi particolari. Per l'approvazione delle leggi piú semplici sarebbe stata sufficiente la semplice maggioranza; per le modifiche alla costituzione, una maggioranza dei tre quarti. Le elezioni avrebbero dovuto avere luogo sulla base del generale diritto al voto di tutti gli adulti, inclusi i monaci. Il Dalai Lama avrebbe dovuto nominare i ministri i quali, pur conservando la possibilità di rivolgersi al parlamento, non avrebbero disposto del diritto al voto. Il parlamento avrebbe dovuto avere il diritto di pretendere la destituzione di un ministro; nel caso in cui il Dalai Lama non fosse stato d'accordo, la decisione finale sarebbe spettata ad una suprema Corte di giustizia.

La suprema Corte di giustizia doveva avere le stesse garanzie ed essere costituita come il governo. L'autorità del Dalai Lama, in considerazione del supremo interesse dello Stato, doveva essere limitata mediante misure legislative e giuridiche previste nella costituzione.

Fino a quando il Dalai Lama fosse stato minorenne, ma anche nel caso della sua morte o della sua impossibilità di esercitare il suo ufficio, il potere sarebbe passato nelle mani di un consiglio di reggenza composto da tre o cinque membri, insediato dal parlamento con una maggioranza dei due terzi. Questa costituzione rappresenta un ottimo passaggio dalla monarchia teocratica alla democrazia elettiva.

Ma vediamo come presentava questo progetto costituzionale, il 10 marzo 1963, il Dalai Lama nel testo originale della sua prefazione.

> Ancora prima della mia partenza dal Tibet nel marzo 1959, ero giunto alla conclusione che nelle circostanze attuali del mondo moderno, il sistema di governo nel Tibet doveva essere modificato e migliorato in modo da permettere ai rappresentanti eletti dal popolo di svolgere un ruolo più effettivo nella guida e realizzazione della politica sociale ed economica dello Stato. Credevo pure fermamente che ciò sarebbe potuto accadere soltanto tramite delle istituzioni democratiche basate sulla giustizia economica e sociale. Sfortunatamente per me ed il mio popolo, tutti i nostri sforzi vennero annientati dalle autorità cinesi, che avevano stabilito nel Tibet la peggiore forma di regime coloniale.
>
> Ben presto, dopo il mio arrivo in India, decisi che si preparasse la bozza di una costituzione per donare al popolo del Tibet una nuova speranza ed una nuova concezione, come il paese sarebbe dovuto essere governato, quando avesse riacquistato la sua libertà ed indipendenza. A questo scopo vennero annunciati i tratti dei principi della costituzione, il 10 ottobre 1961. Ciò venne accolto calorosamente da tutti i tibetani in India ed all'estero, particolarmente dai rappresentanti eletti dei tibetani adesso viventi in esilio. Poi, sulla base di questi principi e dopo consultazioni con i rappresentanti del popolo, sia laici che religiosi, questa costituzione venne elaborata nel dettaglio. Questa considera le dottrine enuciate da N. S. Buddha, l'eredità spirituale e temporale del Tibet e le idee e gli ideali del mondo moderno. Così s'intende assicurare al popolo del Tibet un sistema di democrazia basato sulla giustizia ed uguaglianza e garantire il suo progresso culturale, religioso ed economico.
>
> È il mio serio auspicio che non appena il Tibet ridiventerà libero ed indipendente, il sistema di governo, come stabilito in questa costituzione, sia adottato per il beneficio del mio popolo. Poi verrà dato l'ultimo tocco alla costituzione in conformità ai desideri ed alle aspirazioni dell'Assemblea Nazionale.
>
> Questa costituzione è stata da me proclamata nel quarto anniversario della ribellione del popolo del Tibet contro l'aggressore cinese. In quel giorno, che segna la gloria ed il coraggio del mio popolo, spiegai a tutti la situazione con la quale eravamo confrontati. Ora faccio appello ancora una volta al mio popolo all'interno ed all'esterno del Tibet, che ognuno di noi debba portare la responsabilità per riacquistare la libertà del nostro amato Paese tramite sforzi seri ed uniti... Dobbiamo tutti ricordare l'insegnamento di N. S. Buddha che la verità e la giustizia prevarranno alla fine.

Per risolvere la questione tibetana, il Dalai Lama il 21 settembre 1987 propose alla commissione per i diritti umani del congresso americano un piano di pace basato su cinque punti fondamentali. Il primo punto prevedeva la trasformazione del territorio tibetano in una zona di pace. Il secondo punto reclamava la fine della politica di insediamento di coloni cinesi, che minacciava l'esistenza della autonomia del popolo tibetano. Il terzo punto reclamava il rispetto dei fondamentali diritti umani e delle libertà fondamentali e democratiche del popolo tibetano. Il quarto punto richiamava l'attenzione sulla necessità di ristabilire e di proteggere l'ambiente naturale del Tibet, danneggiato dalle mire cinesi tendenti a sfruttare selvaggiamente il paese per la produzione di armi atomiche e di depositi radioattivi. Al quinto punto, il Dalai Lama pretendeva l'inizio di serie trattative sullo Status del Tibet e sui rapporti tra il popolo del Tibet e quello cinese.

I cino-comunisti piú volte hanno chiesto al Dalai Lama di ritornare a Lhasa. In un intervista con John F. Avedon, il Dalai Lama, alla domanda in quali condizioni egli avrebbe fatto ritorno a Lhasa, ebbe a rispondere:

> Il nostro obiettivo principale è la felicità del nostro popolo. Questo è la cosa piú importante. Non desidero per ora discutere sui particolari, è difficile, tra l'altro, poter dire qualcosa al riguardo. Al momento non è pensabile un mio ritorno. Innanzi tutto deve cambiare la situazione nel paese, poi si vedrà.

Gli venne poi posta la domanda: "Che cosa intende con 'la felicità degli uomini'?". Egli rispose:

> Negli ultimi trent'anni gli uomini non sono stati né felici, né contenti, indipendentemente dalla classe alla quale appartengono, dal fatto che siano giovani o anziani, ricchi o poveri. È questo che deve cambiare innanzi tutto, ed è difficile... *

---

* Da "*Una intervista con il Dalai Lama*" di JOHN F. AVEDON, Diamont editrice, 1982, 1985.

Lo stesso libro contiene la posizione confermata anche durante il mio colloquio a Dharamsala, posizione precisa del Dalai Lama di fronte alla violenza:

Domanda. *Alcuni tibetani parlano ancora di riconquistare il loro paese con la forza. Non si escludono a vicenda violenza e religione? Sono essi in qualche modo conciliabili o è impossibile? Cosa pensa lei di ciò?*

Risposta. Sono conciliabili. Dipende dalle motivazioni e dai risultati. Se ambedue sono giusti e le circostanze non consentono altra scelta, la violenza è giustificata.

D. *Potrebbe spiegare questo più chiaramente?*

R. Un buon motivo parrebbe quello di agire nell'interesse della maggioranza degli uomini, ma nella situazione attuale del Tibet una lotta armata significherebbe un suicidio.

D. *A causa della superiorità dei cinesi?*

R. Esattamente.

D. *Se qualcuno vedesse questa strada come praticabile, la sconsiglierebbe?*

R. A volte una posizione di lotta può essere buona per non perdere il coraggio. In certe situazioni essa è utile, ma io non credo che sarebbe saggio prendere parte ad una azione militare.

Come si vede il XIV° Dalai Lama ha modificato nel corso degli anni la sua posizione nei confronti della violenza. Adesso non giudica la violenza immorale da un punto di vista religioso, anche se poi non ritiene che la via della forza sia oggi praticabile per il suo paese.

È pure interessante nel libro citato analizzare le posizioni del Dalai Lama a riguardo dei rapporti tra religione e governo in un Tibet libero.

Domanda. *Per ritornare ancora una volta al Tibet; quali potrebbero essere i rapporti tra religione e governo? Potrebbe dire qualcosa a riguardo? Ha riflettuto su questa questione?*

Risposta. È una questione davvero complicata. Se parliamo di religione, allora noi intendiamo il principio morale che costituisce il perno di ogni religione. Esso comprende ogni campo, anche quello politico. Un politico deve possedere principi morali, questa è la mia convinzione. Sulla base di una tale riflessione, religione e politica vanno insieme.

Senza religione la politica diventa facilmente qualcosa di cui nessuno si può fidare, insidiosa e bugiarda. Se noi, al contrario, parliamo di istituzioni religiose come la Chiesa, queste devono avere un proprio campo. Con questo tema io mi sono confrontato ad Harvard. A ciò devo aggiungere: negli Stati Uniti la Chiesa e lo Stato sono separati; ma quando il Presidente tiene il suo giuramento, egli tiene la Bibbia in mano e parla in nome di Dio. Ciò significa che il capo dello Stato deve essere sincero.

E quando il Presidente giura di esercitare i doveri del suo ufficio il piú sinceramente e coscienziosamente possibile, chiamando Dio a testimone, risulta evidente il principio morale nella politica.

Quando invece l'autorità statale e quella clericale sono mescolate, si hanno complicazioni. Come è allora la situazione con il Dalai Lama? Quando sono a casa, è affare mio quale forma di prassi religiosa o quale tradizione io segua. Quando invece esercito le mie funzioni, allora agisco come se non appartenessi ad alcuna setta o tradizione. Esiste dunque una separazione, anche se apparentemente sembra siano assieme. Il Quinto Dalai Lama ad esempio, apparteneva inizialmente ad un determinato monastero, ma allorché assunse il potere, non operò piú in nome di un gruppo particolare ma in quello della religione.

D. *È dunque capace di tenere separate queste due funzioni? Almeno esteriormente infatti esse sono incarnate in un unico corpo. Si tratta quindi di una questione affidata alla sua decisione personale?*

R. La situazione è abbastanza simile a quella di Macario e Cipro. Altro non significa, se non che una personalità religiosa si trova al vertice dello Stato".

D. *Può prevedere se in futuro funzionari religiosi saranno al fianco di funzionari laici come era un tempo il caso del governo tibetano?*

R. No. Ma è possibile. In passato la popolazione dava la preferenza ad un Lama, anche se di tanto in tanto erano i laici a guidare il governo o lo Stato; secondo me, però, in futuro non sarà cosí. Sarebbe sciocco preferire un Lama solo per una ostinazione religiosa. Bisogna vedere come sarà la situazione, perché solo essa potrà determinare cosa è necessario e quale sarà il migliore modo di agire. Come sempre, il futuro è grande e tutto è possibile. È giusto predisporre un piano preciso, ma d'altra parte nessuno sa che cosa succederà. Solo il tempo potrà dare una risposta. È necessario conservare una certa flessibilità per poter reagire nel modo giusto di fronte alla nuova situazione.

Il Dalai Lama e i tibetani sono rimasti fortemente sorpresi dalla presa di posizione del cancelliere tedesco Kohl, il quale non ha messo minimamente in dubbio la sovranità cinese sul Tibet. In una intervista che io curai e che un quotidiano romano pubblicò, Kelsang Gyaltsen, capo dell'ufficio tibetano (*The Office of Tibet*) in Svizzera, ha dichiarato:

> L'atteggiamento del cancelliere tedesco Kohl sui diritti internazionali del Tibet contrasta con i risultati raggiunti dalla commissione di indagine del parlamento federale. Il 12 agosto 1987 la commissione di indagine del Bundestag, in seguito ad una visita del cancelliere tedesco in Tibet, ha fornito uno studio, che pubblichiamo integralmente, sulla situazione di questo Paese, con i seguenti risultati:
>
> 1) La comunità degli Stati parte dal presupposto che il Tibet è una parte dello Stato cinese e che la posizione del Tibet non è chiara.
>
> 2) Prima di essere incorporato con la forza nello Stato cinese, il Tibet era un paese indipendente.
>
> 3) La Cina non ha acquistato nessun titolo territoriale effettivo, in quanto essa ha agito in contrasto con il principio fondamentale del divieto di annessione derivante dal divieto dell'uso della forza. Il dominio su un territorio sottomesso con la forza non si giustifica perché non si inquadra nell'ambito del diritto internazionale.

Anche la esecuzione del piano del Dalai Lama in cinque punti per liberare il Tibet dalla tirannia comunista degli stranieri cinesi ha bisogno di un partner che possa trattare con la Cina su un piano di parità. Il futuro del Tibet, di conseguenza, dipende dal fatto che gli Stati Uniti decidano di farsi portavoce del Tibet. Questo potrà essere solo se i grandi mass media dell'Occidente – europei compresi – faranno pressione sul governo di Washington e sull'occidente.

Il momento attuale è favorevole, perché ovunque nel mondo l'impero comunista comincia a sgretolarsi. In Polonia, Ungheria, Romania, in Cecoslovacchia, in Bulgheria, nella Germania orientale, in Jugoslavia, persino in Mongolia, le questioni economiche e relative alle nazionalità si sono aggravate per il fatto che nell'ambito dei vecchi schemi marxisti non si riesce a trovare nessuna soluzione e già i popoli, con numerose manifestazioni, hanno mostrato di pretendere dai governi un radicale mutamento della politica.

Anche in URSS è in atto un processo riformista. Nonostante la Cina di oggi sia preoccupata di questo revisionismo che il nuovo vento di Mosca porta nei Paesi fratelli, Pechino non potrà estraniarsi da questo processo in corso, provocando inevitabili ripercussioni in Tibet.

I quarant'anni di occupazione cinese in Tibet sono stati caratterizzati da diversi momenti alterni. Pechino però, sorda, gelosa e cieca, ha sempre usato il pugno di ferro nei confronti del popolo piú religioso del mondo.

La rivolta di Lhasa del 10 marzo 1959 e la fuga del Dalai Lama hanno istituzionalizzato una situazione conosciuta da tutti e che ha avuto il suo punto culminante di lotta proprio in quel periodo che in Occidente si adorava Deng Xiaoping, considerandolo artefice insostituibile di una fantomatica liberalizzazione. Infatti, in quel momento non si contavano le iniziative culturali, economiche, politiche e militari, frutto della "cinomania" che imperversava negli ambienti politici internazionali del mondo libero, tendenti a conquistare un potenziale mercato di oltre un miliardo di anime.

A conferma del fallimento comunista cinese nei confronti del Tibet occupato, basti dare uno sguardo al resoconto di fuoco degli ultimi anni che precedette la proclamazione della legge marziale su tutto il territorio del Tibet.

27 settembre 1987: duecento-quattrocento tibetani circa, guidati da ventuno monaci del monastero di Drepung dimostrano a Lhasa. ventuno monaci ed altri quarantotto dimostranti vengono percossi e immediatamente arrestati;

1 ottobre 1987: piú di tremila tibetani, guidati da trentaquattro monaci (ventitre di Sera, tre di Nechung, otto di Jokhang) dimostrano a Lhasa. I monaci di Sera guidano la dimostrazione. Sessanta-ottanta, tra cui i trentaquattro frati vengono immediatamente arrestati. Un monaco di Nechung viene assassinato con il classico colpo alla nuca. Un ragazzo di otto anni e trentadue tibetani vengono uccisi;

6 ottobre 1987: ottanta monaci di Drepung e sedici di Nechung dimostrano a Lhasa. Tutti vengono arrestati;

17 ottobre 1987: in una scuola media di Lhasa scoppia una discussione tra studenti tibetani e cinesi riguardo ad una asserzione di sfida della commissione di propaganda da parte di uno studente tibetano; il gruppo di quaranta-sessanta studenti tibetani viene disperso dalla polizia;

20 nobembre 1987: studenti tibetani dimostrano a Rekong nella provincia di Amdo, a nord-est del Tibet;

25 novembre 1987: gli studenti tibetani di Ngapa e Amdo, boicottano le lezioni esigendo condizioni migliori;

novembre 1987: ottanta monaci di Gaden dimostrano contro la presenza della polizia nel loro monastero. Alcuni sono arrestati, ventimila poliziotti dei gruppi speciali di sicurezza cinese vengono piazzati a Lhasa;

15 dicembre 1987: quindici monache del governo di Garu dimostrano a Lhasa;

19 dicembre 1987: venti monache tibetane marciano intorno allo Jokhang e vengono tutte brutalmente arrestate.

Sin dallo scoppio delle dimostrazioni a favore dell'indipendenza nazionale nel Tibet seimila "commandos" speciali cinesi giungono a Lhasa da Chengdu.

1 febbraio 1988: duecento studenti, dieci insegnanti del "Nationalities Institute" e piú di cento monaci dimostrano in Rekong, (Amdo). Dieci insegnanti e venti monaci vengono arrestati;

5 marzo 1988: ventimila tibetani dimostrano a Lhasa. dodici monaci, compreso un novizio di tredici anni, sono colpiti a morte dalla polizia e diciotto Khampas sono uccisi nel tempio di Jokhang. Altri otto Khampas sono colpiti a morte e due monaci vengono strangolati, centoquarantaquattro monaci dei monasteri di Drepung, Gaden, Sera e Nechung risultano dispersi. Oltre duemilacinquecento sono i tibetani arrestati;

16 marzo 1988: cinquemila tibetani dimostrano a Sining, (Amdo). Diciotto vengono brutalmente uccisi, centocinquantasette gravemente e centonovantacinque lievemente feriti;

Marzo 1988: i monaci del monastero di Rekong dimostrano a Rekong, (Amdo);

Marzo 1988: la popolazione tibetana di Kanze, la punta piú orientale del Tibet, incendia nella notte una stazione di polizia;

17 aprile 1988: dodici monaci del convento di Chubsang dimostrano a Lhasa;

24 aprile 1988: sei monaci dimostrano a Lhasa;

25 aprile 1988: diciotto monache, dopo aver inscenato una protesta a Lhasa, vengono arrestate;

17 maggio 1988: una quarantina di monache provenienti dal convento di Ghari dimostrano a Lhasa. Assieme ad altri cittadini vengono arrestate e brutalmente percosse;

30 maggio 1988: Sei monaci "in borghese" dimostrano fuori dello Jokhang; vengono arrestati da seicento soldati cinesi. Alcuni bambini scrivono "Tibet libero" e "Lunga vita al Dalai Lama" sulle polverose auto cinesi parcheggiate;

24-25 giugno 1988: undici monaci del monastero di Ba Choedhey Gon dimostrano a Ba (provincia di Kham) nel Tibet orientale;

27 settembre 1988: sette monaci protestano a Lhasa per commemorare la dimostrazione fatta nello stesso giorno dell'anno precedente;

4 ottobre 1988: alcuni monaci del monastero di Rato, vicino Lhasa, vengono arrestati dopo aver parlato a favore del governo in esilio del Dalai Lama di fronte alle forze di sicurezza cinesi all'interno del monastero;

10 dicembre 1988: Dimostrazione in Lhasa per ricordare il 40° anniversario del giorno della Dichiarazione dei Diritti Umani delle Nazioni Unite. Diciannove uccisi, oltre centocinquanta gravemente feriti e centinaia arrestati;

18 dicembre 1988: circa ottanta studenti cinesi universitari tibetani a Pechino dimostrano, rivendicando i diritti umani dei tibetani e una soluzione pacifica per la questione del Tibet; essi condannano l'invasione militare del Tibet da parte della Cina e le brutali repressioni contro i dimostranti nel Tibet;

30 dicembre 1988: trecento studenti e insegnanti dell'università del Tibet dimostrano a Lhasa. Nessuna vittima e nessun arresto;

Ancora nel 1988: alcuni Tibetani in Ngapa, (Amdo) protestano, chiedendo l'evacuazione dei cinesi stabiliti in Ngapa;

Gennaio 1989: quattro monaci di Shekar vengono arrestati per avere issato la bandiera nazionale tibetana sulla cima di una collina vicina;

7 febbraio 1989: sin dal 10 marzo 1959, giorno della Rivolta di Lhasa, la bandiera nazionale tibetana viene innalzata per la prima volta da tibetani sul tetto del tempio Jokhang, di Lhasa;

13 febbraio 1989: la popolazione tibetana dimostra a Lhasa;

20 febbraio 1989: la bandiera nazionale tibetana viene issata vicino ad un tempio e a un ospedale di Lhasa. Sono distribuiti volantini che rivendicano l'indipendenza nazionale tibetana. La polizia impedisce a trecento monache di dimostrare a Lhasa;

22 febbraio 1989: nove monaci e tre monache protestano a Lhasa;

5 marzo 1989: centinaia di Tibetani dimostrano in Lhasa. Secondo voci dirette, dieci Tibetani vengono uccisi e oltre un centinaio gravemente feriti in seguito al fuoco aperto dalla polizia cinese.

Dopo tre giorni di dimostrazioni pro-indipendenza a Lhasa nella capitale tibetana, le autorità cinesi hanno imposto la legge marziale in tutto il Tibet.

Nei mesi successivi, precisamente nel giugno dello stesso anno, l'eccidio di piazza Tian An-Men a Pechino apre gli occhi al mondo su una realtà la cui violenza e barbarie viene subita dal popolo tibetano da oltre quarant'anni. Questo è bene non dimenticarlo.

In Tibet potrà esserci libertà solo con il superamento del comunismo. È compito di tutto il mondo libero incoraggiare questo processo, in una vigilia che ormai vede il comunismo internazionale in profonda crisi, ma non definitivamente scomparso.

Il Tibet è un esempio che deve mettere in guardia tutti. Sia chi è intenzionato ai facili guadagni con la Cina rossa come certi imprenditori occidentali, sia quei pacifisti, tanto sensibili ai mali del mondo, che in Europa di fronte alla tragedia tibetana hanno da lustri ormai chiuso gli occhi.

Essendo il Tibet un Paese la cui società è profondamente inserita nel contesto religioso, in ben poche occasioni si è interessato di questioni politiche, avendo come reazione, nel corso della sua storia, un succedersi di protettori.

Un popolo tanto provato amabile e devoto come quello tibetano non merita di certo il suo attuale destino. Tutti gli uomini del mondo sono chiamati a sottoporre la situazione tibetana all'atten-

---

* *Gaden, Sera, Drepung* sono i tre monasteri principali di Lhasa; *Nechung* è il monastero dell'Oracolo di Stato a Lhasa; *Jokhang* è la cattedrale centrale del settimo secolo, punto di riferimento sacro a Lhasa, sul Barkhor, o piazza centrale; *Khampas* sono i cittadini provenienti dalla provincia orientale del Tibet denominata Kham, noti per la loro antica e provata tenacia guerriera.

zione dei politici responsabili dell'occidente e a pretendere che gli Stati Uniti e l'Europa se ne facciano carico.

Non è quindi un caso che negli ultimi anni, e con maggior frequenza, numerose risoluzioni siano state approvate ed accolte nei consessi politici piú disparati.

Alcune di esse vengono riportate integralmente anche in questo libro.

Come grande significato riveste l'assegnazione del Premio Nobel per la pace a Tenzin Gyatso, XIV° Dalai Lama. Nella motivazione del Comitato norvegese per il Nobel, si legge:

> Il Dalai Lama ha elaborato proposte costruttive e lungimiranti per la soluzione dei conflitti interni, dei problemi dei diritti umani e della tutela dell'ambiente. E nella sua lotta incessante per la liberazione del Tibet, si è coerentemente e costantemente opposto all'uso della violenza. Ha invece sostenuto soluzioni pacifiche basate sulla tolleranza e il rispetto reciproco, allo scopo di preservare l'eredità storica e culturale del suo popolo.

Il Nobel per la pace a questo "guerriero disarmato" è uno schiaffo morale e politico per Pechino.

Colloquio con Tenzin Gyatso
quattordicesimo Dalai Lama del Tibet
a Dharamsala in India

Dharamsala è una splendida località indiana nella valle del Kangra, ai piedi dell'Himalaya, dove ha sede politica il Governo tibetano in esilio.

Questa località, che durante l'ultimo conflitto mondiale ospitò ventimila italiani prigionieri degli inglesi, fu prescelta dal Governo di Nuova Delhi quale residenza coatta del Dalai Lama, dopo la fuga del 1959.

Dharamsala è ormai diventata una via obbligata per tutti coloro che si interessano della questione tibetana e un santuario per chi vede nel verbo di Buddha una dimensione nuova della vita.

Circondata da alcuni monasteri e da un servizio di polizia indiano, la residenza del XIV° Dalai Lama si trova nella parte alta della grande valle denominata Theckechen Choeling e che prende il nome della località in cui si insegnò il "Buddhismo Mahayana".

In questa "piccola Lhasa" sono concentrate tutte le istituzioni politiche e religiose del Governo tibetano in esilio ed è qui, nella sua sobria residenza, che ebbi l'opportunità di incontrare, lo scorso anno, la massima Autorità politica e religiosa del Tibet, Tenzin Gyatso, XIV° Dalai Lama, che alle mie domande così risponde:

Zoratto. *In Europa la questione tibetana è stata definita da taluni "il piccolo Vietnam" della Cina. È un'affermazione azzardata oppure rispecchia nella sua diversità una realtà che abbiamo vissuto anche in Afghanistan?*

Dalai Lama. Credo che ci siano alcune analogie e che i cinesi siano ipersensibili al riguardo della questione tibetana. I cinesi medi, e grosso modo tutti quanti gli altri non conoscono la realtà fondamentale perché influenzati dalla propaganda ufficiale, sono molto sensibili a questo riguardo. Anche adesso, dopo quaranta anni, i cinesi non sanno come affrontare il problema e risolverlo.

Zoratto. *Santità, nonostante la colonizzazione in atto, la cultura, la tradizione e lo spirito nazionale tibetano sono oggi piú forti che mai. Quale sarà a suo avviso il futuro del Tibet alla vigilia degli anni 2000?*

Dalai Lama. Se non cambia niente e tutto rimane come oggi, nel 2000 il Tibet sarà un Paese assorbito dai cinesi. Nell'autunno scorso incontrai un inglese, esperto del Tibet, che era stato per tre mesi a Lhasa. Dopo le sue osservazioni nel Tibet, egli mi ha visitato e mi ha raccontato d'aver visto a Lhasa, ogni settimana, delle nuove costruzioni per cinesi, che, diciamo cosí, erano giunti in qualità di lavoratori e tecnici. Ad ogni modo, si trattava di cinesi. Ha visto ogni giorno dei camions e dei pullmans cinesi sulle strade. Come vede, la popolazione cinese aumenta quotidianamente. I veterani ritornano in Cina, ed i nuovi vengono nel Tibet, cosicché vi è il serio pericolo che in un prossimo futuro, i tibetani saranno una minoranza nel proprio Paese, saranno insignificanti e del tutto assimilati. Questa è la fine della nazione tibetana con la sua unica cultura. Penso che la cultura tibetana sia una delle piú antiche nel mondo e credo anche che conservarla sia compito non soltanto del suo popolo, ma del mondo intero.

Credo che quella tibetana non sia soltanto una cultura antica, ma anche simpatica [*additando l'interprete tibetano che assisteva con l'autore a questa intervista. Si è fatto crescere barba e capelli. Sul suo viso ci sono i segni della cultura tibetana, è disposto a sorridere ed a ridere. Questa è, credo, una specie di cultura divertente. Questa cultura tibetana ci dona tranquillità d'animo e pace, e ciò vale la pena che venga conservato*].

Zoratto. *In Europa non sempre si è aggiornati sugli sviluppi e sulle evoluzioni in atto nel continente asiatico. Talvolta un'omertà vergognosa tenta di nascondere o di minimizzare la gravità della repressione in atto. Come giudica questo assurdo comportamento?*

Dalai Lama. Prima non esistevano troppe informazioni, già a causa della lontananza. Oggi la comunicazione è di molto migliore, e soprattutto cresce l'interesse. Sottolineo che il mondo diventa sempre piú piccolo, e quando sorge un problema, questo diventa automaticamente un problema di tutto il mondo. Naturalmente ci sono anche certe questioni di vicinanza e di lontananza. Per esempio, quando succede qualche cosa in Asia, gli europei sono inclini a dimostrare del disinteresse, perché manca questa vicinanza diretta. Questo comportamento è increscioso.

Zoratto. *La storia del popolo tibetano è accompagnata negli ultimi quaranta anni da continue sommosse e da frequenti ribellioni. La presenza però di turisti stranieri in Tibet ha reso difficile nascondere una realtà sempre piú drammatica al punto talvolta da far pensare, in alcuni strati di opinione pubblica internazionale, all'esistenza d'un articolato piano di lotta di liberazione coordinata da un'unica regia. Esiste un fronte che unisce le varie organizzazioni nella lotta per la libertà nel Tibet?*

Dalai Lama. Ci augureremmo molto che ci fosse una migliore armonia, ma un'organizzazione coordinata manca. Che i tibetani si siano ribellati recentemente al dominio cinese, è da ricondurre in prima linea al fatto che i tibetani siano stati cosí umiliati e frustrati; queste ribellioni sono provocate da frustrazioni e sono state spontanee. Quando avvengono queste dimostrazioni pacifiche, molti stranieri osservano chiaramente che non c'è nessuna regia; la gente va sulla strada ed esprime il suo scontento e la sua protesta.

Zoratto. *Anche se la coordinazione non ha funzionato, questo scontento ha annientato dieci anni di politica estera dei cinesi.*

Dalai Lama. Purtroppo i cinesi hanno il particolare dono di vivere tranquilli malgrado le brutte figure che fanno per la loro inettitudine.

Zoratto. *In questo contesto, quale ruolo svolge il governo tibetano in esilio, che Sua Santità presiede?*

Dalai Lama. Ci consideriamo portavoci liberi del popolo tibetano, ed anche io mi considero tale. Le poche informazioni che otteniamo, per esempio gli appelli, le diffondiamo all'opinione pubblica mondiale. Ci appelliamo al mondo, e lo rendiamo consapevole di ciò che succede. Tentiamo anche d'informare i tibetani nel nostro Paese. Difatti, esiste un crescente numero di persone, che sente una profonda simpatia per il popolo tibetano e per i suoi diritti, e cosí manteniamo in vita la speranza.

Zoratto. *La conquista, la colonizzazione, la repressione brutale della Cina in Tibet continua nonostante la cosiddetta liberalizzazione di Deng Xiaoping. Sono passati oltre quaranta anni da quando i cinesi invasero il "Tetto del mondo"; la rivolta dei tibetani contro i conquistatori continua nell'indifferenza dell'occidente, che si dimostra disponibile nell'aiutare, non solo economicamente, il regime bancarottiero di Pechino. Lei, come giudica questo comportamento?*

Dalai Lama. Che questi stati s'impegnino anche a scopi economici, non si può purtroppo averne a male. Se si rispettano gli interessi economici (e questo rispetto si concretizza nel commercio) si può certamente accettare tale fatto. Il desiderio degli stati occidentali è che la Cina rappresenti un grande mercato potenziale, ma a causa della situazione del tutto instabile in questo Paese, ciò è ancora un sogno.

Credo che per sviluppare una vera amicizia, la fiducia reciproca sia il punto saliente. Se lei mi dice che tali punti vanno bene e tali altri no, allora ho un profondo rispetto per lei e penso che sia sincero. Per esempio, se qualcuno ha bevuto dell'acool e parla ed odora fortemente d'alcool e l'altro dice che non crede che lui beva, questa è una bugia bella e buona. C'è un detto tibetano: "Un vero amico ti fa notare i tuoi difetti". Credo che a lungo termine, per la Cina sia meglio rispettare i sacrosanti diritti dell'uomo.

Zoratto. *La posizione di alcuni Paesi occidentali è troppo egoista. Infatti, al silenzio sul Tibet corrisponde una disponibilità ed una presunta apertura politica e commerciale, tendente a far realizzare grandi affari alle ditte occidentali. L'apparente progresso economico, commerciale in atto in Cina, come incide sulla realtà quotidiana del Tibet occupato?*

Dalai Lama. C'è sicuramente un influsso. Se in Cina il progresso economico si svilupperà, ciò influenzerà visibilmente il Tibet. Per esempio, nelle città maggiori, come Lhasa, c'è un'influenza diretta della televisione e si ha maggiore informazione sulla cultura occidentale. Ma è un'altra questione, se questo progresso sia buono o negativo; sulla valutazione si può essere di opinione diversa. Un'altro aspetto importante è che in Tibet c'è lo sviluppo economico, delle fabbriche e negozi, però, se si guarda piú da vicino, sono i cinesi, e non i tibetani, ad avere in realtà un beneficio dal progresso. Alcuni turisti giunti dalla mia Patria mi hanno detto che nel Tibet c'è uno sviluppo economico, ma è uno sviluppo economico cinese; in campagna e nelle regioni remote, dove non abitano cinesi, questo progresso economico non esiste.

Zoratto. *A Lhasa, in una nota scuola elementare, dove sono ospitati insieme bambini cinesi e bambini tibetani, vi è in atto una vera e propria selezione razziale. I bambini sono suddivisi in due categorie: una che si alimenta di riso (i cinesi) ed una che si alimenta di pane (i tibetani). La prima categoria usufruisce di cibo abbondante, mentre la seconda si deve accontentare dei rifiuti. Esistono testimonianze che confermano altri simili casi di vergognoso razzismo?*

Dalai Lama. Ho vissuto quasi per nove anni con i cinesi nel Tibet; credo che allora non vi fosse discriminazione razziale. Ma adesso, dopo trenta anni, c'è una discriminazione razziale generale, e circa il 95% e ancora piú dei tibetani ne subiscono le conseguenze.

I tibetani che lavorano negli uffici cinesi del servizio segreto devono sottoporsi ad un severo controllo di sicurezza prima dell'inizio del servizio. Perfino questi tibetani, scelti accuratamente uno ad uno, non sono d'accordo con i cinesi ed informano i tibetani, che dovrebbero essere arrestati. Praticamente il 99% dei collaborazionisti tibetani negli uffici cinesi del Tibet, mantengono sentimenti nazionali tibetani. Malgrado svolgano fisicamente delle attività per degli uffici cinesi, il loro animo è completamente tibetano. Ho fatto l'esperienza che, piú un tibetano collabora con un cinese e piú ha la possibilità d'istruirsi, piú sente avversione per i cinesi. Questo fatto è interessante, se lo si paragona con la situazione in Germania. Quando si vive per piú tempo in quel Paese, si acquistano dei sentimenti di comprensione quasi patrii verso la Germania ed i tedeschi.

Zoratto. *Lei è la massima autorità spirituale e politica del Tibet. Come si conciliano queste due importanti funzioni in un momento cosí drammatico, che vede la sua patria occupata dagli imperialisti cinesi ed il suo popolo oppresso brutalmente?*

Dalai Lama. Generalmente trovo che non sussista nessun problema nel conciliare la funzione temporale e quella religiosa. La funzione temporale significa aiutare gli uomini nel loro destino. Vuol dire realizzare i principi religiosi di cui si è portatori, cioè tramutare nella realtà dei fatti la compassione e l'amore. Non è sicuramente difficile realizzare nella realtà i propri fini temporali e religiosi. Per quanto riguarda il futuro, non vorrei essere il capo politico dello stato tibetano e nemmeno il capo formale religioso dei tibetani. Svolgerò la mia funzione, ma non sarò capo formale. Sarò sempre pronto, quando saranno necessari il mio aiuto ed il mio sostegno, ma sono un semplice monaco e vorrei rimanere tale.

Zoratto. *In Europa, un tale punto di vista sembra un po' strano, perché quando da noi si è al potere, si cerca sempre di conservarlo!*

Dalai Lama. Ciò non è cosí soltanto in Europa, ma anche in Asia. Cederò il potere spontaneamente, perché non lo possiedo veramente; se possedessi veramente il potere, cosa penserei allora? [*Sua Santità ride*] Scherzi a parte: una religione non deve essere sempre istituzionalizzata ma deve servire sempre al bene dell'uomo. Un rapporto tra maestro e discepolo non deve essere concepito come un rapporto gerarchico. Se il maestro è utile al discepolo non lo deve essere necessariamente in una struttura organizzata: l'utilità è il punto decisivo. Se rimanessi capo della nazione tibetana, il popolo tibetano ha un tale rispetto di me, che forse non esprimerebbe opinioni dissenzienti. Difatti, potrei essere di impedimento per uno sviluppo sano e democratico in qualità di capo dello stato. Che piaccia o no, i tempi cambiano. Adesso ho cinquantaquattro anni ed ho al massimo ancora trenta anni dinanzi a me, di cui venti di vita attiva. Vorrei creare un passaggio senza difficoltà ad un sistema veramente giusto e libero, e ciò finché sono ancora in vita. Per questa ragione ho precisato diverse volte, che non parteciperò ad una democrazia autogestita.

Zoratto. *Lei ha piú volte incontrato Sua Santità Papa Giovanni Paolo II, considerato il Pontefice delle Patrie e delle Nazionalità. Lei come giudica il suo impegno per la pace e per i diritti civili di tutti i popoli?*

Dalai Lama. Lo ammiro e vedo molte comunanze e somiglianze, e perciò mi sento vicino a lui. Egli ha accettato che ci siano fedi diverse e desidera il dialogo e l'armonia con le altre religioni ed ha impegnato le sue energie per la pace mondiale. Malgrado antiche e differenti tradizioni di dottrina filosofica, egli ha accettato la realtà. Trovo ciò magnifico. Credo che delle buone relazioni tra le diverse religioni siano di massima importanza. Siamo tutti delle creature umane. Abbiamo molti punti, a causa dei quali siamo divisi e ci combattiamo. Allora, le religioni sono una medicina per ridurre le tensioni. Se la religione stessa diventa una ragione di tensione tra gli uomini, ciò è grave. Prima di contribuire ad un migliore futuro, a migliori rapporti umani, le religioni devono creare l'armonia tra se stesse. Io, come monaco buddhista, potrei rappresentare una parte della religione buddhista. Cerco sempre il piú possibile d'avere strette relazioni con altre religioni. Credo d'aver contribuito in questo campo in modo non del tutto insignificante e se avessi una barba, l'accarezzerei con piacere per il mio contributo all'armonia tra le religioni.

Zoratto. *"La religione è l'oppio dei popoli", ebbe ad affermare Karl Marx. Il popolo tibetano è il popolo piú religioso del mondo. Questa profonda religiosità può essere considerata la chiave della sconfitta cinese?*

Dalai Lama. Che i cinesi siano venuti nel Tibet, ha a che fare con la religione; che essi abbiano dei problemi nel Tibet, può essere ricercato nella religione. Bisogna distinguere, però, tra la religione quale istituzione e la religione quale dottrina: la religione, quale dottrina, ci insegna ad essere buoni, ad avere compassione e a concedere il perdono. Questi insegnamenti sono molto belli ed utili all'umanità: per quanto riguarda invece la religione come istituzione durante la storia secolare abbiamo a che fare con l'influenza sociale, e perciò vi sono dei fatti come la corruzione. Credo che ciò riguardi tutte le istituzioni religiose, a causa della debolezza umana. All'inizio, l'istituzione religiosa ha dei buoni fini, e dopo un po' di tempo degenera. Da questo punto di vista esistono alcuni motivi, per i quali la gente dice che la religione sarebbe l'oppio dei popoli. Ciò che dovrebbe fare la gente religiosa è distinguere, realizzare e propagare il vero e l'essenziale della religione, e non sopravvalutare l'istituzione religiosa.

Zoratto. *La Glasnost e la Perestroika confermano la profonda crisi in cui versa il mondo comunista, che, per garantire la propria continuità ha bisogno del mondo libero e del suo denaro. Di riflesso, nonostante tutto, questa realtà influisce anche sulla situazione cinese. Deng Xiaoping, pur non volendo trattare la questione dell'indipendenza del Tibet, sembra disposto a discutere alcuni punti che vi riguardano, quali?*

Dalai Lama. Poiché nonostante tutto abbiamo un contatto diretto con il governo cinese, abbiamo cercato diverse volte di tastare il terreno per giungere ad una qualsiasi intesa. Il governo cinese dimostra infatti poca serietà ed interesse a discutere i problemi basilari tibetani. Esso dimostra soltanto interesse per il ritorno del Dalai Lama, mentre noi abbiamo elaborato una proposta di 5 punti riguardante il mio ritorno. Abbiamo detto al governo cinese che non ci preoccupiamo del futuro del Dalai Lama e di quello dei rifugiati. Ci preoccupiamo del nostro popolo in Tibet e della sua cultura. Le pubbliche dimostrazioni a Lhasa hanno avuto molti stranieri come testimoni. Grazie ai loro sforzi, queste dimostrazioni hanno avuto una grande eco nel mondo. Da allora il governo cinese dimostra una maggiore serietà verso i problemi esistenti. Da una parte c'è la pressione esterna, dall'altra, a prescindere dalla loro posizione ufficiale, essi riconoscono che in molti tibetani si cela un profondo malcontento. Perciò hanno capito che l'unica persona che possa influenzare i tibetani, è il Dalai Lama.

Dall'anno scorso essi segnalano di voler discutere con me della questione tibetana. Dal punto di vista nostro, non siamo in grado di espellere i cinesi, neanche con la violenza, perché siamo solo sei milioni. Ciò non è realista. La determinazione di molti tibetani di voler conquistare l'indipendenza è piuttosto qualcosa di emozionale che di razionale. Inoltre non possiamo disporre dell'aiuto di nessuna altra nazione per espellere i cinesi, che come ho già detto, si sono stabiliti nel Tibet in numero sempre crescente. La terra piú fertile è stata sempre occupata dai cinesi. Secondo le nostre informazioni, la popolazione cinese ha già superato numericamente quella tibetana. Supponiamo che la nostra popolazione sia di sei milioni e quella dei cinesi nel Tibet di piú di sette milioni. Ogni anno aumenta la popolazione cinese. In questo modo, la comunità tibetana, che lotta per la propria indipendenza, sparirà. Questo è il vero pericolo, questa è la nostra tragedia, è la ragione principale della crisi, perciò l'unica cosa razionale e realistica è di cercare il colloquio ed avviare un'intesa tra cinesi e tibetani. Bisogna trovare un compromesso. Con i cinesi questa è l'unica via. Cercando una via per noi, bisogna ponderare anche l'interesse dell'altra parte. Su questi punti si è basata appunto la mia ultima proposta, questa è attualmente la nostra posizione. Da alcuni mesi stiamo chiedendo un incontro con i cinesi: abbiamo proposto Ginevra come luogo dell'incontro e il prossimo gennaio come data. Il governo cinese con varie scuse tenta di temporeggiare, anche se continuano a segnalare che vogliono discutere. I cinesi dicono che il Dalai Lama pensa ancora all'indipendenza, ma non è cosí. Avevo chiarito che il Tibet nel passato era uno Stato separato, e questo è vero. Se dicessi che Tibet è stato sempre parte della Cina, questa mia affermazione non cambierebbe la storia. Questa sarebbe una sciocchezza ed una bugia da parte del Dalai Lama. Io sono un monaco, e la mia lingua serve a dire la verità e non a dire le bugie. Nella mia dichiarazione ho precisato che il Tibet è stato uno Stato separato e che la Cina ha occupato il Tibet con la violenza. Questo è un fatto. Ma non ho mai menzionato che nel futuro il Tibet dovrebbe ottenere l'indipendenza totale dalla Cina o che ci dovremmo separare da essa. Teoricamente ciò sarebbe possibile. Credo che sarebbe vantaggioso, se una comunità di sei milioni appartenesse ad una piú ampia comunità di oltre un miliardo di uomini. Perché no?

Zoratto. *Sventolare la bandiera a Lhasa è reato. Parlare il tibetano, era vietato, mentre ora nelle scuole viene insegnato come seconda lingua. Sembra destinato a cambiare qualcosa?*

Dalai Lama. Negli ultimi anni, la politica globale della Cina anche verso il Tibet è cambiata in senso positivo, almeno verbalmente.

Zoratto. *La crisi profonda del comunismo mondiale è evidente. Dalla Polonia alla Estonia, dalla Lituania all'Armenia, alla Jugoslavia, all'Ungheria, ovunque risorge la "coscienza nazionale", che si contrappone all'internazionalismo proletario e fallimentare. Una rinascita inesorabile dello spirito nazionale, dei nazionalismi, delle singole radici di popoli e dei singoli retaggi e delle singole etnie, che il comunismo non è riuscito ad estirpare. Perché?*

Dalai Lama. Cerchiamo semplicemente di ricuperare il nostro diritto. Credo che il comunismo originario abbia avuto dei buoni punti, ma non appena è giunto al potere, si sono potuti osservare strani sviluppi. In base a delle speciali esperienze della prima storia della rivoluzione russa ed in base alle condizioni storiche predominanti di allora, il comunismo sviluppò una posizione negativa verso tutto ciò che lo circondava, verso ognuno, ed a causa di questa superdiffidenza verso tutto, gli venne il sospetto nei confronti di tutto. Nella mentalità comunista c'è la diffidenza che diviene parte integrante dei comunisti. Ciò è troppo rigido. Poi c'è anche la lotta di classe, nella quale l'energia dei comunisti proviene da qualcosa di negativo, dall'odio e non dalla compassione. Malgrado abbiano a cuore la classe operaia, la maggioranza, i bisognosi ed i sottoprivilegiati, cosa che è molto buona, c'è la motivazione errata, perché c'è l'odio contro gli sfruttatori, e la motivazione negativa diventa più forte. Nella maggior parte dei casi, un regime comunista usa le proprie energie in modo distruttivo e non costruttivo. C'è la superdiffidenza che sta contro la natura basilare umana. La natura basilare umana ha bisogno dell'altro da amico. La fiducia reciproca è la base dell'amicizia. Se io per esempio Le dimostro vera fiducia, Lei non mi farà del male, ed io ne sarò felice. Se ho un problema e sono aiutato, mi sento sicuro. Se però Lei è diffidente e crede che l'altro Le voglia fare del male, è solo e abbandonato. Questa diffidenza è diventata la parte peggiore del sistema marxista, poiché c'è diffidenza tra genitori e bambini, fratello e sorella, marito e moglie. Non c'è niente di errato nella filosofia marxista, ma nella pratica essa è contraria alla natura umana. I comunisti oggi sono costretti a modificare questo punto, a riconoscere questa realtà.

Zoratto. *Svolgono un ruolo i circa mille centri di buddhismo tibetano sparsi per il mondo, in questo particolare momento di lotta per l'autodeterminazione del popolo tibetano?*

Dalai Lama. Credo che la lotta nazionale del popolo tibetano come ho già detto prima, non abbia soltanto un significato temporale, ma abbia anche a che fare col buddhismo, con la tradizione e con la cultura tibetana. Sul piano nazionale non si può distinguere tra la conservazione del buddhismo e quella della cultura tibetana.

Zoratto. *Quali rapporti mantiene il buddhismo tibetano con le altre due confessioni religiose, quella cristiana e quella islamica?*

Dalai Lama. Malgrado le differenze fondamentali, nella filosofia i principi basilari come compassione, perdono ed amore sono comuni. Considero il tutto dal punto di vista dei fini simili e non da quello delle diverse dottrine e principi filosofici. Se si vede il tutto dal punto di vista della dottrina come filosofia, vi sono grandi differenze fondamentali, per esempio l'autocreazione; il buddhismo non presuppone un Dio, un Creatore. Altre religioni come il cristianesimo e l'islam presuppongono un Dio. Queste sono le differenze fondamentali. Se però ci rivolgiamo ai fini, le principali dottrine mirano a formare una migliore creatura umana, degli uomini dal cuore buono, mediante differenti vie, mediante differenti approcci, perché nell'umanità ci sono cosí differenti predisposizioni spirituali. Per alcuni è piú facile convincersi del significato dell'amore e dalla compassione, se si dice loro: "Esiste un Dio, un Creatore; se si ama veramente Dio, bisogna dimostrare il proprio amore agli uomini. Questa via d'approccio è la piú efficace. Infine, il loro futuro dipende dal desiderio di Dio, perciò devono obbedire ai desideri di Dio. I desideri di Dio sono: non fare del male agli altri uomini, non litigare, ma amare gli altri uomini. Perciò viene insegnato il principio del perdono. Per altri Dio non esiste. Cosí il futuro di queste persone pesa sulle proprie spalle. Se essi si comportano bene, vengono premiati secondo la legge della causa e dell'effetto, e questa via d'approccio è la piú sentita da questi uomini. Le diverse dottrine sono come il supermercato. Ognuno può scegliere secondo il suo gusto. Piú religioni ci sono e maggiore è il beneficio per i diversi uomini. Quando considero le differenze fondamentali, le stimo, perché sono un fatto positivo. Questa è la mia opinione.

Zoratto. *Che cosa può fare la Chiesa cattolica, tanto impegnata nel mondo per i diritti umani, per contribuire a ridar libertà al popolo tibetano?*

Dalai Lama. Dal punto di vista morale, ogni creatura umana ha l'obbligo di preoccuparsi degli altri uomini, siano stati creati da Dio o qualcosa di diverso. In questo caso, la Chiesa cattolica è una comunità spirituale. Noi tibetani, come quasi tutti sanno, siamo una Nazione basata su principi spirituali. Ogni comunità spirituale ha l'obbligo di proteggere un'altra comunità spirituale.

Zoratto. *La posizione strategica del Tibet, oltre che da cuscinetto fra la Cina e l'India svolge un grande ruolo di stabilità in tutta l'Asia. La massiccia presenza dell'apparato militare cinese dimostra l'importanza militare del Tibet per Pechino oppure conferma l'invincibile tenacia del popolo tibetano, che non si è lasciato piegare dalla colonizzazione da parte dei comunisti cinesi?*

Dalai Lama. Due ragioni: le frontiere e i tibetani che non si fanno piegare. Nella mia dichiarazione ho detto chiaramente che i soldati che servono alla sola difesa ed alla pace nella regione, dovranno restare e gli altri, che vessano soltanto il popolo tibetano, dovranno andarsene.

Zoratto. *Il capitalismo ed il marxismo sono in piena crisi. A suo avviso, una "Terza Via" è inevitabile, oltre ad essere indispensabile per il futuro del mondo?*

Dalai Lama. Non lo so. Non sono un esperto. Per quanto riguarda il Tibet, credo che in futuro dovremo adottare qualcosa del capitalismo e qualcosa del marxismo. Non esistono soltanto i tibetani, che sono stati educati marxisticamente, ma alcuni hanno avuto anche occasione di conoscere il capitalismo. Se ci riunifichiamo, forse verrà concepita una nuova idea. Credo che valga la pena di condurre una tale discussione. Non so se poi potrà servire da esempio per tutti i paesi.

Zoratto. *Santità, solo un tibetano poteva dare una risposta a tale domanda, altrimenti non avrei posto questo quesito.*

Dalai Lama. Alcune persone parlano di Buddho-Economia. Vi è nel buddhismo in genere, e nel buddhismo Mahayana in speciale, un comune denominatore con il marxismo originario.

Zoratto. *L'ultimo capo di Governo indiano in visita a Pechino fu Rajiv Gandhi, sta giungendo un nuovo clima fra la Cina e l'India, come inciderà tutto ciò sulla futura attività del governo tibetano in esilio?*

Dalai Lama. Credo che in riferimento alla visita del premier indiano non ci sarà nessun cambiamento. La natura della politica finora professata rimane la stessa, e la posizione del governo indiano nei confronti del problema tibetano rimane immutata.

Zoratto. *Nella Repubblica Popolare Cinese, numerose sono le minoranze come i mongoli ed i xighuren nella regione autonoma di Xinjiang (Turkestan orientale) oppresse dal regime comunista di Pechino. Il governo tibetano in esilio, quali rapporti mantiene con questi considerevoli gruppi etnici?*

Dalai Lama. Dal 1959 abbiamo uno stretto contatto con i rifugiati dal Turkestan orientale. Piú tardi abbiamo formato un comitato, chiamato Allied Committee, e cioè un organismo che raccoglie turkestanesi orientali, mongoli, tibetani e manciú. I manciú hanno un rappresentante. Siamo coscienti del fatto che un'unico manciú non possa rappresentare tutto il popolo dei manciú. A prescindere da ciò, la popolazione manciú è stata purtroppo del tutto assimilata.

Zoratto. *A suo avviso, qual è stato il senso della distruzione sistematica di oltre sei mila monasteri, rasi al suolo in nome del modernismo rivoluzionario?*

Dalai Lama. Alcuni visitatori non prevenuti hanno osservato l'entità dei danni all'interno della frontiera cinese e nel Tibet. I danni piú vasti sono nel Tibet. Vi sono diverse ragioni per questo fatto. Durante la rivoluzione culturale, si diceva che avrebbero dovuto essere eliminate tutte le tracce tradizionali antiche. Nel caso del Tibet vennero distrutti i monasteri e templi già prima del 1959, molto prima della rivoluzione culturale. Ciò successe nel Tibet orientale già nel 1955/56. La gente volle ricostruire i monasteri, cosa che non le fu permessa, perché questi monasteri vennero considerati focolai ribelli. Altri monasteri rasi al suolo durante la rivoluzione culturale ottennero il permesso alla loro ricostruzione. In pratica, i cinesi fanno delle differenze, ma continuano ufficialmente a sostenere che le distruzioni sono avvenute durante la rivoluzione culturale. Nel caso del Tibet il motivo di fondo dei cinesi è chiaro: la soppressione della cultura tibetana e della coscienza nazionale. Credo, per sopprimere lo spirito tibetano.

Zoratto. *Un danno inestimabile, il cui inizio si ebbe ancora prima della rivoluzione culturale; ciò nonostante, Pechino ha iniziato la ricostruzione di alcuni importanti monasteri. È un gesto significativo tendente alla riconciliazione delle parti, oppure rientra in un vasto quadro di strumentalizzazione turistica, le cui infrastrutture sono in esclusiva mano cinese?*

Dalai Lama. È principalmente un motivo turistico. Però vale la pena vedere cosa si nasconde dietro. I frontespizi dei monasteri mostrano finestre e pitture. Dietro si vedono le rovine. Alcuni monasteri servono da attrazione turistica. Che in Tibet sia permessa la libertà religiosa dipende dal fatto che i cinesi sono venuti incontro al popolo tibetano, perché il popolo tibetano è del tutto religioso, e questo lo confessano liberamente anche i cinesi. Ma la politica del comunismo verso la religione non è cambiata.

Zoratto. *In India vive ed opera la comunità più numerosa di tibetani residenti all'estero, oltre centoventimila esiliati. L'ospitalità indiana permette loro quelle condizioni di vita, nonostante tutto, come essi vorrebbero vivere a casa propria?*

Dalai Lama. Quando diventammo fuggiaschi, scegliemmo due priorità: primo l'educazione della gioventú (indica l'interprete tibetano) – da questo signore può vedere che abbiamo dato molto peso all'educazione delle nuove generazioni – e secondo la riabilitazione sul campo economico, col fine di raggiungere l'indipendenza economica in modo che fossero conservate la cultura tibetana, l'identità tibetana ed addirittura la razza tibetana. Abbiamo la completa comprensione, simpatia ed il sostegno del governo indiano. Abbiamo fondato diverse colonie tibetane in India. Queste piccole colonie sono piccoli villaggi tibetani in mezzo a milioni di contadini indiani. Parlano tibetano, si vestono alla tibetana, le loro case sono tibetane. Con l'eccezione di problemi di passaporto, godiamo della piú ampia libertà e della partecipazione della maggioranza della popolazione indiana ed il loro governo. Ne siamo molto felici.

Zoratto. *Alcuni parlamenti, compreso quello europeo di Strasburgo, hanno approvato, a larga maggioranza, significative risoluzioni in favore della causa tibetana, denunciando clamorosamente la Cina rossa di calpestare gli universali diritti dell'uomo. Quale valore politico hanno questi documenti per il popolo tibetano e per il Suo governo in esilio?*

Dalai Lama. Apprezziamo molto questi documenti, malgrado non portino degli effetti o cambiamenti diretti sulla situazione, né lo attendiamo. Però questi provocano una impressione terribilmente grande sui cinesi. A lungo termine queste iniziative ci aiutano politicamente.

Zoratto. *Come valuta la visita del cancelliere tedesco Helmut Kohl in Tibet e le sue inopportune affermazioni?*

Dalai Lama. Egli ha richiamato l'attenzione del mondo sullo stato politico del Tibet specialmente in Germania. È successo poi qualcosa di molto discutibile.

Zoratto. *Nonostante monumentali opere di grandi tibetologhi europei come l'italiano Giuseppe Tucci, che curò la famosa "Indo-Tibetica", vige una profonda ignoranza culturale, politica e religiosa fra alcuni rappresentanti politici e di governi occidentali, che continuano a considerare il Tibet una regione autonoma e subalterna della Repubblica Popolare Cinese. Secondo Lei è malafede, o vera e propria ignoranza?*

Dalai Lama. Tutt'e due. In parte ignoranza, ed in parte ne abbiamo noi stessi la colpa. Alcune volte abbiamo fatto delle cattive esperienze con degli stranieri, e perciò ci siamo chiusi al resto del mondo, e da ciò sono sorte delle incomprensioni. La vecchia generazione ha commesso molti gravi errori. I cinesi combattono Confucio, che ha vissuto più di mille anni fa, e noi tibetani seppure non dobbiamo combattere contro delle persone, che hanno vissuto mille anni fa, dobbiamo pur combattere contro la nostra generazione che ci ha preceduto.

Zoratto. *Qualcuno in Europa denuncia il sospetto che il comportamento accondiscendente alle tesi di Pechino del cancelliere tedesco sia stato provocato dalla concessione cinese alla Germania Federale di depositare in Tibet scorie radioattive. Al parlamento di Bonn, il ministro interessato lo ha negato. È mai possibile un così assurdo baratto?*

Dalai Lama. Nella moderna politica degli interessi una tal cosa è certamente possibile. Non la si può escludere. Che ciò non capiti, rientra nella responsabilità dei mass media che devono denunziare lo scandalo.

Zoratto. *Con la scomparsa del settimo Panchen Rinpoche, la Repubblica Popolare Cinese ha perso l'unico interlocutore accondiscendente per la questione tibetana. Infatti, egli si espresse sempre contro l'indi-*

pendenza del Tibet, nonostante le ripetute critiche ai cinesi. Qualcuno ha persino insinuato che si tratti d'una eliminazione voluta e programmata da Pechino. È un'accusa fondata?

Dalai Lama. A questo riguardo non abbiamo delle chiare informazioni. Abbiamo sentito che ad alcuni monaci del monastero Tashi Lhunpo è venuto un sospetto. Vi è un fatto significativo: dopo la morte di Panchen Rinpoche, la gente si è recata da lui per vederlo. Il suo viso era coperto.

Zoratto. *Il governo in esilio non ha proposto una comissione per sapere la verità?*

Dalai Lama. Non si tratta di una commissione d'inchiesta, ma di una delegazione che doveva eseguire delle cerimonie religiose. Era mio desiderio partecipare ed eseguire assieme alle cerimonie funebri un'iniziazione Kalachakra, perché la linea dei Panchen Rinpoche ha particolari relazioni con Kalachakra Tandra. Per tale rito servono quindici persone, ma il governo cinese non si vide in grado di concedere il permesso a tutte queste persone, solo tre lo ottennero.

In verità non ci ha voluto dare l'autorizzazione. È molto triste che, per andare nel proprio Paese, occorra l'autorizzazione d'uno straniero.

Zoratto. *Il Panchen Rinpoche fu rinchiuso dal 1967 al 1977 nelle carceri comuniste cinesi. Solo nel 1982, ebbe il permesso di ritornare in Tibet. Il nuovo corso di Deng Xiaoping gli permise, oltre al matrimonio, un certo ruolo ed una certa considerazione. Santità, la sua scomparsa ha inciso sui rapporti con Pechino?*

Dalai Lama. Dobbiamo attendere gli sviluppi per pronunciarci.

Zoratto. *Quale ruolo svolgeva il Panchen Rinpoche nei confronti dei tibetani nell'esilio.*

Dalai Lama. Dal 1979 mantenevamo uno stretto contatto per corrispondenza, ed abbiamo avuto tre colloqui telefonici.

Zoratto. *In un'intervista in un giornale cinese, si disse che il Panchen Rinpoche sarebbe stato un grande compagno ed un grande patriota nel senso comunista del termine.*

Dalai Lama. Il tutto è un po' complicato, a causa delle circostanze. Il Panchen Rinpoche rimane un combattente per la libertà, e cosí è stato fino al suo ultimo giorno. Sotto il controllo cinese, non poteva esprimere i suoi veri sentimenti. Sotto il dominio cinese, il Panchen Rinpoche cercò di raggiungere una certa libertà nel settore religioso che interessava il popolo tibetano, alla sua cultura e alla lingua d'insegnamento tibetana. Per realizzare tali scopi, il Rinpoche doveva contraccambiare Pechino con alcune concessioni, per creare una base di fiducia, e a tale scopo affermò che il Tibet era parte integrante della Cina. I cinesi ne hanno fatto un uso eccessivo, e perciò il Rinpoche si è trovato in una situazione delicata. Fra i tibetani ci sono alcuni che rinfacciano al Rinpoche d'aver venduto il Tibet. Ci sono state comunque molte opinioni controverse circa la sua persona.

Zoratto. *L'influente "Tibethan Youth Congress" ha espresso clamorosamente il suo disappunto riguardo la Sua posizione realistica del problema tibetano da Lei esposto lo scorso anno a Strasburgo. Il presidente Lhasang Tsering ebbe ad affermare che il popolo tibetano non avrebbe mai rinunciato alla piena e totale indipendenza, né alla lotta programmata ed articolata di liberazione per porre fine alla frustrazione di un popolo dimenticato, costretto a subire inerme un'inimmaginabile violenza da parte di un vicino immensamente piú forte. Come si concilia la non-violenza da Lei predicata con simili, talvolta giustificatissime dichiarazioni?*

Dalai Lama. Capisco il loro stato d'animo e il loro punto di vista, dovuto alla disperazione. Ammiro una tale determinazione, ma la violenza equivarrebbe all'autodistruzione. Se procediamo con la non-violenza, i cinesi verranno messi in imbarazzo, e non sapranno come comportarsi. Se i tibetani seguono la via militare o violenta, ai cinesi sarà facile trovare il pretesto per una soluzione.

Ai cinesi servono sempre delle ragioni per poter usare la violenza. È molto difficile per loro dimostrare l'uso della violenza da parte dei tibetani. Per esempio, sono stati incendiati diversi edifici durante gli ultimi disordini, ma essi ne hanno fatto un uso eccessivo ed hanno avuto grandi difficoltà a giustificare la proclamazione della legge marziale. Ci sono molti sostenitori della causa tibetana, in prima linea, perché i tibetani, nello loro lotta per la libertà, hanno scelto la via della non-violenza, la via della filosofia di Mahatma Gandhi. Per questi uomini, questa lotta di libertà tramite la non-violenza costituisce un esperimento significativo e nuovo su questo pianeta. Questa via attrae molti che sostengono la lotta tibetana per la libertà.

Credo che la natura umana rifugga dallo spargimento di sangue. Quando vediamo una goccia di sangue, proviamo disagio. Quando vediamo del latte o della frutta, ci sentiamo a nostro agio. Fondamentalmente la natura umana non è violenta. Alcuni dei miei amici non vi concordano ed affermano che la natura umana sarebbe aggressiva. Se guardiamo le nostre dita ed i nostri denti, assomigliamo più al cerbiatto ed al coniglio, a degli animali vegetariani. Non siamo simili alla tigre o al gatto, questi sono aggressivi a causa delle unghie e dei denti dati loro dalla natura. Perfino una lotta con un gatto ci riesce difficile. Da un po' di tempo ho un piccolo gatto [*il Dalai Lama mostra un graffio*] ed esso è più forte di me [*sorride*]. La natura umana è in fondo piuttosto mite che crudele, ma poiché il cervello umano è così complicato, usiamo anche la violenza. Ma io sono convinto che la natura umana sia mite. La violenza perciò sta contro la natura umana. Noi uomini aneliamo l'amore, l'armonia e la pace, e non gradiamo gli assassini politici ed il terrore. In base alla nostra predisposizione interiore, appare subito un titolo a lettere cubitali, quando viene usata della violenza o si verificano degli atti terroristici. La gente osserva questi fatti. Però, un tale modo d'agire favorisce indirettamente il terrorismo o lo incoraggia. Malgrado tutte queste difficoltà, vale la pena condurre una lotta non violenta. Dovremmo condurre la lotta non violenta fino alla fine e questa dovrebbe essere vittoriosa. Questa è la grandezza del nostro popolo, considerato da molti pacifico. È un onore per noi dare un nuovo esempio: una lotta per la libertà tramite la non-violenza più assoluta. Malgrado alcune contraddizioni, la mia via d'una lotta non-violenta, ha certamente la forza della convinzione. ["Cosa te ne pare delle due alternative?" *domanda Sua Santità all'interprete tibetano con la barba Tsewang Morbu che mi ha accompagnato in questo mio viaggio a Dharamsala. Risposta:* "Sono contro la proposta di Strasburgo, ma anche contro la violenza quale mezzo della politica. Non ho da offrire una possibilità di soluzione." *Sua Santità:* "molto bene" – *ride di cuore* – "allora non ti resta che lasciare volare al vento i peli della tua barba, se non hai una soluzione].

Possiamo tenere sveglio il richiamo all'indipendenza di generazione in generazione, ma il trasferimento della popolazione cinese in Tibet continua sempre. Si dovrebbe però trovare un compromesso con i cinesi per bloccare questo esodo. Alla base, comunque rimane il problema dei coloni cinesi.

Zoratto. *Santità, a Strasburgo Lei ebbe a parlare di riconciliazione fra il popolo tibetano e gli occupanti cinesi. Come è possibile una conciliazione quando i cinesi, oltre ad imporre normali sanzioni economiche applicate a chi ha più di un figlio, sottopongono i tibetani ad un genocidio, obbligandoli ad aborti e sterilizzazioni?*

Dalai Lama. Bisogna distinguere: la riconciliazione mira a porre fine alla politica d'estirpazione. Non intendiamo quindi una riconciliazione, mentre la politica d'estirpazione è ancora in corso. Se l'attuale politica d'estirpazione cinese non cambia non esiste nessuna necessità di sottoporre una proposta. Perché dovremmo?

Zoratto. *L'Asia Watch, nei suoi dettagliati rapporti sullo stato di repressione in Tibet, pubblica regolarmente lunghi elenchi aggiornati di giovani ed anziani arrestati che soffrono nelle carceri cinesi. È in grado di quantificare approssimativamente quanti sono attualmente i tibetani imprigionati?*

Dalai Lama. È molto difficile indicare una cifra. Sono certamente parecchie migliaia dalla proclamazione della legge marziale. Secondo le nostre informazioni, sono stati arrestati soltanto a Lhasa alcune migliaia. Nell'altra parte del Tibet ci sono molti prigionieri politici. È comunque molto difficile dire quanti.

Zoratto. *Il dramma del terrore attraversa tutte le famiglie tibetane. Infatti, ogni nucleo familiare ha avuto almeno un componente ucciso dai cinesi o imprigionato per motivi politici. Dopo le recenti manifestazioni e quelle del settembre-ottobre del 1987, oltre 800 sono stati i tibetani incarcerati o torturati, i quali languiscono tuttora nelle "patrie galere" di Deng Xiaoping. Dalle informazioni fino ad oggi raccolte, si può dedurre che un milione e duecentomila sono i morti che l'invasione cinese, direttamente od indirettamente ha causato. È questo un olocausto destinato ad aumentare?*

Dalai Lama. Fino a poco tempo fa, la situazione globale era migliorata un po'. Dal marzo di quest'anno non sono in grado di poter quantificare il crimine. Sono preoccupato che nella dirigenza cinese ci siano due frazioni. Una frazione è dell'avviso che, in base alla politica mite, si verifichino tali dimostrazioni e che sia perciò necessario addottare delle misure piú repressive, l'altro gruppo è dell'avviso che bisognerebbe procedere in modo piú mite. Dopo gli ultimi eventi, si potrebbe supporre che la linea dura prevalga. Questo porterebbe a piú torture e piú morti.

Zoratto. *La non-violenza e la resistenza passiva usata anche da Mahatma Gandhi ha per anni caratterizzato l'azione tibetana nei riguardi degli invasori cinesi. Con le vicissitudini violente di Lhasa sembra che una stagione nuova del confronto seppellisca una tradizione antica come quella della non-violenza, che è alla base del buddhismo tibetano, da sempre predicato. Può sembrare una contraddizione?*

Dalai Lama. Il nostro modo di pensare non è cambiato. Se la parte militante e promotrice della violenza, soprattutto la gioventú, avrà il sopravvento, o piú attività violente sfuggiranno al mio controllo, ho soltanto una scelta: mi ritirerò. Le dimostrazioni nel Tibet erano non-violente. Anche la maggioranza dei tibetani che vi parteciparono, non gettarono dei sassi. Alcuni giorni fa, ho incontrato uno straniero, che è stato espulso l'8 marzo 1989, che però aveva osservato quello che si svolgeva sulle strade ed ha confermato che la maggior parte dei dimostranti non ha gettato dei sassi. Alcuni ragazzi o ragazze hanno iniziato a gettare delle pietre. Credo che, sia i nostri pensieri che i dimostranti stessi, seguano il principio della non-violenza.

Zoratto. *Sui grandi mezzi d'informazione internazionali si denuncia lo stato di apartheid esistente in Sud Africa, l'inosservanza degli universali diritti in alcuni Paesi latino-americani o nella Palestina occupata, mentre l'omertà più assoluta e vergognosa nasconde un dramma portato all'attenzione dell'opinione pubblica internazionale solo quando a Lhasa od altrove si manifesta o scorre il sangue dei martiri. Come giudica questo comportamento?*

Dalai Lama. Questo comportamento aiuta indirettamente lo spargimento del sangue, come ho già detto. Ciò è molto triste. D'un canto, la gente è contro il terrore, d'altro canto lo benedice, con tutto il cuore.

Zoratto. *La Cina, come la Germania e la Corea, anche se in forme diverse, è divisa dalla tragedia comunista. Nella Repubblica di Cina a Taiwan esiste un dicastero per le questioni mongole e tibetane. Ha un suo ruolo od un suo significato Taiwan per il dramma tibetano?*

Dalai Lama. Nessuno. Il cosiddetto Ministero degli Affari Tibetani e Mongoli si vanta di fare molto, ma in realtà non fa niente.

Zoratto. *Il governo tibetano in esilio, quali rapporti intrattiene con Taipei e come giudica la posizione degli eredi di Chiang Kai-shek sulla questione tibetana?*

Dalai Lama. Nel 1959, quando andammo in esilio, abbiamo pur preso in considerazione d'allacciare contatti con Taiwan. La politica di Taiwan verso Pechino è anticomunista, ma verso il Tibet è come quella di Pechino, cioè il Tibet sarebbe parte integrante della Cina. Se allacciassimo dei contatti con Taiwan, sussisterebbe il pericolo che la natura della lotta tibetana per la libertà potesse essere malinterpretata quale anticomunista. La lotta del popolo tibetano non è anticomunista, perciò non allacciamo dei contatti con Taiwan. Da una parte, i cinesi nazionalisti hanno preso contatto con singoli tibetani tramite il Ministero per gli Affari Tibetani e Mongoli ed hanno distribuito dei soldi, provocando malumori tra i tibetani, d'altra parte, vivono nella Cina libera molti buddhisti e sarebbe bene allacciare dei contatti con i buddhisti di Taiwan. Questo consiglio ci venne dato dieci anni fa, e d'allora esistono dei contatti sul piano religioso. Si argomenta a ragione che, se curiamo i contatti con Pechino, perché non dovremmo avere contatti con Taipei?

Zoratto. *Oltre alla solidarità, oltre alle mere parole, quale ruolo potrebbe svolgere la Cina libera per la causa del popolo tibetano?*

Dalai Lama. È mio desiderio migliorare i contatti tra i buddhisti del Tibet e di Taiwan. Specialmente grande è il mio interesse d'allacciare rapporti con le suore di Taiwan, perché là esiste una forte e viva linea delle Bhikshuni (suore ordinate a pieno diritto). La situazione economica a Taiwan è molto rosea. Invece d'aiutare finanziariamente, indirettamente ed in modo segreto singoli tibetani, e con ciò provocare dell'agitazione, Taiwan avrebbe la possibilità di sostenere i tibetani apertamente ed onestamente nelle loro lotte di liberazione.

Zoratto. *La stampa ha riportato la notizia che l'Unione Buddhista di Taiwan l'ha invitata a visitare la Repubblica di Cina. Se accetterà l'invito, con quale spirito visiterà il Paese, che, pur rappresentando uno stato libero e legato all'occidente, ha pur sempre inserito nella propria costituzione il Tibet come uno delle cinque componenti etniche della Cina?*

Dalai Lama. Ho sempre avuto il desiderio di visitare Taiwan, come ho già detto, ma questo desiderio è di natura religiosa. Una tale visita è molto difficile, perché molti altri fattori vi giocano un importante ruolo.

Zoratto. *Però Lei è andato in Russia.*

Dalai Lama. Ma la Russia non dice che il Tibet sarebbe una parte della Russia.

Zoratto. *Ciò nonostante vi è stato molto scalpore attorno a questo viaggio, perché ognuno ha dato una sua interpretazione.*

Dalai Lama. La visita nella Russia Sovietica non era rivolta a questo Paese, ma alla Mongolia. Per giungere in Mongolia, bisognava passare per la Russia; senza il consenso della Russia, la Mongolia non potrebbe intraprendere nessun passo. Con i mongoli, i Dalai Lama hanno stretti rapporti di amicizia. La prima visita nell'URSS fu nel 1979, in un momento, nel quale avevamo appena allacciato dei contatti con i cinesi. Poco prima della visita, i cinesi minacciarono che, se avessi visitato la Russia Sovietica, avrebbero rotto ogni forma di relazioni. Dopo aver ponderato minuziosamente la questione, presi la decisione, che si sarebbe verificato il minor danno, se avessi intrapreso quel viaggio, e cosí sono andato nell'URSS e nella Mongolia. Dopo la visita, il governo cinese mi ha solo ammonito.

Cosí è stato. La visita di Taiwan può certamente essere effettuata in un tempo non troppo lontano, e cioè sul piano religioso. La premessa è una buona e sincera intesa col governo di Taiwan.

Zoratto. *Lo scorso anno, il vertice del PCC nel Tibet fu radicalmente decapitato, confermando il fallimento della occupazione cinese nei confronti del Paese. A dicembre giunse il nuovo segretario del PCC, Hu Jingtao, con l'incarico di spegnere la miccia indipendentista. Dai fatti nulla sembra sia cambiato, anzi la proclamazione della legge marziale conferma un'aggravante. L'apparato del partito quale funzione svolge nel processo di colonizzazione?*

Dalai Lama. Secondo le nostre informazioni, il segretario Hu Jingtao appartiene al gruppo di Zhao Ziyang, che rappresenta la linea moderata. La proclamazione della legge marziale andrebbe a carico dei rappresentanti della linea dura dei compagni che gravitano attorno al premier Li Peng. Quanto questo sia esatto, non lo posso dire attualmente con esattezza.

Zoratto. *L'America "benedice" il riavvicinamento fra Cina ed URSS non soltanto come sviluppo planetario o genericamente continentale, ma come contributo importante alla soluzione di due problemi: la Cambogia e la Corea. Sono parole del presidente degli USA Bush, dette e ripetute al suo collega cinese Yang Shangkun durante la sua ultima visita nella Repubblica Popolore Cinese. Il Tibet, per gli USA non sembra che rappresenti un problema, che meriti attenzione, anche se la* *situazione nel Paese è drammatica, ed a confermarlo sono le prigioni zeppe di gente. Perché?*

Dalai Lama. Il governo USA riconosce che il Tibet è una parte della Cina. Che il governo USA non reagisca alle violazioni dei diritti dell'uomo, ha probabilmente a che fare con degli interessi economici. Ma ambo le Camere del parlamento americano hanno accettato delle importanti risoluzioni incoraggianti, che sostengono la causa del popolo tibetano. Nello stesso "State department" c'è da notare un cambiamento rispetto a due anni fa. Anche presso altri governi del mondo ci sono evidenti sintomi di cambiamenti.

Zoratto. *Mentre il mondo intero poteva osservare recentemente il presidente Bush presenziare ad una messa nella chiesa evangelica di Pechino, contribuendo così a far accreditare un falso clamoroso, come quello che riguarda la piena libertà di religione in tutta la Cina, ai tibetani è severamente vietato costruire monumenti funebri con reliquie dei Lama reincarnati (cioè, come se per un cattolico fosse severamente proibito d'esporre il Crocifisso). Qual è il grado di libertà al culto nel Tibet occupato?*

Dalai Lama. Riguardo la libertà religiosa nel Tibet, vi sono due aspetti: cioè, la libertà religiosa superficiale e quella su un piano più profondo. I cinesi considerano libertà religiosa recitare il rosario, girare attorno ai luoghi sacri e genuflettersi. Forse i cinesi presumono veramente che essere liberi di compiere tali atti, costituisca la libertà religiosa. Questa libertà è oggi concessa entro certi limiti. Una tale concezione dei cinesi circa la libertà religiosa potrebbe derivare dal fatto che i cinesi non capiscono niente del buddhismo, che per loro è una dottrina molto profonda la cui pratica presuppone un'ottima preparazione. Per tale preparazione è necessario un duro studio di dieci, venti o più anni. Ma fino adesso, ci sono grandi limitazioni da parte delle autorità riguardanti la durata dello studio nei monasteri, rispettivamente nelle università-monastero, e circa l'autorizzazione per accogliere nuovi monaci nei monasteri. Perciò esistono veramente delle gravi restrizioni riguardanti la libertà religiosa su un piano più profondo. I cinesi mostrano dunque due facce circa la libertà religiosa: da una parte c'è la libertà religiosa, dall'altra, ci sono grosse limitazioni. Dobbiamo essere veramente coscienti del fatto che in Tibet i cinesi hanno dei grandi problemi circa la libertà religiosa, perché anche qui come in Polonia, la libertà religiosa e la coscienza nazionale vanno di pari passo.

Zoratto. *A Pechino, qualcuno sostiene che quando i soldati di Mao arrivarono a Lhasa, nella capitale non c'era una strada degna di questo nome, mentre oggi, nonostante le terribili difficoltà geografiche, oltre 21.000 km di arterie stradali attraversano il Paese. Le scuole nel '60 erano tredici in tutto il Tibet, mentre oggi ci sono tre università ed oltre tremila istituti fra primari e superiori. Questi argomenti cinesi rispondono alla verità?*

Dalai Lama. In genere sí; esistono molte scuole e piú strade, piú traffico, piú ospedali e piú fabbriche. In questo senso, si sono registrati dei progressi. Se però si guardano i dettagli, bisogna chiedersi, se il popolo tibetano abbia veramente tratto beneficio da questo "progresso". Credo che le cifre siano giuste. Ci sono veramente scuole, che esistono soltanto sulla carta, e forse non hanno neanche un unico scolaro. Il nome di "università" suona molto bene, ma com'è il livello di queste università? Di recente venne una signora da me, che aveva insegnato l'inglese per due anni all'università di Lhasa e raccontò che il livello degli studenti universitari corrisponde all'incirca al livello della scuola media. Secondo questa signora, nelle università gli studenti cinesi vengono incoraggiati di piú degli studenti tibetani durante le lezioni d'inglese. Nelle scuole primarie e nelle scuole medie l'insegnamento in cinese è cosí predominante che, quando gli scolari vanno alla scuola superiore, non sono piú in grado di seguire le lezioni in tibetano. Fra le molte decine di migliaia di studenti, che la Cina invia all'estero dal 1978/79, non si trova neanche un tibetano. Abbiamo sempre protestato contro questo fatto. Nel frattempo, ci sono quattro studenti tibetani, che sono fuggiti e che, con il nostro aiuto possono studiare privatamente negli USA. L'anno scorso vennero inviati all'estero due studenti dell'università di Lhasa. Uno ritornò, l'altro no. Si teme che quest'anno non vengano piú inviati altri studenti all'estero.

In molti Paesi dell'Europa, l'orso russo viene considerato peggiore del drago cinese. Ma l'orso ha piú coraggio, non solo per opprimere gli altri, ma anche per procedere a dei cambiamenti ed effettuare l'autocritica. Il drago cinese ha il corraggio d'opprimere gli altri, ma non di procedere a dei cambiamenti ed effettuare autocritiche.

Zoratto. *La legge marziale proclamata da Pechino, oltre a dimostrare la debolezza dell'imponente apparato militare insediato nel Tibet, conferma lo stato di guerra esistente; è la prima volta negli ultimi venti anni che un provvedimento cosí grave viene preso. Quale giudizio politico Lei riserva a quest'importante fatto militare?*

Dalai Lama. In ogni Paese comunista, e specialmente nel Tibet, si vive costantemente sotto la legge marziale. Che sia proclamata formalmente la legge marziale, indica che sussiste una situazione scossa da crisi. I cinesi dicono che la maggioranza del popolo tibetano sarebbe a favore della proclamazione del diritto marziale. Solo una piccola parte di controrivoluzionari vi sarebbe contraria. Hanno espulso gli stranieri dal Paese. Ma se fossero convinti loro stessi della loro teoria, dovrebbero lasciare ancora piú stranieri nel Paese, affinché questi si possano convincere di questa "verità". In tutto ciò vi è qualcosa che non corrisponde.

Zoratto. *La questione tibetana è stata catapultata agli onori della cronaca internazionale durante il trentesimo anniversario della rivolta del 10 marzo 1959, che segnò l'inizio anche del Suo forzato esilio. Quaranta anni d'occupazione e di continua lotta in difesa dei valori che i cinesi, con la loro politica di repressione, calpestano quotidianamente. Lei ebbe ad esprimere le Sue proposte in cinque punti ben precisi, e cioè: 1° trasformazione di tutto il territorio del Tibet in una zona di pace; 2° fine della politica di trasferimento di membri del popolo cinese, che minaccia l'esistenza dei tibetani quale popolo autonomo; 3° rispetto dei diritti fondamentali dell'uomo e delle libertà democratiche del popolo tibetano; 4° ricostruzione e protezione dell'ambiente naturale del Tibet e* *fine dello sfruttamento cinese del Tibet allo scopo della produzione di armi nucleari ed il deposito di scorie radioattive; 5° inizio di trattative serie riguardanti lo stato politico futuro del Tibet e le relazioni tra i popoli tibetano e cinese. I nuovi eventi cambiano qualche cosa?*

Dalai Lama. Da parte nostra non vi è alcun cambiamento.

Zoratto. *Se gli attuali presupposti cambiassero, sarebbe disposto a rientrare definitivamente a Lhasa?*

Dalai Lama. Ho sottoposto una proposta di pace, e tocca adesso al governo cinese pensarci. Se viene trovata una soluzione accettabile per ambo le parti, la maggioranza dei tibetani ed io ritorneranno nel Tibet. [*Rivolgendosi all'interprete Sua Santità afferma:* "Forse il barbuto non ritornerà"]. Se si giungesse ad una soluzione, il cui contenuto non soddisfacesse il mio popolo, i tibetani non ritorneranno; malgrado la patria sia molto importante, consideriamo la libertà ancora più importante. Non mi preoccupo dei miei privilegi, come ho già detto prima. Non mi occorre né potere né titolo. Quello che apprezzo, è la libertà, nella quale posso sviluppare pienamente la mia natura creativa.

I cinesi hanno avanzato una proposta di cinque punti riguardante il mio ritorno e sottolineano sempre che otterrò i miei vecchi poteri e privilegi. Contemporaneamente, tengono pronte delle briglie auree, con le quali vogliono chiudermi la bocca, immediatamente al mio ritorno. Ciò non mi piace.

Zoratto. *Pechino ha reagito in malo modo all'ultimo invito espresso in una risoluzione del parlamento europeo di far cessare le persecuzioni in atto nel Tibet. A suo avviso, il parlamento europeo potrebbe svolgere un ruolo di mediazione?*

Dalai Lama. È molto difficile dire adesso qualcosa in merito. I cinesi evitano di internazionalizzare il problema. Non vogliono ingerenze di stranieri. Nel frattempo, il comportamento dei cinesi ha assunto delle forme più violente; infatti, essi tentano con forza bruta d'intimidirci. Se più tardi si dovesse giungere ad un trattato, sarà necessaria la presenza d'una terza parte. Il buonsenso lo pretende.

Zoratto. *L'assemblea generale dell'ONU ha più volte, a larga maggioranza, votato risoluzioni di condanna contro la politica cinese in Tibet, ma oltre alle risoluzioni, quale funzione potrebbe svolgere nella delicata "questione tibetana"?*

Dalai Lama. Al momento attuale è molto difficile che l'ONU possa avere un suo ruolo. L'ONU ha una grande responsabilità comunque, in quanto è suo compito difendere gli Stati deboli di questa terra. L'ONU ha votato tre risoluzioni concernenti il Tibet e perciò tra l'ONU ed il Tibet è sorto già un certo rapporto.

Zoratto. *Con piacere ho scoperto l'esistenza della "Carta Costituzionale Tibetana", che in Occidente forse solo alcuni addetti ai lavori conoscono e che già nel lontano 1963 il "Parlamento tibetano in Esilio" approvò su Sua proposta all'unanimità. Vi sono voci di alcune modifiche. Quali?*

Dalai Lama. Non sussiste nessun piano concreto di modificare la costituzione. Ho solo preso in considerazione di cambiare la posizione e il ruolo del Dalai Lama. Nella costituzione è stabilito che la posizione religiosa del Dalai Lama è indiscutibile, mentre con una maggioranza di due terzi nel parlamento può essere abrogata la posizione temporale di capo di stato. Attualmente il mio pensiero va nella direzione di quanto già comunicato nella mia proposta di Strasburgo, e cioè non vorrei intromettermi negli affari di un governo liberamente eletto e democratico nel Tibet. Mi sono deciso in tale senso prima che la mia posizione venga abrogata da una maggioranza di due terzi nel parlamento [*il Dalai Lama sorride*].

Sul piano religioso, il mio pensiero va nella direzione di non accettare in futuro nessun titolo formalmente stabilito e di non ricoprire nessuna carica corrispondente. Questo è solo un mio parere, perché corrisponde alla mia inclinazione personale. Fino ad oggi non ne ho fatto oggetto di discussioni serie.

Zoratto. *Santità, La ringrazio per l'opportunità concessami per questa lunga chiacchierata.*

Dalai Lama. Io ringrazio Lei e speriamo che il mondo impari a conoscere da vicino e nella sua giusta dimensione la nostra tragedia.

Sopravvivenza e ricostruzione negli anni del duro esilio

A seguito della repressione cinese culminata con la rivolta nazionale del 10 marzo 1959 e la fuga in esilio del Dalai Lama con centinaia di migliaia di profughi in India e nei paesi limitrofi, nell'aprile 1959 viene proclamata la costituzione ufficiale del "Governo tibetano in esilio".

Da trent'anni, esso, opera a Dharamsala, nella regione dello Himachal Pradesh, in India, sotto l'egida del XIV° Dalai Lama.

In oltre trent'anni di esilio e grazie ad una volontà e tenacia unica, sotto la guida spirituale e politica del XIV° Dalai Lama, i tibetani all'estero hanno ricostruito le loro istituzioni politiche, culturali e religiose che hanno un loro peso e significato nei vari agglomerati che raggruppano le popolazioni tibetane fuori dei confini e nella Patria repressa. Cosí il 10 marzo 1963 il Dalai Lama promulga la prima costituzione pluralista del Tibet.

Tale documento riveste grande importanza politica, anche perché smentisce coloro che vogliono identificare la personalità politica e religiosa del XIV° Dalai Lama come strenuo percussore dell'oscurantismo piú deleterio. Tale costituzione, che viene osservata diligentemente dal governo in esilio, ha permesso ai tibetani nella diaspora di potere di poter eleggere i propri rappresentanti in una "Assemblea dei Deputati del Popolo" tibetano, una sorta di parlamento in esilio composto da dodici membri in rappresentanza delle tre provincie del Tibet, da cinque membri in rappresentanza degli ordini religiosi e da un componente nominato dal Dalai Lama.

I Deputati eletti dal popolo svolgono un ruolo importante nel "Comitato Operativo Nazionale" (National Working Committee) e nella riunione biennale. Tale organo è composto da Kalons (ministri), dai Parlamentari e dai segretari dei dipartimenti del governo. Questo è l'organo che prende le massime decisioni.

Il Kashag è il governo, un gabinetto di ministri, nominati da S. S. il Dalai Lama e funge come organismo esecutivo supremo. Il Kashag tratta le questioni politiche ed amministrative.

Nel 1959 e agli inizi degli anni sessanta, il governo tibetano in esilio fu confrontato con grandi problemi urgenti di sistemazione, riabilitazione e inserimento a causa del continuo arrivo dei profughi dal Tibet occupato. Al fine di superare tali problemi furono istituiti i seguenti dicasteri:

Il Consiglio per Affari interni ha la responsabilità per l'inserimento, la riabilitazione ed il benessere generale di tutti i profughi tibetani. Gestisce gli insediamenti tibetani sparsi in India e Nepal e si occupa del loro reinserimento. Il dipartimento per gli Affari interni inoltre coordina le attività di tipo agricolo, agro-industriale ed artigianale di tutti gli insediamenti.

Il Consiglio per l'Educazione tibetana mira a dare alla gioventú tibetana una combinazione di educazione moderna e tradizionale, oltre a programmare iniziative tendenti all'accrescimento delle capacità tecniche e professionali nelle singoli comunità curando rapporti con istituzioni in Europa e in America.

Il Consiglio per Affari religiosi e culturali fu costituito nel 1960, allo scopo di mantenere, praticare e promuovere la religione e la cultura nazionale. Questo settore di vita tibetana è stato severamente minacciato dai cinesi che fanno di tutto per estirpare la cultura ed il profondo senso religioso del Tibet. Il dipartimento sovraintende inoltre a tutti i monasteri e l'educazione dei giovani che hanno scelto l'ordine monacale.

Il Dipartimento Affari economici ha lo scopo di gestire i finanziamenti, per rendere le varie infrastrutture governative autosufficienti. La fonte primaria consiste nel contributo mensile volontario donato da tutti i cittadini tibetani, nonché del due per cento delle entrate di organizzazioni commerciali e persone stipendiate. I tibetani residenti in tutte le parti del mondo contribuiscono con regolari donazioni.

Il Dipartimento per la Salute fu istituito nell'autunno 1981; prima di questa decisione, alcuni ospedali caritatevoli ed altri ambulatori offrivano i servizi sanitari negli insediamenti dei profughi. Si fece però sentire la necessità di un sistema sanitario piú vasto con una programmazione piú ampia ed adeguata.

A tale scopo fu allestito tale Dipartimento. Il tradizionale "Istituto tibetano medico-astrologico" fu ricostituito nel 1961 a Dharamsala.

L'Ufficio informazioni e relazioni internazionali ha sede centrale a Dharamsala. Dispone di una rete di uffici di rappresentanza denominati "Uffici del Tibet" a New York, Zurigo, Londra, Tokyo, Katmandu, Nuova Delhi e Washington, laddove ha sede la "Campagna internazionale per il Tibet". Tali uffici hanno lo scopo di raccogliere informazioni e di intraprendere iniziative per informare l'opinione pubblica sulle vicissitudini e sugli sviluppi che riguardano la "questione tibetana". Tali istituzioni sono anche portavoci ufficiali del Governo tibetano in esilio e coordinano l'assistenza scolastica e culturale per i tibetani in esilio.

Il Consiglio della Programmazione è il Dipartimento piú giovane di Dharamsala. Ha lo scopo di preparare adeguati programmi di sviluppo e di indagare sulla possibilità di trovare assistenza finanziaria e collaborazione di esperti in vari progetti di gestione negli insediamenti dei profughi.

Esistono altri dipartimenti come l'*Ufficio per la Sicurezza*, l'*Ufficio Gestione servizi*, l'*Ufficio amministrativo centrale*.

Il Consiglio per gli Affari interni finora ha potuto sistemare il quarantasette per cento dei centodiecimila profughi tibetani rifugiati in India e Nepal, disponendo di quattordici grandi e otto piccole aziende agricole in ventuno insediamenti agroindustriali e in dieci imprese artigianali. Alcuni di questi centri sono diventati autosufficienti a livello economico, mentre altri hanno ancora bisogno di essere sponsorizzati. La mancanza di impianti adeguati alla irrigazione, e le risorse limitate, con carenza di cognizioni specializzate, rallentano il progresso. Inoltre ci sono altri tibetani in attesa di essere sistemati. Alcuni tibetani che vivono oggi nei vari insediamenti cercano di aumentare il loro livello economico dedicandosi al piccolo commercio. In India, per esempio, sono ben inseriti nel settore dell'abbigliamento di lana.

I tappeti tradizionali tibetani sono sempre piú richiesti dal mercato internazionale. Non è esagerato affermare quindi che i tappeti tibetani oggi sono il piú importante articolo d'esportazione del Nepal, coprendo infatti il sessanta per cento dell'esportazione globale di questo paese.

Attualmente, oltre tremila tibetani vivono oltreoceano in ventidue Paesi diversi ed anche se si sono integrati come concittadini nei Paesi ospitanti, mantengono sempre la loro identità ed unità nazionale.

Il Governo tibetano in esilio continua a considerare di primaria importanza l'educazione dei bambini tibetani, perché da loro dovranno uscire i futuri dirigenti del Tibet. Nuove scuole primarie e materne vengono fondate ogni anno; alcune di queste sono state costituite dagli stessi genitori.

Il Consiglio per l'Educazione tibetana gestisce trentatré scuole in via diretta ed altre trenta in collaborazione con il Governo indiano, tramite l'amministrazione scolastica centrale tibetana, oltre alle venti scuole autonome. Verso la fine del mese di giugno '89, erano 22.993 gli allievi iscritti in queste ottantatré scuole. Un piccolo numero di giovani tibetani studia in altre scuole, università ed istituzioni tecniche superiori dell'India e di altri Paesi stranieri. L'Istituto tibetano per l'arte figurativa rappresenta il nucleo centrale nel sistema di educazione tibetana, con lo scopo di approfondire, mantenere e promuovere arte, danza, musica ed antiche opere tradizionali. Artisti di questo Istituto hanno presentato con grande successo il loro repertorio in varie parti del mondo.

Il Consiglio per gli Affari culturali e religiosi ha ristabilito oltre duecento monasteri in India, Nepal e Bhutan, con oltre diecimila e cinquecento monaci e cinquecento suore. Il Consiglio, fra le sue funzioni istituzionali, deve curare e mantenere contatti con gli istituti buddhisti presenti in tutto il mondo.

In questo Consiglio sono integrati quattro importanti istituzioni culturali autonome che hanno un ruolo sempre piú importante nella conservazione e diffusione della antica cultura tibetana.

— *La Biblioteca delle Opere e degli Archivi tibetani* è un centro per gli studi e la ricerca di tutti gli aspetti della tibetologia, della civilizzazione del Trans-Himalaya e del Buddhismo. Studenti e scienziati da tutto il mondo si recano a questa biblioteca rinomata che possiede una delle migliori collezioni di libri sulla tibetologia.

— *La Casa del Tibet* a Nuova Delhi è un grande centro culturale. Ospita uno dei piú importanti e prestigiosi musei delle arti tibetane, nonché una ricca biblioteca ed un punto di vendita per l'artigianato e i tappeti.

— *L'Istituto Centrale degli Studi superiori tibetani* a Sarnath e

La Scuola Buddhista di Dialettica a Dharamsala sono frequentati da studenti provenienti da tutte le regioni del Trans-Himalaya, oltre da paesi d'oltremare.

— *Il Dipartimento Economico* è in grado di mettere a disposizione mezzi per il finanziamento del governo in esilio, tramite la sua catena di quattro alberghi e l'esportazione di prodotti artigianali in quattordici Paesi.

Negli insediamenti sparsi nei vari Paesi esistono sempre urgenti problemi sanitari; perciò, il dipartimento per la Salute programma e realizza un piano globale sanitario a lungo termine per tutti questi campi di raccolta. Uno dei compiti principali è di raccogliere fondi per realizzare programmi di servizi sanitari di base che vengono realizzati tramite i sei ospedali e i quarantacinque centri con i vari programmi, tra cui quello che riguarda l'eliminazione della tubercolosi, l'immunizzazione, la salute della madre e del bambino, oltre all'educazione sanitaria preventiva e la formazione di personale medico e paramedico specializzato.

A Dharamsala e negli insediamenti si lavora sia con sistemi di medicina tradizionale che moderna; negli ultimi anni sono stati eseguiti alcuni studi in comune. Il tradizionale "Istituto medico-astro tibetano" ha trentatré sedi nelle varie località e in varie città dell'India. I medici dell'Istituto sono stati invitati regolarmente all'estero per partecipare a conferenze e per tenere lezioni.

Tutto quanto riguarda l'aspetto amministrativo del Governo in esilio viene controllato dall'Ufficio amministrativo generale; ciò comprende tutti i centri profughi, centri d'artigianato ed enti autonomi all'interno dell'amministrazione tibetana. Le istituzioni che donano mezzi ricevono regolarmente i resoconti dei controlli effettuati.

L'amministrazione di base e la partecipazione della comunità negli insediamenti rappresenta un'infrastruttura amministrativa unica da parte del governo in esilio. In ogni raggruppamento di esiliati esite un rappresentante del Consiglio per gli Affari interni che sorveglia l'amministrazione e gestione.

Tale rappresentante, insieme ai suoi colleghi ed ai capi delle comunità, viene eletto dai tibetani che vivono in quella località, collabora strettamente con le autorità indiane locali e con le varie istituzioni sponsorizzatrici. Organizza poi regolarmente riunioni con i capi della comunità ed anche con le istituzioni volontarie, come il "Congresso tibetano dei giovani", la "Associazione tibetana delle donne", la "Associazione dei genitori" ed i "Comitati di salute", per informare la comunità sui quesiti che riguardano la lotta politica per l'indipendenza, oltre ai problemi che riguardano direttamente l'insediamento. I capi delle comunità e i rappresentanti presenziano alla riunione biennale convocata nel quartiere generale del Governo a Dharamsala.

Questa infrastruttura diretta ed indiretta del Governo tibetano in esilio istituita gradualmente negli ultimi trent'anni, ha permesso al popolo tibetano di superare i difficili momenti di angoscia e di dolore dell'esilio – ha commentato Kesang Y. Takala, rappresentante di Sua Santità il Dalai Lama a Londra, durante l'importante simposio internazionale sui diritti umani nel Tibet, svoltosi a Bonn su iniziativa di Petra Kelly e Gest Bastian.

Posizione strategica del Tibet nel cuore dell'Asia

Piú di qualcuno sostiene che l'occupazione del Tibet sia da ricercarsi nelle esigenze geopolitiche della Cina, che considera il Tibet strategicamente indispensabile per la sua sicurezza.

Michael Alexander, noto specialista tedesco, ebbe a sottoscrivere questa tesi anche durante il famoso "Simposio internazionale" sui Diritti Umani, svoltosi a Bonn nell'aprile del 1989.

L'idea di considerare il Tibet come uno stato cuscinetto tra potenze rivali non è certamente nuova, bensí esisteva già oltre cento anni fa. A quell'epoca le potenze interessate, oltre alla Cina imperiale, erano principalmente l'India britannica e la Russia zarista, che tendeva ad espandersi verso l'Est. Nel 1907 venne stipulata un'interessante convenzione tra la Corte di Pietroburgo e l'Impero britannico (allora il piú vasto impero del mondo). Precedentemente era stato registrato un sempre crescente influsso della Russia, allorché il buriato Agvan Dorjieff svolse un ruolo di primo piano ed invase infine nel 1904 il Tibet, alla testa di truppe britanniche [1].

Oggi l'altopiano tibetano ha acquistato un significato strategico ancora maggiore in seguito allo sviluppo delle armi missilistiche: chi occupa militarmente il Tibet potrà di fatto esercitare una influenza su tutto il Sudest asiatico e su parte dell'Unione Sovietica. Ecco quindi che esiste oggi un maggior numero di Stati interessati alla soluzione del problema tibetano, in confronto con gli Stati esistenti nel 1907. Sotto tale punto di vista si devono considerare le attività diplomatiche, svolte nel 1988, in primo luogo i viaggi dell'allora Presidente del Consiglio indiano Rajiv Gandhi che si recò a Pechino, del ministro degli esteri sovietico che si recò in Giappone, nella Corea del Nord ed a Pechino, del ministro degli

---

[1] *Himalayan Triangle, i History Survey of British India'a Relations with Tibet, 1765-1950* di A. K. J. SINGH, India Office Library, London.

esteri cinese che si recò a Mosca ed i colloqui condotti dal Capo di Stato sovietico Mikhail Gorbaciov a Delhi e nel 1989 a Pechino.

Nel 1947 l'India aveva reso noto a Lhasa che tutte le condizioni contrattuali tra Tibet e India britannica sarebbero state rispettate pienamente anche dopo l'indipendenza dell'India. Quando i cinesi nel 1949/50 dichiararono di voler occupare il Tibet, l'India protestò in effetti, formalmente; tuttavia dopo l'avvenuta 'occupazione nel 1954 – il Tibet venne sacrificato sull'altare dell' "amicizia indiano-cinese".

Da tale epoca è stato possibile alla Cina realizzare senza alcun ostacolo i suoi piani strategici nel Tibet e tale sviluppo continua ad essere ancor oggi molto piú intenso dello sviluppo sul piano sociale od economico, nonostante le tanto conclamate intenzioni di parte cinese. L'aspetto militare era importante per la Cina sotto diversi punti di vista:

1) L'amicizia esistente in origine tra Cina da un lato ed India, nonché Unione Sovietica dall'altro lato venne trasformandosi sempre piú in ostilità (nel 1962 si sviluppò una guerra di confine indiano-cinese e si ebbero scontri a fuoco alla frontiera cinese-sovietica).

2) L'aumentata resistenza dei tibetani, che sarebbe potuta essere sedata militarmente ma che comportava sempre il pericolo di un intervento straniero.

3) La corsa agli armamenti tra Cina ed India condusse inevitabilmente ad un inasprimento della situazione militare nel Tibet.

Come ultimo punto si devono riportare ancora alcuni particolari: per esempio l'ampliamento della rete stradale superante i confini, eseguito dai cinesi nel Tibet. La strada Sichuan-Tiber, lunga circa duemilacentoventi chilometri, conduce attraverso quattordici alti passi montani ed incrocia dodici importanti fiumi, terminando a Lhasa. Da qui la strada, denominata ora strada Sinkiang-Tibet, conduce attraverso territori strategicamente importanti nell'ovest tibetano. La terza via di comunicazione (Chinghai-Tibet o strada militare del nord) inizia a Sining e conduce attraverso Amdo e Naghukka a Lhasa. La quarta strada internazionale, l'Highway Yunnan-Tibet, conduce attraverso Chamdo e va a collegarsi con l'Highway Sechuan-Tibet a Lhasa.

Queste quattro strade internazionali collegano il Tibet con le vicine province cinesi. Costituiscono le linee principali di collegamento. Oltre a tali strade esistono infiniti percorsi secondari che formano una rete complessa, atta a legare tra loro strategicamente importanti punti lungo i confini dell'Himalaya. La strada Sechuan-Tibet possiede molte diramazioni in direzione del sud e sudovest tibetano fino al settore orientale del confine indiano-tibetano. La stessa strada principale presenta diramazioni attraverso lo Shigatse verso il settore centrale ed occidentale del confine himalayano. Una diramazione collega Sinkiang con il Tibet e conduce al confine Sikkim-Tibet; una diramazione della strada di Sechuan conduce al confine tra Tibet e Nepal.

Le quattro grandi strade di collegamento internazionale congiungono così la Cina con il Tibet. Il collegamento al nord ed all'ovest, con le molteplici diramazioni, decorre quasi parallelamente al confine indiano, ad una distanza di circa cinquanta chilometri. Le strade che portano oltre il confine e le strade collaterali formano dunque una rete principale di comunicazioni, la quale viene controllata per mezzo dell'aviazione militare cinese.

Finora l'aviazione militare venne usata principalmente per il trasporto di truppe e materiale e per questo non si deve sottovalutare l'importanza di aeroporti. La distanza tra Pechino e Lhasa potrà essere superata su strada con ben due settimane di viaggio. Per questo sono state costruite le prime piste di atterraggio già nel 1955 e nel 1956. Nel 1963 vennero ultimati già dodici aeroporti, la maggior parte in vicinanza del confine con l'India, con Sikkim, Nepal e Bhutan. Oggi esistono ventitré aeroporti, in gran parte in vicinanza di impianti militari ed amministrativi. Si trovano precisamente nelle località: Kartse, Kantse, al nord Koko Nor, Lithang Jekondo, Tachienlu, Naqchuka, Chamdo, Drachi-Dranang, Nyathang nel Tibet orientale, Lhoka, Lhasa, Gyantse, Shigatse, Ghonkhor Dzong nel Tibet centrale e Phari, Chusul, Tram, Gartok, Kassu e Thingri nel Tibet.

Sono poi da aggiungere le basi missilistiche, di cui si riferisce in altre parti [2].

Si chiedono spesso informazioni circa l'entità delle truppe presenti nel Tibet. In base a fonti tibetane si tratterebbe di trecentomila uomini, mentre secondo la relazione annua del ministero indiano della difesa si tratterebbe di centotrentamila-centoottantamila uomini.

Qualunque sia la forza presente nel Tibet sarà sempre importante tener presente che i militari svolgono un ruolo di primo piano nell'amministrazione del Tibet.

Concludendo, si può affermare che la predominanza militare cinese nel Tibet dovrà servire ad impedire sia movimenti tibetani di resistenza, quanto anche sta a significare il ruolo importante spettante al Tibet come paese in posizione strategica nell'area interna asiatica. Ne consegue che il ruolo dell'amministrazione militare civile del Tibet non permette una netta distinzione e non è possibile stabilire una rigida divisione tra il settore militare ed il settore amministrativo.

Ai Paesi posti ai confini con la Cina l'occupazione del Tibet risultò sospetta: tanto l'India, quanto anche l'Unione Sovietica temevano le mire espansionistiche della Cina, ossia l'espansione della potenza cinese mediante l'occupazione e l'annessione di piccoli Stati confinanti, quali il

---

[2] Ved. KELLY/BASTIAN (editore), *Tibet, un Paese violentato*, pag. 116 e segg., Amburgo, 1988.

Nepal ed il Bhutan. (Nel caso dello stato federale indiano Arunachal Pradesh si deve ricordare che la Cina afferma ancora nel 1988 che Arunachal Pradesh sarebbe propriamente territorio cinese).

In generale sembra però che i cinesi non siano interessati a una politica espansionistica. La politica attuale cinese tende a fare del Tibet non tanto una zona cuscinetto smilitarizzata – come si desidera da parte dell'India, dell'Unione Sovietica, degli Stati Uniti e di altri paesi –, bensí tende a far nascere a sud del Tibet, tra India e Cina, una nuova zona cuscinetto: Bhutan e Nepal.

È bene qui ricordare che la Cina non ha annesso il Tibet per cosiddetti motivi storici, bensí soltanto per motivi strategici.

L'occupazione del Tibet era per la Cina estremamente importante dal punto di vista della sicurezza nazionale.

Non avrebbe nessun senso, né militarmente, né strategicamente, occupare i piccoli Stati dell'Himalaya, in quanto essi appartengono geopoliticamente al subcontinente indiano. Inoltre una tale occupazione farebbe nascere un conflitto che potrebbe condurre facilmente ad un'internazionalizzazione dell'intero problema tibetano. Ciò dovrà essere evitato dalla Cina poiché il mondo guarda oggi con occhio circospetto alla Cina, specialmente a causa della resistenza tibetana e delle ripetute sommosse, di cui venne data puntualmente relazione, specialmente a causa di violazioni dei diritti dell'uomo. Ciò provocò sempre maggiori proteste da parte del mondo occidentale. Se si analizzano le attività diplomatiche e dei servizi segreti cinesi negli Stati dell'Himalaya, si nota che la Cina desidera mantenere rapporti di amicizia con i Paesi vicini, al sud dell'Himalaya, ossia desidera non tanto che il Tibet svolga una funzione di cuscinetto tra India e Cina, perché tale funzione dovrà essere svolta dai piccoli Stati dell'Himalaya tra cui anche il Sikkim, cosí come rientra nelle prospettive della nuova politica cinese. Tale politica cinese non si esaurisce soltanto sul piano diplomatico in messaggi di saluto e in accordi economici, ma comprende tra l'altro l'appoggio che viene dato per mezzo dei servizi segreti a partiti e minoranze, in grado di perseguire piani di agitazione politica all'interno degli stati federali indiani.

La Cina appoggia per esempio il Pakistan nell'ambito della regione contesa del Kaschmir, e promuove l'autodeterminazione nazionale della popolazione del Kaschmir. Fino ad oggi la Cina non riconosce l'annessione del Sikkim all'Unione indiana, né la promozione della provincia di frontiera di Arunachal Pradesh al rango di stato dell'Unione. Dal 1960 la Cina addestra arma ed aiuta i ribelli Naga nel nord-est dell'India. Anche il movimento dei gurkha viene appoggiato dalla Cina e corre voce – anche se non è stata data ancora una conferma ufficiale – che la Cina non sia estranea al conflitto con i Sikhs.

Su un piano diplomatico la Cina ha saputo rendersi arrendevole il

Nepal. Ciò viene dimostrato per esempio dal fatto che profughi tibetani siano stati assurdamente respinti ed estradiati in Cina.

Occorre ammettere che la diplomazia cinese sia riuscita abilmente ad apparire con gli stati confinanti come un vicino amico, dopo che la Cina era stata prima considerata come uno Stato ostile. Quando invece le truppe cinesi invasero nel 1950 il Tibet, i piccoli Stati dell'Himalaya temettero di perdere la loro sovranità. Basta ricordare che già nel 1930 Mao aveva definito gli Stati dell'Himalaya come territorio cinese. Nel 1950 venne stipulato un patto di amicizia tra India e Nepal, nel quale – oltre ad accordi di natura commerciale ed economica – era contenuta anche una clausola in cui si stabiliva che il governo del Nepal avrebbe il diritto di poter importare "armi, munizioni e materiale militare per la sicurezza del Nepal", attraverso l'India [3].

Neru dichiarò allora che "noi non possiamo tollerare un'invasione straniera di qualsiasi Paese vicino, in qualsiasi parte del subcontinente indiano. Una tale invasione del Nepal coinvolgerebbe inevitabilmente la sicurezza dell'India" [4].

Poco a poco gli Stati dell'Himalaya riconobbero che la Cina non aveva alcuna intenzione di occupare tali Stati; in particolare il governo del Nepal dimostrò di gradire un tale inaspettato atteggiamento dei cinesi. Fino a quando il Tibet era servito da zona cuscinetto tra India e Cina, gli Stati dell'Himalaya rimasero indipendenti dall'India britannica e piú tardi dall'India. La loro autonomia in campo di politica estera e di difesa era limitata. Già ora si può avvertire nel Nepal un prudente distacco dalla zona d'influenza politica indiana. Il governo del Bhutan procede a questo proposito un po' piú lentamente e cautamente, mentre il Sikkim venne annesso alla federazione di stati indiana prima ancora che si potesse aprire all'influenza cinese. L'intera situazione in questi Paesi rimane comunque delicata. Il successo della diplomazia cinese consiste in gran parte nel fatto che la Cina non cerca di esportare l'ideologia comunista. I cinesi non criticano, a ragion veduta, lo stato feudale degli Stati himalayani, pur avendo essi "liberato" il Tibet dal feudalismo, cosí come essi stessi affermano.

La diplomazia cinese cerca quindi di creare a lunga scadenza una "sfera d'amicizia" con gli Stati dell'Himalaya.

Tali Stati dovrebbero disporre di un'indipendenza assoluta, intrattenendo però rapporti di amicizia con la Cina, prima ancora che con l'India. Un tale obiettivo potrebbe naturalmente rilevarsi come un'illusione politica in quanto il gioco viene fatto dalle due potenze, Cina ed India. Dipende ora da una diplomazia piú avveduta da parte dell'India se la stessa riuscirà a vincere il gioco.

[3] Art. 5 del trattato tra India e Nepal del luglio 1950.
[4] Dibattito in parlamento, New Delhi, 17 marzo 1950, Pt 11, col. 1697/8.

Un aspetto del tutto diverso dovrà essere ora esaminato piú attentamente, dopo averne accennato brevemente all'inizio:*Il ruolo dell'Unione Sovietica*.

Proprio nei territori di confine cinesi vive la maggior parte di popoli in condizioni di minoranze. La Cina soffoca con violenza qualsiasi resistenza opposta dai tibetani nel Tibet. Una tale resistenza si può però osservare anche in altre regioni, anche se in forme meno distinte. I mongoli, nel nordovest, e gli uiguri nell'ovest della Cina, vengono incoraggiati anche dall'assidua resistenza tibetana e nel caso degli uiguri già si sono registrate le prime sommose locali. Sia i mongoli, quanto anche gli uiguri, sono fuggiti superando il confine con l'Unione Sovietica. Negli scorsi anni si ebbero scontri armati tra la Cina e l'Unione Sovietica lungo i confini segnati dai fiumi Ussuri ed Amur. L'arco dell'influenza sovietico nell'Asia del sud e del sudest giunge fino al Vietnam, passando per l'India. Basi missilistiche cinesi esistenti nel Tibet minacciano non soltanto l'India, bensí anche l'Unione Sovietica. Anche se nelle relazioni tra Unione Sovietica e Cina si va delineando almeno sembra una certa normalizzazione, si dovranno pur sempre considerare gli interessi dell'Unione Sovietica in questa parte dell'Asia Centrale sotto tre punti di vista: L'occupazione e la sottomissione del Tibet e dei tibetani costituiscono agli occhi di certi sovietici un tipico esempio di sciovinismo cinese. La soppressione di un piccolo popolo significa a loro dire un ripudio dei principi leninistici circa il trattamento di minoranze nazionali, un errore che già Stalin e compagni commise e che ora i cinesi ripetono. In secondo luogo l'Unione Sovietica nutre naturalmente interessi nazionali come Paese che confina con la provincia cinese di Sinkiang. Si deve aggiungere infine l'elevato valore strategico dell'Asia Centrale in cui la Cina possiede ora un vantaggio per il fatto di occupare l'altopiano tibetano.

Con forte diffidenza i cinesi considerano quindi anche il rapporto di amicizia intrattenuto tra Unione Sovietica ed India, in quanto ambedue gli Stati hanno interesse che il Tibet diventi indipendente e smilitarizzato.

Le iniziative e le attività condotte da parte indiana per quanto riguarda Bangladesh e Sikkim sono state appoggiate anche da parte sovietica, ciò che i cinesi hanno registrato con disappunto. D'altra parte l'Unione Sovietica segue con preoccupazione le attività cinesi sul confine orientale dell'India, tendenti a creare un territorio dei Naga indipendente, comprendente parte dell'India e del Burma e confinante con il Tibet.

I timori della Cina sono rivolti quindi non tanto verso l'India, quanto piuttosto verso l'Unione Sovietica. Durante gli scorsi anni ed ancora oggi la stampa e la radio sovietica parlano dell'occupazione cinese del Tibet, come di "colonialismo" e di "atavico sciovinismo cinese".

Movimenti di resistenza tibetani vengono definiti come "Comitati di lotta e di liberazione nazionale, popolare" 5.

Anche se visite e trattative ai piú alti livelli, tra India e Cina, come pure tra Unione Sovietica e Cina, hanno avuto luogo in questi ultimi tempi, i cinesi non sono disposti a cedere il Tibet come zona strategica tra l'Asia Centrale e il Sud.

Nel 1987 sembrò inevitabile un nuovo scoppio di ostilità tra Cina ed India. Tali ostilità però non scoppiarono probabilmente perché questa volta l'esercito indiano era meglio preparato che non nel 1962. È interessante a questo proposito osservare come i tibetani, prestanti servizio nell'esercito cinese, sono stati tenuti lontani dalla regione di confine. (D'altra parte circa diecimila giovani tibetani prestano oggi servizio militare in un reparto speciale della protezione di confine, che nell'India costituisce una parte dell'esercito; tale reparto speciale viene impegnato in zone delicate del confine).

Le ostilità non si sono comunque neppure verificate per il fatto che la situazione internazionale sembra evidentemente cambiata, in favore della Cina. Svolgendo un'accorta azione diplomatica, la Cina è riuscita a migliorare i suoi rapporti con le grandi potenze. L'annuncio che verrà drasticamente ridotto il budget della difesa, che l'esercito verrà ridotto di un milione di uomini, che lo stato maggiore generale verrà ridotto alla metà e che verranno soppressi completamente quattro quartieri generali regionali, ha contribuito a migliorare la reputazione del governo cinese. Tali riduzioni di truppe non riguardano però le truppe di occupazione presenti nel Tibet.

Il motivo vero e proprio per cui la Cina teme uno scontro militare con l'India consiste però nella resistenza opposta dalla popolazione nel Tibet occupato. Nel caso di un conflitto armato i cinesi dovrebbero condurre praticamente una guerra su due fronti e questo è stato anche il motivo del rapido armistizio firmato nel 1962. *I movimenti di resistenza nel Tibet svolgono effettivamente un ruolo assai importante*. Per non dover perdere la faccia di fronte all'opinione mondiale i cinesi cercano con insistenza di acquietare la popolazione del Tibet, mediante una politica di liberalizzazione. Proprio però durante fasi di liberalizzazione si registra una recrudescenza dell'opposizione. L'apertura del Tibet a turisti e stranieri, apportanti valuta pregiata, rappresenta politicamente un grave errore dei cinesi e per i tibetani rappresenta però l'unica occasione benvenuta di richiamare l'attenzione del mondo sull'oppressione in atto, per mezzo dei mass media. I cinesi avevano sperato di poter guadagnare la fedeltà dei giovani tibetani, mediante indottrinamento. Giovani monaci e studenti tibetani vengono selezionati dalle autorità di partito cinesi,

---

5 "Literaturnaya Gazeta", Mosca, novembre 1973.

all'interno di università cinesi, senza però riuscire a ottenere lo scopo voluto: sono proprio i giovani tibetani, monaci, novizi e studenti, che sono disposti a dimostrare ed a lottare per la libertà del Tibet. Fu per esempio con grande imbarazzo che i cinesi dovettero registrare le proteste in favore del Tibet, da parte di alcune centinaia di studenti dell'Università di Beijing, il 18.12.1988, mentre il Presidente del Consiglio indiano giungeva in visita ufficiale [6].

Né con indottrinamento, né con cosiddetti programmi di sviluppo, bensí soltanto con soppressione militare i tibetani vengono tenuti sottomessi. Non senza motivo un reparto speciale, destinato alla repressione di sommosse e di sabotaggio ed addestrato in Austria presso il famoso gruppo antiterroristico COBRA, si trova di stanza a Lhasa [7].

I progetti di sviluppo dei cinesi nel Tibet, additati dai mezzi di propaganda come progetti di utilità per i tibetani, servono da un lato a rendere piú attrattivo il Tibet ai cinesi Han che immigrano in numero sempre piú forte, e da un altro lato servono ai numerosi scopi di difesa e strategici.

Poiché ora il Tibet non è piú disponibile in funzione di cuscinetto, gli strateghi cinesi cercano di creare una nuova zona cuscinetto al sud dell'Himalaya, come già si accennò piú sopra. L'inserimento di una tale zona corrisponde alla strategia geopolitica di due stati posti l'uno di fronte all'altro. (Per gli stessi motivi l'Unione Sovietica è riuscita a creare con molta accortezza uno stato cuscinetto tra sé, la Cina e la Repubblica Popolare Mongola).

Il conflitto centrale esistente tra la Cina e l'India consiste nel fatto che per l'India soltanto il Tibet può servire da zona cuscinetto, mentre per la Cina tale funzione viene assolta dagli Stati dell'Himalaya, Nepal e Bhutan.

Nel 1967 si verificò un incidente di confine tra la Cina e l'India, nella regione del Nathula, passato quasi inosservato all'opinione pubblica mondiale, specialisti seppero intravedere in tale schermaglia un test per una lotta condotta in condizioni ambientali proprie dell'Himalaya. Le truppe indiane seppero mantenere fermamente le loro posizioni ed opposero un'accanita resistenza. Quando i cinesi capirono che gli indiani non intendevano cedere, batterono in ritirata.

Tale caso è piú eloquente che non una lunga disquisizione su tattica militare. Psicologicamente un cinese cederà sempre quando la controparte con durezza si oppone con forza, accanimento e decisione.

Un tale atteggiamento potrebbe condurre a successi in fase di trattative, allorché si dovesse decidere sulle sorti del Tibet.

---

[6] Relazione di Jasper Becker sul "The Guardian", 19.12.1988
[7] "Wiener Kurier", 5.9.88 e "Tibet Forum" 3/88, pag. 18.

Affinché la Cina rossa possa mutare del tutto la sua politica circa il Tibet, sarà necessario che venga messa sotto pressione. Ciò non sarà quasi per nulla possibile mediante un intervento militare, bensí mediante un'astuta diplomazia e interessando l'opinione mondiale, sensibile alla causa dei tibetani. Ciò avviene in parte facendo intervenire organizzazioni statali ed internazionali. A dimostrazione del successo che si può ottenere con tali mezzi si possono citare ad esempio le risoluzioni del Congresso americano sul Tibet, la risoluzione del Parlamento Federale tedesco, del Parlamento Italiano e di altri parlamenti, nonché i fatti rilevati da Amnesty International e da Asia Watch.

Pechino ha sempre cercato di sminuire la portata di notizie relative a violazioni dei diritti dell'uomo ed a maltrattamenti di prigionieri, definendole "propaganda nemica". Allorché sempre piú documenti andavano accumulandosi sugli stessi fatti, Pechino reagiva protestando contro un'"ingerenza inammissibile in questioni interne".

Sarà improbabile che i cinesi accolgano la proposta senza dubbio realistica del Dalai Lama, potrebbero soltanto cedere politicamente a piú intense pressioni, esercitate da altri Stati. Questi Stati potrebbero essere gli Stati Uniti, l'Unione Sovietica e forse il Giappone.

Nel condurre le trattative il governo sovietico potrà esercitare un influsso particolarmente forte sulla Cina, a seconda dell'abilità con cui saprà trattare. Una pressione militare risulterebbe problematica in considerazione dei contratti sul disarmo condotti con gli Stati Uniti, dal momento che il disarmo militare vale anche per la Siberia e la Cina verrebbe in questo modo militarmente rafforzata.

Includere la Cina nei contratti di disarmo per poter raggiungere una riduzione delle basi missilistiche nel Tibet (come lo stesso Dalai Lama auspica), costituerebbe un fatto pressoché ottimale. Affinché la Cina venga indotta a compiere un tale passo saranno necessarie notevoli concessioni da parte dell'Unione Sovietica.

L'euforia dimostrata dagli Stati Uniti per la Cina rossa, a cominciare da Nixon negli anni settanta, ha perso molto del suo slancio in seguito alle risoluzioni prese all'interno del Congresso americano. Gli USA sarebbero piuttosto capaci di ottenere che la Cina ceda relativamente al Tibet, precisamente esercitando sulla Cina pressioni di natura economica e tecnica, ossia toccando sensibili interessi cinesi.

Per il Giappone potrebbe valere all'incirca lo stesso principio.

L'India non è stata qui da noi nominata per il fatto che il suo governo non si è impegnato sufficientemente, oppure non ha voluto semplicemente impegnarsi per la causa del Tibet, nonostante gli stretti legami culturali. Militarmente l'India ha raggiunto di per sé una situazione di parità; diplomaticamente e politicamente dovrà però ricuperare molto terreno nei confronti della Cina. Interessanti a questo proposito dovrebbero essere le trattative condotte dal governo indiano con il nuovo governo Pakistano, specialmente se si riuscirà ad ottenere risultati che potrebbero rilevarsi di grande attualità per il Tibet.

Una forte influenza potrà essere però esercitata anche dall'opinione mondiale, vale a dire dai mass media, dalla stampa mondiale. Riuscire ancora a fare del Tibet un paese smilitarizzato, senza basi nucleari, al di fuori di ogni piano strategico che possa coinvolgerlo a causa della sua posizione geopolitica, rappresenterebbe un obiettivo che sicuramente tutti i tibetani, in patria od in esilio, accoglierebbero con entusiasmo.

Non soltanto l'Asia Centrale, bensí il mondo si libererebbe di un minaccioso incubo.

La bandiera
simbolo della identità nazionale

Durante le numerose manifestazioni popolari di Lhasa, la bandiera nazionale è stata più volte issata quale simbolo irrinunciabile della indipendenza nazionale tibetana. Sventolarla in Tibet o nel territorio della Cina popolare è un grave reato che può costare numerosi anni di reclusione.

La "Biblioteca delle Opere e degli Archivi tibetani", di Dharamsala (India), in una sua recente pubblicazione, per la prima volta ebbe a descrivere questo importante simbolo della Nazione e del popolo tibetano.

La bandiera nazionale tibetana è intimamente legata alla storia autentica e alle stirpi reali del Tibet che risalgono a migliaia di anni fa. Inoltre, nell'Anno Reale tibetano 820 (o nel settimo secolo dell'era cristiana), al tempo del religioso re tibetano Song-tzan Gampo il Grande, una vasta parte del Tibet era divisa in grandi e piccoli distretti, denominati e conosciuti come "go-kyi tong-de" e "yung-g'i mi-de". Da questi grandi e piccoli distretti venne scelto e posto lungo i confini del Tibet un esercito di 2.860.000 uomini, affinché i sudditi vivessero al sicuro. Il coraggio e l'eroismo del popolo tibetano a quel tempo, nella conquista e il dominio anche del confinante impero della Cina, sono ben noti nella storia mondiale.

È documentato che, a quel tempo, il reggimento di "Yo-ru tö" avesse una bandiera militare con due leoni delle nevi, uno di fronte all'altro; che quella di "Yä-ru-mä" aveva un leone delle nevi con un orlo superiore dal colore brillante; che quello di "Tzang Ru-lag" aveva un leone delle nevi eretto in piedi, nell'atto di saltare verso il cielo; che la bandiera di "U-ru to" aveva una fiamma bianca sullo sfondo rosso e così via. In questo modo le truppe di ogni regione avevano i loro propri stendardi militari. Continuando questa tradizione fino all'inizio del ventesimo secolo, diverse truppe dell'esercito tibetano hanno avuto bandiere militari con o una coppia di leoni delle nevi, l'uno di fronte all'altro, o un leone di montagna, eretto in piedi nell'atto di saltare verso il cielo.

Nell'ultima parte di questo periodo, durante il governo di Sua Santità il Grande Tredicesimo Dalai Lama, questa eminente personalità spirituale e temporale governatore del Tibet decretò una serie di modifiche della politica amministrativa in armonia con i costumi internazionali. Basandosi sui formati delle precedenti bandiere tibetane, Sua Santità migliorò queste ultime e creò l'attuale, moderna bandiera nazionale. Egli dichiarò, con una proclamazione ufficiale, che questa sarebbe stata la bandiera modello, uniforme, da adottare da parte di tutte le unità di difesa militare. Sin dai tempi di questa proclamazione, tutte le truppe tibetane hanno adottato uniformemente questa bandiera come loro stendardo.

La combinazione dei colori della bandiera nazionale tibetana è un chiaro indizio su tutti gli aspetti del Tibet nel suo simbolismo, come sulla configurazione geografica, della religiosa terra nevosa del Tibet, sui costumi, sulle tradizioni della società tibetana, sull'amministrazione politica del governo tibetano e così via.

La storia testimonia il fatto che il Tibet è una delle più antiche nazioni del mondo. Perciò, in tutte e tre le regioni del Tibet, indipendentemente dalla classe sociale e dalla religione, questa bandiera nazionale ereditata dagli avi è accettata universalmente come un tesoro comune ed impareggiabile e rimane ancora oggi altamente rispettata e considerata così come nel passato quale simbolo ufficiale della nazione tibetana.

Il simbolismo della bandiera nazionale tibetana

1. La gloriosa, naturalmente bella montagna di neve al centro è simbolo della terra della grande nazione del Tibet che è ben nota come la terra circondata dalle montagne e dalle nevi.

2. I sei raggi rossi di luce che si irradiano nel cielo simboleggiano i primi sei popoli del Tibet: Se, Mu, Dong, Tong, Dru e Ra, che sono anche conosciuti come le sei tribú.

3. Il colore rosso dei popoli e il colore blu scuro del cielo che si alternano, simboleggiano le implacabili azioni di virtuosa condotta per custodire e proteggere il governo spirituale e laico decretato dai due protettori-divinità, uno rosso ed uno nero, i quali hanno agito sin dai tempi antichi.

4. I leggeri raggi di luce che giungono largamente dal sole e si irradiano sulla vetta della montagna di neve stanno a significare la gioia comune della gente del Tibet per la libertà, la felicità spirituale e materiale, e la prosperità.

5. La valorosa posizione di due coraggiosi leoni delle nevi, risplendenti con cinque lineamenti rilevanti sono la completa vittoria per atto del governo dominante, unito in una simbiosi spirituale e laica.

6. Il gioiello tricolore, bello e raggiante di luce di sopra, simboleggia la continua venerazione di tutto il popolo tibetano delle tre Gemme Preziose: gli oggetti di rifugio.

7. La presa del gioiello bicolore della felicità da parte dei due leoni delle nevi simboleggia l'osservanza di autocondotta, in armonia con le esaltate tradizioni che sono rappresentate principalmente dalle dieci virtuose azioni divine e dalle sedici regole di etica morale umana.

8. L'ornamento con un bordo giallo simboleggia il fiorire e la crescita delle dottrine di Buddha che sono come l'oro puro e fine attraverso direzioni e tempo senza limiti.

Testo della dichiarazione del Comitato norvegese per il Premio Nobel

Il Premio Nobel per la pace 1989 è stato conferito a S. S. il Dalai Lama per essersi sempre coerentemente opposto all'uso della violenza per la conquista della libertà.

Dal 1959 il Dalai Lama, insieme a oltre centomila compatrioti, vive in esilio in India in una comunità di profughi. Questo non è certamente il solo centro di profughi esistente al mondo, ma è il primo e l'unico a non avere mai costituito un movimento armato di liberazione.

Questa politica non violenta risulta ancora piú straordinaria se si considerano le sofferenze inflitte al popolo tibetano durante l'occupazione del paese.

Il Dalai Lama ha proposto una soluzione pacifica che tiene conto in ampia misura degli interessi cinesi in Tibet. Nella storia della lotta delle minoranze per il riconoscimento dei propri diritti, è difficile trovare un atteggiamento piú conciliante nei confronti dell'avversario di quello del Dalai Lama. Viene spontaneo fare il paragone con il Mahatma Gandhi, uno dei grandi protagonisti della pace di questo secolo, ed il Dalai Lama ama considerarsi uno dei suo successori. Ci si è spesso meravigliati che a Gandhi non sia mai stato conferito il Premio Nobel per la pace e l'attuale Comitato per il Nobel nel condividere questa sorpresa, considera il riconoscimento di quest'anno anche un tributo alla memoria del Mahatma. Questo è un anno particolarmente significativo per il Dalai Lama, Premio Nobel per la pace 1989. Ricorre infatti il cinquantesimo anniversario del suo riconoscimento quale massima autorità spirituale e temporale del popolo tibetano, riconoscimento avvenuto quando egli aveva appena quattro anni. Ripercorrere le tappe che hanno portato alla sua scelta significa, per un occidentale, addentrarsi in quella "terra incognita" ove fede, pensiero ed azione coesistono in una dimensione a noi ignota o, forse, dimenticata.

Secondo la tradizione buddhista ogni nuovo Dalai Lama è la reincarnazione del suo predecessore. Quando il tredicesimo Dalai Lama morí, nel 1933, iniziò immediatamente la ricerca della sua reincarnazione. Furono consultati oracoli e lama sapienti e furono notati anche alcuni "segni" particolari: strane formazioni di nubi solcavano i cieli; inoltre il corpo del defunto XIII° Dalai Lama, composto nella cosiddetta "posizione del Buddha", con il viso rivolto a mezzogiorno, fu trovato, due giorni dopo, con il viso girato verso est. Questo "segno" fu interpretato nel senso che la ricerca dovesse essere condotta nelle zone orientali del paese. Una delegazione di monaci all'uopo istituita, si recò innanzi tutto presso uno dei laghi sacri del Tibet, sulla superficie delle cui acque si ritiene possibile leggere il futuro.

Le immagini che si formarono furono quelle di un monastero e di una casa con le tegole color turchese.

La delegazione continuò il suo cammino e trovò prima il monastero e poi la casa del villaggio di Takster, nel Tibet orientale. La casa era abitata da un contadino e dalla sua famiglia e fu loro chiesto se avessero dei bambini. Essi avevano un figlio di due anni, di nome Tenzin Gyatso. Il comportamento del piccolo fu davvero sorprendente e convinse i componenti la delegazione che la ricerca era giunta al termine e che il quattordicesimo Dalai Lama era stato trovato.

Come per molti altri fenomeni appartenenti alla sfera religiosa non ci viene chiesto di credere ciecamente; senza dubbio, si verificano spesso episodi che non appartengono alla realtà tangibile ed il tentativo di spiegarli a livello razionale è vano; l'atteggiamento piú corretto è senz'altro quello di reverente meraviglia.

Durante tutta la sua storia il Tibet è stato un paese chiuso, con pochi contatti con il mondo esterno, anche in tempi recenti. Forse questo è il motivo per cui i governanti tibetani non attribuirono la dovuta importanza al formale riconoscimento politico del loro paese come stato autonomo.

Di conseguenza la comunità internazionale non sentí l'obbligo di sostenere la causa dell'indipendenza del Tibet, quando, nel 1950 e negli anni che seguirono, il paese fu gradualmente occupato dai cinesi, i quali – in netto contrasto con i tibetani – affermavano che il Tibet aveva sempre fatto parte della Cina.

La Commissione Internazionale dei Giuristi ha affermato che i cinesi, invadendo il paese, si sono resi colpevoli "del piú orrendo crimine di cui un individuo od una nazione possano macchiarsi, vale a dire del premeditato ed ostinato tentativo di distruggere un popolo".

Per far fronte a questa drammatica situazione, furono conferiti a Tenzin Gyatso, allora sedicenne, i pieni poteri di Capo dello Stato; fino a quel momento il paese era stato governato da reggenti. Il ragazzo, senza alcuna esperienza politica e con una cultura essenzialmente basata sulla tradizione buddhista, si trovò cosí ad assumere l'autorità che il titolo di Dalai Lama comportava.. Tuttavia, nella sua autobiografia *La mia vita ed il mio popolo* egli dà un vivido resoconto del rigoroso insegnamento ricevuto dai lama tibetani ed afferma che esso gli fu di grande aiuto per il compito al quale era stato destinato, incluso l'aspetto politico. Ed è appunto sulla base della sua formazione religiosa che egli ha sviluppato la politica della non violenza con la quale ha deciso di confrontarsi con gli invasori cinesi. Come monaco buddhista era suo dovere non arrecare del male ad alcuna creatura e al contempo mostrarsi compassionevole verso tutte le forme viventi. Non c'è da meravigliarsi se le persone strettamente legate al cosiddetto "mondo della realtà", considerano la filosofia del Dalai Lama alquanto lontana da ciò che comunemente si intende per strategia militare.

La politica della non violenza era anche, ovviamente, basata su considerazioni di ordine pratico: una piccola nazione di circa sei milioni di persone, praticamente priva di esercito, si trovava a dover affrontare una delle superpotenze militari del mondo. In una situazione del genere, l'approccio non violento era, ad avviso del Dalai Lama, l'unico possibile.

In linea con la sua politica, durante gli anni cinquanta, egli fece diversi tentativi per avviare negoziati con i Cinesi. Il suo obiettivo era quello di arrivare ad una soluzione del conflitto che fosse accettabile ad entrambe le parti e basata su rispetto e tolleranza reciproci. Egli adoperò tutta l'autorità che gli derivava dalla sua posizione al fine di impedire l'uso di ogni forma di violenza da parte del popolo tibetano. La sua autorità fu determinante, poiché secondo la fede buddhista, piú che un "leader" nel senso tradizionale, egli è il simbolo dell'intera nazione. La sua persona assomma in sé gli attributi della divinità, il che spiega senza dubbio perché il popolo tibetano, nonostante le indegne atrocità e provocazioni subite, abbia rigorosamente obbedito alle sue direttive e si sia sempre astenuto dal ricorrere alla violenza.

Dal suo esilio in India il Dalai Lama porta avanti la sua lotta disarmata con instancabile pazienza. Egli può, a buon diritto intitolare la sua autobiografia *La mia vita ed il mio popolo*, poiché la vita del popolo tibetano è in verità la *sua* vita.

Ma a parte alcune deboli risoluzioni dell'O.N.U., adottate nel 1961 e nel 1965, la comunità internazionale si è distinta per il suo totale disinteresse nei confronti della questione tibetana. Durante gli anni sessanta e settanta, il Dalai Lama è stato considerato una figura patetica, appartenente ad un lontano passato: purtroppo, la sua filosofia di pace, estremamente bella e significativa, non ha trovato eco in questo mondo.

Nel corso degli anni ottanta, invece, la situazione ha avuto una svolta drammatica per cause ben precise. Quanto è accaduto e accade nel Tibet è diventato di pubblico dominio e la comunità delle nazioni ha cominciato a provare un senso di congiunta responsabilità per il futuro del popolo tibetano. Inoltre, le durissime prove e tribolazioni non sono riuscite a fiaccare lo spirito dei tibetani; al contrario, i loro sentimenti di orgoglio e identità nazionali si sono rafforzati e sono sfociati in imponenti manifestazioni. Qui in Norvegia, come in altre parti del mondo, è ormai chiaro a tutti che i problemi non possono essere risolti ricorrendo a spietate repressioni militari contro pacifici dimostranti. In Tibet, come altrove, i conflitti debbono essere risolti politicamente, mediante oneste trattative.

La politica di negoziazione del Dalai Lama ha ottenuto l'appoggio di diverse assemblee nazionali ed organismi internazionali, quali il Senato degli Stati Uniti, il Parlamento della Germania Federale, il Parlamento Europeo, il Congresso degli Stati Uniti, ottantasei membri del Parlamento Australiano e l'Assemblea Nazionale Svizzera. Si deve, inoltre, ricordare che il Dalai Lama è stato insignito di diversi premi internazionali ed onorificenze, a riconoscimento del suo lavoro ed a sostegno della sua causa.

Sembra ora che le cose comincino a muoversi nella direzione giusta e i risultati conseguiti si devono interamente alla coerente politica non violenta del Dalai Lama.

Per ragioni perfettamente comprensibili, la politica della non violenza è spesso considerata negativa, come incapacità di formulare una strategia adeguata, come mancanza di iniziativa, tendenza ad eludere il problema e ad adottare un atteggiamento passivo. Ma non è così: la politica della non violenza è in larghissima misura un precisa strategia di lotta. Essa richiede un'azione lineare e decisa, anche se condotta senza ricorrere alla forza. Coloro che l'adottano non si ritraggono di fronte alle difficoltà, bensì dimostrano un coraggio morale che, a conti fatti è superiore a quello di chi fa uso delle armi. Questo coraggio, unito ad un alto grado di autodisciplina, ha caratterizzato tutta l'opera del Dalai Lama. La sua politica della non violenza è stata meditata e decisa molto attentamente, come egli stesso ha ribadito nell'aprile dello scorso anno, dopo che una dimostrazione pacifica a Lhasa era stata stroncata nel sangue dalle truppe cinesi:

> Come ho spiegato in molte occasioni, la non violenza è per noi l'unica via possibile. Chiaramente, nel nostro caso, la violenza equivarrebbe al suicidio. Per tale motivo, che lo si voglia ammettere o no, la non violenza è l'unico e corretto approccio al nostro problema. Abbiamo solo bisogno di maggior pazienza e determinazione.

Nel 1987 il Dalai Lama ha presentato un piano di pace per il Tibet che prevede come punto essenziale, il riconoscimento del Tibet quale "zona di pace". Una proposta simile, sostanzialmente appoggiata anche dai cinesi, è stata avanzata anche per il Nepal. Il piano prevede inoltre la cessazione dell'immigrazione cinese in

Tibet, immigrazione che ha raggiunto proporzioni tali che i tibetani rischiano di diventare una minoranza nel loro paese. Non meno interessanti sono le misure per la salvaguardia del particolare ambiente naturale del Tibet. Il massiccio disboscamento delle foreste sulle pendici dell'Himalaya ha provocato una catastrofica erosione del suolo ed è una delle cause delle disastrose alluvioni verificatesi in India e in Bangladesh. Purtroppo, il piano di pace non è servito ad avviare negoziati con i cinesi, anche se le divergenze tra le due parti non sono particolarmente profonde.

La disponibilità del Dalai Lama a raggiungere un compromesso è stata espressa ancora piú chiaramente nel suo discorso al Parlamento Europeo il 15 giugno dello scorso anno. In quest'occasione il Dalai Lama si è dichiarato pronto ad abbandonare qualsiasi richiesta di piena indipendenza del Tibet. Egli ha ammesso che la Cina, come superpotenza asiatica, ha interessi strategici in Tibet e si è detto disposto ad accettare una presenza militare cinese, almeno fino a quando venga approvato un piano regionale di pace. Si è anche detto favorevole a lasciare ai cinesi la gestione della politica estera e della difesa. In cambio, dovrebbe essere riconosciuto ai tibetani il diritto alla piena autonomia interna. Nelle sue iniziative intese a promuovere la pace, il Dalai Lama ha dimostrato di non mirare al conseguimento di alcuna base di potere a spese altrui. Egli reclama niente di piú di quanto tutti, certamente anche i cinesi, riconoscono al suo popolo: il rispetto dei piú *elementari diritti umani*. In un mondo in cui il sospetto e l'aggressione hanno fin troppo a lungo caratterizzato le relazioni tra i popoli e le nazioni e dove la sola politica ritenuta valida è stata quella dell'uso della forza, si sta delineando un nuovo orientamento: l'ostinato ricorso alla violenza per la soluzione dei conflitti è la meno realistica delle soluzioni. Le armi moderne ne sono una prova.

Il mondo è diventato sempre piú piccolo. Popoli e nazioni sono diventati sempre piú interdipendenti. Nessuno può permettersi di guardare soltanto al proprio esclusivo interesse. È perciò necessario che la comunità internazionale affronti ogni problema, sia esso politico, economico o ecologico, con grande senso di responsabilità.

Alla luce di tali considerazioni, un numero sempre minore di persone dovrebbero essere indotte ad accantonare la filosofia del Dalai Lama, definendola utopistica; al contrario, sarebbe sempre piú giustificata l'asserzione che il vangelo della non violenza è il solo veramente realistico ed il piú promettente per il futuro. Questo vale non solo per il Tibet, ma per ogni altro conflitto. Le speranze future di milioni di persone oppresse sono oggi legate ai battaglioni disarmati, poiché essi "vinceranno" la pace; la giustizia delle loro istanze è ora cosí chiara, la forza morale della loro lotta cosí inarrestabile che solo temporaneamente potranno essere fermati dalla forza delle armi.

Nell'assegnare il Premio Nobel per la pace a S. S. il Dalai Lama noi affermiamo il nostro incondizionato sostegno sia al suo lavoro per la pace sia alle masse disarmate che in molti paesi si battono per la libertà, la pace e la dignità umana.

Oslo, 10 dicembre 1989

Intervento ufficiale del Dalai Lama in occasione del ricevimento di Premio Nobel per la Pace 1989

Quando, in diversi luoghi, mi capita di stare tra la gente, amo sempre ricordare che fondamentalmente siamo tutti uguali, siamo tutti esseri umani. Forse indossiamo abiti di foggia diversa, la nostra pelle non è dello stesso colore o parliamo lingue differenti, ma questi sono solo elementi esteriori: di fatto siamo gli stessi esseri umani. Questa è la caratteristica che ci lega gli uni agli altri e rende possibile non solo una comprensione reciproca ma anche la nascita di sentimenti di amicizia e di piú stretti legami tra i popoli.

Mentre pensavo a quello che avrei potuto dirvi oggi, ho deciso di farvi partecipi di alcune mie considerazioni riguardanti i problemi comuni che tutti dobbiamo affrontare in quanto membri della stessa famiglia umana. Tutti abitiamo questo piccolo pianeta chiamato Terra e, di conseguenza, dobbiamo imparare a vivere in pace ed armonia con gli altri e con la natura: non è soltanto un sogno, è una necessità. Innumerevoli fattori ci legano strettamente gli uni agli altri. Per questo motivo non è piú possibile vivere isolati ed ignorare cosa sta avvenendo al di fuori della nostra piccola comunità; al contrario dobbiamo aiutarci reciprocamente quando ci troviamo in difficoltà e gioire insieme nei momenti migliori. Mi rivolgo a voi come essere umano, come semplice monaco. Se vi sembra che le mie parole possano essere di qualche utilità, spero che cercherete di metterle in pratica.

Desidero anche esprimere il mio pensiero circa la sorte e le aspirazioni del popolo tibetano. La mia gente merita questo Premio Nobel per il coraggio e la costante determinazione mostrati nel corso di questi ultimi quarant'anni di occupazione straniera. Sento che, da libero portavoce, è mio dovere parlare a nome dei miei compatrioti, uomini e donne, da tempo privati della libertà. Ma nelle mie parole non vi è odio o risentimento nei confronti dei responsabili della profonda sofferenza della nostra gente e della distruzione della nostra terra, delle nostre case e della nostra cultura: anch'essi sono esseri umani che lottano per trovare la felicità e meritano quindi la nostra compassione. Parlo solo per informarvi della triste situazione che oggi affligge il mio paese e delle aspirazioni del mio popolo; la verità è infatti l'unica arma che possediamo nella battaglia per la riconquista della libertà.

Solo comprendendo che di fatto siamo tutti esseri umani ugualmente impegnati nel cercare la felicità e nell'evitare la sofferenza potremo sviluppare un sentimento di fratellanza universale e un profondo senso di amore e comprensione nei confronti degli altri. D'altra parte, questo tipo di sentimento è essenziale se vogliamo sopravvivere in questo mondo che sta diventando sempre più piccolo. Se infatti cercassimo di conseguire singolarmente quello che ci sembra il nostro interesse, senza preoccuparci delle necessità altrui, finiremmo col fare del male non solo agli altri ma anche a noi stessi. Tutto ciò è emerso chiaramente nel corso di questo ultimo secolo. Per esempio, sappiamo molto bene che scatenare una guerra nucleare equivarrebbe a un suicidio e che inquinando l'atmosfera e gli oceani al solo scopo di conseguire vantaggi immediati stiamo distruggendo i presupposti stessi della nostra sopravvivenza. Poiché gli individui e le nazioni stanno diventando sempre più interdipendenti, non possiamo far altro che cercare di sviluppare quello che chiamo "senso di responsabilità universale".

Oggi siamo veramente una famiglia globale. Quello che accade in una parte del mondo riguarda tutti e questo vale, naturalmente, non solo per i fatti negativi ma anche per quelli positivi. Grazie alla straordinaria tecnologia dei mezzi di comunicazione, non solo siamo in grado di conoscere ciò che accade in altri luoghi, ma ne siamo anche direttamente coinvolti. Proviamo un senso di profonda tristezza nell'apprendere che tanti bambini muoiono di fame nell'Africa orientale e siamo pervasi da una grande gioia nel sapere che a Berlino, dopo decenni di separazioni una famiglia ha potuto riunirsi grazie all'apertura del muro. Quando, in un paese situato anche a miglia e miglia di distanza, si verifica un incidente nucleare, i nostri raccolti e le nostre riserve alimentari sono contaminati e la nostra stessa salute e modo di vita sono minacciati. Allo stesso modo, quando in un continente lontano viene siglata la pace tra due paesi belligeranti, anche noi ci sentiamo piú sicuri.

Ma la guerra e la pace, la distruzione o la protezione della natura, la violazione o il rispetto dei diritti umani e delle libertà democratiche, la povertà o la ricchezza, l'assenza o la presenza di valori morali e spirituali nonché la loro diffusione, l'aumento o la diminuzione della comprensione tra gli uomini non sono fenomeni isolati che possano essere affrontati e analizzati gli uni indipendentemente dagli altri. In realtà, essi sono strettamente interconnessi ad ogni livello e come tali devono essere presi in considerazione.

La pace, intesa nel senso di assenza di guerra, è di poco significato per coloro che stanno morendo di fame e di freddo. Non elimina il dolore delle torture inflitte a chi è in carcere a causa delle sue idee, non è di conforto a quanti hanno perduto i loro cari in inondazioni causate da una deforestazione insensata operata in un paese vicino. La pace esiste solo là dove il popolo non soffre la fame e dove è garantita la libertà degli individui e delle nazioni. Una pace autentica con se stessi e con gli altri è possibile unicamente se vi è pace anche all'interno della nostra mente. Questo tipo di analisi vale per tutti gli altri fenomeni precedentemente menzionati. Ad esempio, possiamo constatare che un ambiente incontaminato, la ricchezza o la democrazia hanno poco significato in caso di guerra, soprattutto di guerra nucleare e il solo progresso materiale non è sufficiente a garantire la felicità degli errori umani.

Naturalmente questo tipo di progresso è importante. In Tibet abbiamo dato scarso rilievo allo sviluppo tecnologico ed economico e oggi ci rendiamo conto di avere sbagliato. Tuttavia il solo progresso materiale può causare seri problemi se non è accompagnato da un'adeguata crescita in campo spirituale. In alcuni paesi si attribuisce troppa importanza all'esteriorità e troppo poca alla ricerca interiore: credo che entrambe siano importanti e debbono essere coltivate insieme in modo equilibrato. I visitatori stranieri descrivono sempre i tibetani come un popolo felice e gioviale. Questo tratto, tipico della nostra gente, ha il suo fondamento in valori culturali e religiosi che danno grande importanza alla pace mentale ottenuta grazie alla pratica dell'amore e della gentilezza nei confronti di tutti gli esseri viventi, siano essi uomini o animali. La pace mentale è alla base di tutto: chi la possiede non può essere turbato dai problemi della vita di tutti i giorni. Questo stato mentale permette di affrontare ogni situazione con calma e razionalità unite ad una profonda sensazione di gioia. Questo aspetto è veramente molto importante. Anche se dal punto di vista materiale la vostra vita è molto confortevole, senza la pace interiore vi potrà capitare di sentirvi preoccupati, inquieti o infelici.

È quindi essenziale comprendere la stretta correlazione esistente tra ogni aspetto della realtà ed affrontare o tentare di risolvere ogni problema in modo equilibrato tenendo conto di tutti questi differenti aspetti. Naturalmente non è facile, ma non potremo trarre alcun vantaggio dalle nostre azioni se, nel tentativo di risolvere un problema, ne creeremo un altro di pari gravità. Non vi sono alternative: è nostro dovere sviluppare un senso di responsabilità generale, intesa non solo in senso geografico ma come un preciso impegno di tutti alla soluzione dei problemi che travagliano questo pianeta. Questo tipo di responsabilità non deve interessare soltanto i governanti dei nostri paesi o coloro che sono stati eletti o scelti per un particolare incarico: esso ci riguarda individualmente. La pace, per fare un esempio inizia all'interno di ognuno di noi. Se possediamo la pace interiore possiamo sentirci in pace anche con chi ci circonda. Se la nostra comunità vive in pace, può trasmettere la sua pace anche alle comunità vicine. L'amore e la gentilezza non solo fanno sentire amati e considerati coloro che ne sono oggetto, ma aiutano noi stessi a sviluppare un ulteriore senso di serenità e gioia interiore. Per accrescere in noi l'amore e la compassione abbiamo a disposizione vie diverse: per alcuni la via migliore è la propria religione, altri preferiscono strade differenti, l'importante è che ognuno compia uno sforzo sincero per sentirsi responsabile non solo nei confronti degli altri, ma anche nei confronti dell'ambiente naturale nel quale oggi viviamo con tanti problemi.

Mi sento molto incoraggiato di quanto sta avvenendo nel mondo. Grazie all'impegno di giovani di molti paesi, soprattutto del Nord Europa, i quali hanno ripetutamente chiesto la fine della pericolosa distruzione dell'ambiente operata in nome dello sviluppo economico, i leaders politici di tutto il mondo stanno ora compiendo alcuni passi significativi. Il rapporto presentato dalla Commissione Mondiale per lo Sviluppo e l'Ambiente (il rapporto Brundland) al Segretario Generale delle Nazioni Unite ha posto i governi di tutto il mondo di fronte all'urgenza del problema ambientale. Gli sforzi compiuti per riportare la pace in alcune zone minacciate dalla guerra e per riaffermare il diritto all'autodeterminazione di alcuni popoli si sono concretizzati nel ritiro delle truppe sovietiche dall'Afghanistan e nel riconoscimento dell'indipendenza della Namibia. Grazie alle ripetute e non violente richieste popolari si sono verificati alcuni incredibili cambiamenti che hanno portato numerosi paesi più vicini ad una vera democrazia, da Manila, nelle Filippine, a Berlino Est, in Germania. Terminato ormai il tempo della guerra fredda, ovunque la gente guarda al futuro con rinnovate speranze. Purtroppo lo scorso giugno, in Cina, il coraggioso tentativo del popolo di introdurre cambiamenti democratici nel paese è stato brutalmente represso ma il potere militare non è riuscito ad avere ragione del desiderio di libertà dei giovani cinesi. In particolare, mi ha fortemente impressionato il fatto che questi ragazzi, ai quali è stato insegnato che "il potere nasce dalla canna del fucile", abbiano invece scelto come arma la non violenza.

Questi positivi cambiamenti mostrano inequivocabilmente che, in ultima analisi, la ragione, il coraggio, la determinazione e l'inestinguibile desiderio di libertà sono vincenti. Nella lotta tra le forze della guerra, della violenza e dell'oppressione da una parte e della pace, della ragione e della libertà dall'altra, sono queste ultime ad avere la meglio. Questa constatazione dà a noi tibetani la speranza che un giorno, a nostra volta, riavremo la libertà.

Una grande speranza ci viene anche dal fatto che questo

Premio Nobel per la pace sia stato conferito qui in Norvegia, a me, semplice monaco proveniente dal lontano Tibet. Questo dimostra che, malgrado le nostre scelte siano sempre state non violente, non siamo stati dimenticati. Questo premio dimostra inoltre che i volori in cui crediamo, in particolare il rispetto per tutte le forme di vita e la nostra fede nella forza della verità, sono riconosciuti ed incoraggiati. È anche un tributo al mio ispiratore, il Mahatma Gandhi, la cui figura è di grande esempio per molti di noi. Il riconoscimento di quest'anno mostra chiaramente quanto sia diffuso il senso di responsabilità universale di cui ho parlato poc'anzi. La sincera preoccupazione espressa da molti, in questa parte del mondo, per le sofferenze del popolo tibetano, mi ha profondamente commosso. Questa preoccupazione è fonte di speranza non solo per noi Tibetani, ma per tutti i popoli oppressi.

Come sapete, il Tibet è da quarant'anni sotto l'occupazione straniera. Oggi, più di duecentocinquantamila soldati cinesi sono di stanza in Tibet e, secondo alcune fonti, le forze di occupazione ammonterebbero addirittura a mezzo milione uomini. Nel corso di tutti questi anni ai tibetani sono stati negati i più elementari diritti umani, compreso il diritto alla vita, alla libertà di movimento, di parola, di culto. Più di un sesto della popolazione del Tibet (su un totale di sei milioni di persone) è morto come risultato diretto dell'invasione e dell'occupazione cinese. Ancor prima dell'inizio della Rivoluzione Culturale molti monasteri, templi ed edifici storici del Tibet sono stati distrutti. Quello che è rimasto è stato distrutto durante la rivoluzione culturale. Non voglio soffermarmi su questo punto, peraltro ben documentato. È tuttavia importante capire che, sebbene dopo il 1979 le autorità di Pechino abbiano consentito la ricostruzione di parte di alcuni monasteri ed abbiano concesso altre limitate libertà, i diritti umani fondamentali del popolo tibetano sono ancora oggi sistematicamente violati, anzi, in questi ultimi mesi la situazione in Tibet, già molto critica, è ulteriormente peggiorata.

Senza il lavoro della nostra comunità in esilio, generosamente ospitata e assistita dal governo e dal popolo indiano ed aiutata da gruppi e singoli individui di tutto il mondo, la nazione tibetana sarebbe oggi ridotta a pochi superstiti sparsi nel mondo. La nostra cultura, religione e identità nazionale sarebbero stati veramente eliminati. Ma i profughi tibetani hanno costruito scuole e monasteri e dato vita ad istituzioni democratiche in grado di servire il popolo e di preservare le basi della nostra civiltà. Forti di questa esperienza, è nostra intenzione attuare in un futuro Tibet libero una vera democrazia. In quest'ottica, cerchiamo di organizzare le nostre comunità in esilio su basi moderne e, allo stesso tempo, lavoriamo per preservare la nostra identità culturale e dare speranza a milioni di compatrioti che vivono in Tibet.

Il problema che ora piú ci preoccupa è la massiccia immigrazione cinese in Tibet. Sebbene un considerevole numero di cinesi sia stato trasferito nelle regioni orientali del Tibet durante i primi decenni di occupazione (soprattutto nell'Amdo e nel Kham), dal 1983 un elevatissimo numero di cinesi sono stati incoraggiati dal loro governo a stabilirsi nel nostro paese, compresa la zona centrale ed occidentale che la Repubblica Popolare Cinese chiama "Regione Autonoma del Tibet". Nel volgere di pochi anni i tibetani sono diventati una insignificante minoranza all'interno del loro paese. Questa politica che minaccia la stessa sopravvivenza della nazione tibetana, della sua cultura e del suo patrimonio spirituale, può essere ancora arrestata ed invertita. Ma questo deve avvenire subito, prima che sia troppo tardi.

La nuova ondata di proteste e di violente repressioni iniziata in Tibet nel Settembre 1987 e culminata con l'imposizione della legge marziale a Lhasa nel Marzo 1989 è stata soprattutto una reazione alla massiccia presenza cinese. Secondo alcune informazioni pervenuteci, le proteste continuano, in modo pacifico, a Lhasa e in numerose località del Tibet malgrado le severe punizioni e i trattamenti inumani inflitti ai tibetani arrestati per aver manifestato il loro dissenso. Non si conosce esattamente il numero dei tibetani uccisi dalle forze di sicurezza durante le dimostrazioni del Marzo 1989 e il numero di coloro che sono morti in prigione; riteniamo tuttavia che ammonti a piú di duecento persone. Migliaia di tibetani sono stati fermati, arrestati e imprigionati, e la tortura è all'ordine del giorno.

Per cercare di migliorare questa situazione e per evitare ulteriori spargimenti di sangue, proposi quello che generalmente è conosciuto come "piano di pace in cinque punti" per il ritorno della pace ed il rispetto dei diritti umani in Tibet. Ho ulteriormente sviluppato questo piano in un discorso tenuto a Strasburgo nella primavera del 1988. Ritengo che esso possa costituire una base ragionevole e realistica sulla quale aprire negoziati con la Repubblica Popolare Cinese. Finora tuttavia i dirigenti cinesi non hanno voluto rispondere in modo costruttivo. Comunque, la brutale repressione del movimento democratico attuata lo scorso giugno in Cina mi ha ulteriormente convinto che qualsiasi proposta riguardante la soluzione del problema tibetano sarà presa in considerazione solo se troverà un adeguato sostegno in campo internazionale.

Nel "piano di pace in cinque punti" sono menzionati tutti i problemi di cui ho parlato nella prima parte di questo discorso. Esso auspica:

1. La trasformazione dell'intero Tibet, comprese le frontiere orientali del Kham e dell'Amdo, in una zona di Ahimsa (non violenza).

2. L'abbandono da parte della Cina della politica di trasferimento della popolazione.

3. Il rispetto dei diritti umani fondamentali e delle libertà democratiche del popolo tibetano.

4. Il ripristino e la salvaguardia dell'ambiente naturale del Tibet.

5. L'inizio di costruttivi negoziati sul futuro status del Tibet e sulle relazioni tra il popolo cinese e quello tibetano. Nel discorso di Strasburgo ho proposto la trasformazione del Tibet in una entità politica dotata di completa libertà di autogoverno.

Vorrei cogliere questa opportunità per spiegare il concetto di "zona di Ahimsa" o "santuario di pace", punto centrale del mio "piano di pace".

Sono convinto che esso è di estrema importanza non solo per il Tibet ma per la pace e la stabilità dell'intera Asia.

Io sogno che l'intero altopiano tibetano diventi, in futuro un luogo sicuro e libero dove gli esseri umani e la natura possano convivere in pacifico ed armonioso equilibrio. Dovrebbe essere un'oasi di tranquillità per tutti coloro che, in ogni parte del mondo, desiderano trovare la pace interiore lontano dalle tensioni e dagli affanni. Il Tibet potrebbe davvero diventare un centro attivo di promozione e diffusione della pace.

Gli elementi chiave di questa "zona di Ahimsa" dovrebbero essere i seguenti:

– Smilitarizzazione dell'intero altopiano tibetano.

– Divieto di fabbricare, sperimentare e immagazzinare armi nucleari e qualsiasi altro tipo di armamento.

– Trasformazione dell'altopiano tibetano nel piú grande parco naturale del mondo o della biosfera, attraverso le promulgazione di leggi severe per la protezione della flora e della fauna. Lo sfruttamento delle risorse naturali sarebbe rigorosamente controllato, al fine di evitare qualsiasi danno all'ecosistema; un'adeguata politica di sostegno verrebbe attuata nelle zone piú densamente popolate.

– Proibizione della produzione e dell'uso di energia nucleare e di altri ritrovati tecnologici che potrebbero provocare danni pericolosi.

La salvaguardia della pace e la protezione dell'ambiente sarebbero garantite da un'adeguata politica e da un corretto uso delle risorse naturali. Tutte le organizzazioni operanti a difesa della pace e dell'ambiente troverebbero ospitalità in Tibet.

- Sarebbe incoraggiata la creazione di organismi internazionali e regionali aventi come scopo la promozione e la difesa dei diritti umani.

L'altitudine e le dimensioni del territorio tibetano, grande quanto l'insieme dei paesi della Comunità Europea, nonché la sua peculiare storia ed eredità spirituale, rendono questa terra, strategicamente situata nel cuore dell'Asia, il luogo idealmente piú adatto a svolgere il ruolo di santuario di pace. Il Tibet continuerebbe inoltre a svolgere la sua funzione storica di pacifica nazione buddhista e di stato cuscinetto tra le piú grandi, e spesso rivali, nazioni asiatiche.

Per ridurre le tensioni esistenti in Asia, il Presidente

dell'Unione Sovietica, Gorbaciov, ha proposto la smilitarizzazione del confine russo-cinese e la sua trasformazione in una "frontiera di pace e di buon vicinato". Anche il governo nepalese, pur senza presentare alcun progetto di smilitarizzazione, ha proposto che il Nepal, situato nel cuore dell'Himalaya e confinante con il Tibet, sia trasformato in zona di pace.

Per garantire la stabilità del continente asiatico è essenziale creare alcune zone di pace tra le nazioni più grandi, da sempre potenzialmente avversarie. La proposta del Presidente Gorbaciov, che prevede anche il completo ritiro delle truppe sovietiche dalla Mongolia, potrebbe contribuire alla riduzione delle tensioni e prevenire eventuali scontri tra Unione Sovietica e Cina. Allo stesso modo, sarebbe auspicabile la creazione di una zona di vera pace anche tra i due stati più densamente popolati del mondo, la Cina e l'India.

La creazione della "zona di Ahimsa" comporterebbe il ritiro delle truppe e lo smantellamento delle installazioni militari in Tibet. Di conseguenza, anche l'India e il Nepal procederebbero alla smilitarizzazione della regione himalayana confinante con il Tibet. Questo passo, sancito da accordi internazionali, sarebbe di grande interesse per tutti gli stati dell'Asia ed in modo particolare per la Cina e per l'India poiché garantirebbe a questi paesi una maggiore sicurezza e, allo stesso tempo, permetterebbe loro di ridurre gli alti costi derivanti dal dislocamento di una grande concentrazione di truppe militari in zone così remote.

Il Tibet non sarebbe la prima zona strategica smilitarizzata. Anche alcune parti della penisola del Sinai e il territorio egiziano tra Israele e l'Egitto lo sono stati per qualche tempo. Naturalmente, il Costa Rica ne è il migliore esempio.

Il Tibet non sarebbe neppure il primo paese trasformato in riserva naturale o biosfera. In tutto il mondo sono stati creati grandi parchi naturali e alcune zone particolarmente importanti dal punto di vista strategico sono state trasformate in "parchi di pace". Due significativi esempi sono costituiti dal parco "La Amistad", lungo il confine tra Costa Rica e Panama e dal progetto "Si A Paz" lungo il confine tra Costa Rica e Nicaragua.

Nel corso della mia visita in Costa Rica, nel 1989, ho potuto constatare personalmente che un paese, anche senza esercito, può divenire uno stato democratico stabile, garante della pace e della protezione dell'ambiente naturale. Tutto questo conferma la mia convinzione sul futuro ruolo del Tibet: il Piano da me proposto è realistico, non è un semplice sogno.

Permettetemi di concludere ringraziando tutti voi e gli amici che non sono qui oggi. La preoccupazione e il sostegno da voi espressi nei confronti del popolo tibetano ci hanno molto commossi e ci incoraggiano a lottare per la libertà e la giustizia senza ricorrere alla violenza, ma con la sola forza della verità e della determinazione. Nel ringraziarvi e nel chiedervi di non dimenticare il mio paese in questo momento cruciale della sua storia, so di parlare a nome di tutti i tibetani. Anche noi speriamo di poter dare il nostro contributo per un mondo piú pacifico, piú umano, piú bello. Un futuro Tibet libero sarà al fianco di quanti nel mondo hanno bisogno di aiuto, proteggerà la natura, cercherà di promuovere la pace. Ritengo che la nostra capacità di unire alle doti spirituali una visione realistica e pratica, ci dia la possibilità di offrire al mondo un aiuto concreto, anche se modesto. Questa è la mia speranza e la mia preghiera.

Voglio terminare recitando con voi una preghiera che è fonte per me di grande ispirazione e determinazione:

> *Fino a che durerà lo spazio*
> *e fino a che vi saranno degli esseri umani*
> *fino ad allora possa io continuare ad esistere*
> *per alleviare le miserie del mondo.*

Oslo, 10 dicembre 1989

Il popolo tibetano è fra i più religiosi del mondo. Anche questo aspetto, trascurato dagli invasori cinesi, ha contribuito a rendere loro difficile ogni azione tendente a soggiogare ed a sottomettere il popolo che abita sul "Tetto del mondo".

Oltre 6.000 monasteri sono stati messi a ferro e fuoco dai cinesi durante l'invasione. Nella foto gli oggetti sacri danneggiati nel "Tempio bianco".

Le rovine del monastero Dungar.

I templi buddhisti, per il popolo tibetano, hanno lo stesso significato sacro delle chiese per i cristiani. Una delle divinità del tempio Gyantse, decapitata dalle "guardie rosse", che consideravano la pratica religiosa come un fatto borghese e di classe.

Il quattordicesimo Dalai Lama e l'invasione cino-comunista

Il 6 luglio 1935 a Takster nella provincia dell'Amdo, nacque Tenzin Gyatso, quattordicesimo Dalai Lama del Tibet. Questa zona, sebbene fosse popolata dai tibetani, all'epoca faceva parte del territorio a sovranità cinese. Gli antenati del quattordicesimo Dalai Lama erano originari del Tibet centrale e dalle ultime due generazioni un membro della famiglia occupava l'incarico di sindaco. I genitori erano contadini e, a tale proposito, nel suo libro da noi già citato egli ebbe a scrivere:

> Se fossi venuto al mondo in una famiglia ricca o nobile, non avrei potuto mai condividere realmente i sentimenti e le emozioni delle classi tibetane piú basse. Grazie invece alle mie umili origini, posso comprendere questi uomini e leggere i loro pensieri. Questo è pure il motivo per il quale soffro cosí intensamente con loro e per cui ho tentato di fare del mio meglio per rendere la loro sorte piú sopportabile in questa vita.

La madre del Dalai Lama mise al mondo sedici figli, di cui ben nove morirono in tenera età. Insieme al Dalai Lama sopravvissero due sorelle e quattro fratelli. Alla morte del tredicesimo Dalai Lama, avvenuta nel 1933, come di consueto gli affari di governo passarono nelle mani del reggente. Da questo momento cominciò la ricerca del quattordicesimo Dalai Lama, vale a dire della incarnazione del tredicesimo. Vennero consultati l'Oracolo di Netschung e numerosi Lama per scoprire in quale luogo si fosse recata la reincarnazione. A nord-est di Lhasa erano state avvistate strane formazioni di nuvole; dopo la sua morte, il corpo del tredicesimo Dalai Lama era stato posto a Norbulingka su un trono con il volto rivolto verso sud. Alcuni giorni dopo si notò che il suo viso si era girato verso est. Improvvisamente su un pilastro di legno sul lato nord-orientale dello scrigno apparve un fungo a forma di stella. Questi ed altri fenomeni indicavano la direzione nella quale bisognava cercare il nuovo Dalai Lama.

Nel 1935 il reggente si recò in pellegrinaggio sul lago sacro di Lhamoi a sud-est di Lhasa e là ebbe visione di tre segni grafici tibetani: *ah*, *ka* e *ma*, seguita dalla immagine di un monastero con tetti di colore verde giada e dorato insieme ad una casa dai mattoni color turchese. Nel 1936 Lama e dignitari vennero inviati in tutte le zone del Tibet per cercare il luogo che il reggente aveva visto nell'acqua del lago sacro. Coloro che erano andati verso est giunsero a Dokham e scroprirono i tetti verdi e dorati del monastero di Kumbum. A Taktser si imbatterono nella casa del quattordicesimo Dalai Lama che aveva i mattoni color turchese.

Il Lama del monastero di Sera che guidava il gruppo si travestí allora da servitore mentre a sua volta il servitore si travestí da Lama. Dopo aver fatto ingresso nella casa, il Lama, travestito da servo, si recò in cucina dove erano soliti stare i bambini e allorché il futuro Dalai Lama vide il rosario che quello portava con sé, glielo chiese e gli disse che lo aveva riconosciuto nonostante il travestimento. Quando il Lama chiese il nome della guida del gruppo, il bambino diede la risposta giusta e disse pure il nome del vero servitore. Il Lama di Sera rimase ad osservare il bambino per tutto il giorno, e il giorno seguente il futuro Dalai Lama dovette indicare tra alcuni oggetti, tra i quali certi erano piú riccamente adornati di altri, il rosario, il tamburo e il bastone del tredicesimo Dalai Lama. Non appena l'esperimento riuscí, i dignitari seppero con certezza di avere rinvenuto l'incarnazione. Le lettere che il reggente aveva visto nel lago sacro significano: ah = Amdo, la regione in cui si trova Taktser, ka = Kumbun (monastero di) ka e ma = monastero di Kama Rolpaj Dorje, sul monte al di sopra di Taktser.

Naturalmente i genitori avevano notato queste prove e pensavano che si trattasse di un semplice Lama incarnato nel loro figlio. Solo in seguito con loro grande stupore appresero la verità. Ora, tanto il governatore cinese quanto la città di Lhasa dovevano essere messi a conoscenza dei fatti. Fino al momento in cui le notizie cifrate giunsero a Lhasa passarono due anni. Cosí a lungo durarono pure le trattative con il governatore cinese, il quale per rendere pubblico il quattordicesimo Dalai Lama pretese dapprima una somma di 100.000 dollari cinesi ed in seguito ancora 300.000, denaro che poté essere raccolto tra molte difficoltà.

Nel giugno 1939 ebbe inizio il viaggio verso Lhasa, viaggio che durò tre mesi e tredici giorni. Il 14 gennaio 1940 ebbe luogo l'insediamento sul trono dei leoni.

Il nuovo Dalai Lama trascorse le stagioni fredde nel Potala e quelle calde nel Norbulingka senza avere la possibilità di muoversi liberamente, assistito da monaci e maestri religiosi, separato dalla sua famiglia che però ora aveva la possibilità di fargli visita nei suoi palazzi. Egli conseguí le piú alte dignità religiose. Durante il periodo della sua formazione mostrò grande interesse e predisposizione per la tecnica, scompose il suo orologio e lo rimontò di nuovo. Il già citato Heinrich Harrer fu suo maestro di inglese e gli rese familiari le conquiste e la mentalità occidentali. Vivendo praticamente isolato nella sua residenza, un giorno il Dalai Lama si costruí un cannocchiale per osservare da lontano la vita di Lhasa.

Già negli anni della gioventú cominciò a prendersi cura del suo paese. Non appena fu in grado, insediò un comitato di cinquanta membri, funzionari laici e religiosi, come pure deputati dei monasteri e una piccola commissione di riforma a carattere stabile, che doveva esaminare quali fossero i miglioramenti necessari e riferirne al grande comitato e, in ultimo, al Dalai Lama.

In primo luogo venne avviata la riforma fiscale. Fino ad allora il governo aveva stabilito l'ammontare delle imposte che ogni distretto doveva pagare, ma da tempi remotissimi le cose erano andate in modo tale che nel pagare le tasse, ogni autorità distrettuale aveva stabilito a proprio piacimento le somme da pagare per i cittadini e dal ricavato provvedeva pure alle proprie spese e agli stipendi. Il quattordicesimo Dalai Lama modificò radicalmente il sistema. Le autorità distrettuali dovettero aumentare l'imposta prescritta e versarla completamente nelle casse dello Stato. I funzionari furono stipendiati dallo Stato. Venne inoltre stabilito che i servizi (le corvée) ai quali i contadini erano obbligati dall'antichità e per i quali già il tredicesimo Dalai Lama aveva introdotto una ricompensa, non potessero essere pretesi senza l'autorizzazione del Kashag. Anche l'indennizzo venne aumentato.

In riferimento ai mutui o prestiti ai contadini, vennero introdotti dei miglioramenti. Mai fino ad allora erano stati varati dal governo provvedimenti per ottenere la restituzione dei prestiti e degli interessi e, in tal modo, gli importi dovuti erano saliti incommensurabilmente, mettendo i contadini nella condizione di non poter pagare. I contadini debitori vennero ripartiti in tre categorie: chi non era in grado di pagare né gli interessi né il capitale vide il proprio debito completamente condonato; altri erano in grado di pagare solo il capitale iniziale ma non gli interessi, e a rate; l'ultimo gruppo infine doveva pagare tanto gli interessi quanto il capitale, a rate. I contadini gradirono molto queste misure.

L'ultima riforma fu quella del sistema sociale. Fino ad allora le grandi proprietà fondiarie erano state lasciate in eredità alle famiglie nobili, a condizione che ogni famiglia di ogni generazione fornisse un erede e provvedesse al suo mantenimento. Il governo non aveva alcuna influenza sui rapporti di lavoro dei contadini. Il quattordicesimo Dalai Lama decise che la maggior parte delle proprietà fondiarie tornasse nelle mani dello Stato, che le famiglie alle quali un tempo erano state concesse in beneficio venissero risarcite e che i funzionari venissero stipendiati. Il terreno doveva essere ripartito tra i contadini che fino a quel momento lo avevano coltivato. In tal modo tutti costoro diventarono affittuari dello Stato, mentre l'amministrazione e la giustizia si unificavano, in modo da garantire che non vi fosse più alcun nobile a fungere da giudice sui suoi affittuari. Una riforma del genere stava per essere estesa anche alla proprietà dei monasteri, ma prima che avesse luogo si giunse allo scontro con i cino-comunisti.

Alcuni monaci avevano appreso, presumibilmente da antiche scritture, che "una grande potenza avrebbe portato la guerra dal nord del Tibet, che avrebbe distrutto la religione erigendosi a dominatrice del mondo". Il timore si riferiva alla Russia, la cui politica all'indomani della seconda guerra mondiale doveva creare preoccupazione anche in Tibet.

Ancora piú vicina della Russia era però la Cina, che nel 1948 si trovava nella fase finale della guerra civile e che, si prevedeva, dopo la vittoria dei comunisti, avrebbe tentato di intraprendere la rivoluzione mondiale e di occupare altri Paesi, cominciando dal Tibet.

A Lhasa, la gente continuava a vedere dei segni malefici: nascevano bestie deformi e la colonna di pietra ai piedi del Potala fu trovata un mattino per terra, a pezzi. Quando poi in un giorno di sole splendente iniziò a gocciolare acqua dalla bocca di uno dei draghi 'sputa-acqua' della cattedrale di Lhasa, tutta la capitale andò fuori di sé.

Il 15 agosto 1948, la Città santa fu colta dal terrore a causa di un forte terremoto. Di nuovo un segno malefico! Tutti erano impauriti per la faccenda della cometa: l'anno precedente infatti, si era visto in cielo brillare per giorni e notti una cometa. I vecchi si ricordavano che l'ultima volta che avevano visto una cometa, era scoppiata una guerra con la Cina.

Un giorno arrivò una lettera del fratello piú anziano del 14° Dalai Lama, abate del convento di Kumbum, che si trovava nel territorio sottostante alla sovranità della Cina rossa, poiché questa vi aveva preso il potere e tentava ora di influenzare a proprio favore il Dalai Lama, tramite il Taktser Rimpoche. La lettera annunciava la venuta del fratello. Allorquando i due fratelli si parlarono, s'intesero subito nel rifiuto dei cinesi.

Poco dopo giunse a Lhasa la notizia che i comunisti cinesi avevano convogliato le loro truppe alla frontiera orientale. Si radunò l'Assemblea nazionale e si decise di dirigere un appello urgente alle altre Nazioni, nella speranza di poter fermare in tempo i cinesi con questa misura diplomatica. Vennero incaricate quattro delegazioni, con lo scopo di cercare aiuto rispettivamente in Inghilterra, negli Stati Uniti, in India e nel Nepal.

Prima che partissero le delegazioni, i quattro Paesi vennero informati sia della palese minaccia dell'indipendenza del Tibet che dell'intenzione del governo tibetano d'inviare delle delegazioni. Le risposte a questi telegrammi furono scoraggianti. I britannici assicuravano la loro partecipazione piú calda, ma dichiaravano di non poter essere d'aiuto al Tibet, a causa della sua posizione geografica. Gli Stati Uniti d'America risposero nello stesso tono, rifiutandosi addirittura di accogliere la delegazione tibetana. Anche il governo indiano dichiarò di non essere in grado di portare aiuto militare al Tibet e consigliò di non opporre resistenza armata, ma di avviare trattative per una soluzione pacifica.

Fu cosí che il Tibet si trovò completamente abbandonato a se stesso. In questa situazione di pericolo apparvero a Lhasa grandi manifesti, nei quali si chiedeva che il Dalai Lama venisse dichiarato maggiorenne. I tibetani speravano in tal modo di porre fine alla economia delle lobbies dei reggenti, alla loro venalità e corruzione e di rafforzare la solidarietà del popolo schierato intorno al suo capo. Il Dalai Lama però sentiva di essere ancora troppo giovane.

Il 7 ottobre 1950, senza alcuna dichiarazione di guerra, i cinesi attaccarono il Tibet in sei luoghi contemporaneamente. Cominciarono i primi combattimenti. A Lhasa la notizia giunse solo dopo dieci giorni e, mentre i primi patrioti morivano per la libertà del loro paese, a Lhasa si celebravano ancora feste e si attendeva un miracolo. Il governo, all'arrivo delle brutte notizie, convocò gli oracoli piú famosi del paese. A Norbulingka si ebbero delle scene drammatiche; gli anziani abati e i ministri supplicarono gli oracoli per ottenere il loro sostegno nella difficoltà del momento. Alla presenza del Dalai Lama gli anziani si gettarono ai piedi dei monaci incaricati delle profezie e li supplicarono di indicare solo questa volta la giusta via. Giunto al culmine dello stato di "trance", l'Oracolo di Stato si impennò improvvisamente e cadde ai piedi del Dalai Lama gridando "Fatelo re!" Anche le profezie degli altri oracoli si espressero allo stesso modo e cosí il Kashag invitò il Dalai Lama, che aveva solo sedici anni, ad assumere la guida del governo. Pur essendo in un primo momento incerto, allorché l'assemblea nazionale rinnovò la preghiera, egli comprese che in un momento cosí grave non poteva sottrarsi alla responsabilità. Con una cerimonia solenne organizzata secondo le tradizioni, gli vennero affidati i supremi poteri.

Nel frattempo le truppe cino-comuniste erano penetrate già centinaia di chilometri all'interno del paese e di fronte alla loro superiorità ogni resistenza finí per fallire; presto i comunisti avrebbero raggiunto la capitale.

Nel supremo bisogno, l'assemblea indirizzò alle Nazioni Unite una petizione con la richiesta di aiuto contro gli aggressori. Le armate rosse popolari sostenevano che il loro intervento era dovuto alla necessità di eliminare dal Tibet l'influenza imperialista, ma come già spiegato, da secoli e anche in quello stesso periodo, il paese era totalmente distaccato dal resto del mondo, pacifico, dedito unicamente alla vita religiosa e chiuso a qualsiasi tipo di influenza da parte dei paesi imperialisti. Il pretesto per l'aggressione era stato scelto assai male, ma questo non impedí che anche la petizione alle Nazioni Unite venisse respinta. L'ONU infatti si limitò ad esprimere la speranza che il Tibet e la Cina avrebbero potuto trovare presto un accordo.

Anche se le notizie a proposito di fatti eroici erano sempre piú frequenti, nel complesso l'esercito tibetano veniva sconfitto. Ci si preparava alla resa. Ci si ricordò di come la situazione fosse migliorata dopo la fuga del Tredicesimo Dalai Lama e, come in tutte le situazioni difficili, venne interrogato l'oracolo di Netschung. Alla presenza del Dalai Lama e del reggente vennero impastate due palle di farina di orzo e furono poste su una bilancia d'oro al fine di fargli raggiungere lo stesso peso. Due bigliettini con un sí e con un no vennero arrotolati intorno alle due palle che vennero gettate in un boccale dorato. Il calice venne premuto nelle mani dell'Oracolo di Stato che nel frattempo, in stato di *trance*, continuava la sua danza. Questi fece ruotare il recipiente sempre piú velocemente fino a quando una delle due palle cadde a terra. Essa conteneva il sí e fu cosí provato che anche gli dei erano a favore della fuga. Anche il Kashag si espresse nella stessa maniera. Controvoglia il quattordicesimo Dalai Lama si decise alla fuga a Dromo (Yatung) vicino al confine indiano. Venne inviato in quel luogo anche una parte del tesoro dello Stato. Prima di partire il Dalai Lama nominò due ministri, un alto funzionario di nome Losang Tashi, un monaco, ed un vecchio esperto amministratore laico di nome Lokhangwa.

Poiché, né le nazioni cui si era fatto ricorso volevano organizzare aiuti, né l'ONU voleva promuovere un dibattito sulla questione tibetana, al Dalai Lama non restò altro da fare che avviare trattative con la Cina. I cino-comunisti facevano pressioni perché tornasse a Lhasa, convinti come erano che in tal modo anche i tibetani non avrebbero piú avuto ragione di ribellarsi al loro dominio. Il Dalai Lama si decise ad inviare ai cino-comunisti una delegazione di cinque funzionari incaricati di avviare le trattative. All'inizio del 1951 la delegazione fece il suo ingresso a Pechino. I cinesi prospettarono alla delegazione tibetana una proposta di trattato con dieci punti. I tibetani reclamavano la loro indipendenza, ma i cinesi abbozzarono un accordo composto da diciassette articoli e lo presentarono come ultima possibilità. Non c'era piú da discutere. I delegati tibetani vennero minacciati personalmente, vennero paventate ulteriori sanzioni militari e venne loro proibito di assumere istruzioni presso il loro governo. Nella impossibilità di ricevere direttive, la delegazione tibetana si piegò alla prepotenza e sottoscrisse il documento. Finché poté, però, fece resistenza, cercando di evitare di apporre il sigillo che solo avrebbe potuto conferirgli validità. Per tutta risposta i cinesi lo falsificarono e costrinsero la delegazione a vidimare il documento. Eccone il testo integrale:

1. Il popolo tibetano si dovrà unire e scacciare gli aggressori imperialisti dal Tibet; il popolo tibetano dovrà ritornare nella grande famiglia multietnica della madre-patria – la Repubblica Popolare di Cina.

2. Il governo locale del Tibet dovrà sostenere attivamente "l'armata di liberazione del popolo" nell'occupazione del Tibet e rafforzare la difesa nazionale.

3. In conformità alla politica nei confronti delle etnie come è stabilito nel "Programma Generale" della Conferenza Consulente Politica del Popolo Cinese (CCPPC), il popolo tibetano ha diritto all'esercizio dell'autonomia nazionale regionale sotto la guida unita del Governo Centrale del Popolo.

4. Le autorità centrali lasceranno immutato il sistema politico esistente nel Tibet. Le autorità centrali inoltre non toccheranno lo stato, le funzioni ed i poteri attuali del Dalai Lama. I funzionari dei diversi gradi gerarchici dovranno esercitare le proprie funzioni come finora.

5. Lo stato, le funzioni ed i poteri attuali del Panchen Erdeni dovranno essere mantenuti.

6. Per stato, funzioni e potere attuali del Dalai Lama e del Panchen Erdeni s'intendono lo stato, le funzioni ed i poteri del XIII° Dalai Lama e del IX° Panchen Erdeni, al tempo che tra di loro sussistevano rapporti amichevoli e pacifici.

7. La politica della libertà religiosa come viene sancita nel "Programma Generale" della Conferenza Consulente Politica del Popolo Cinese (CCPPC) dovrà avere effetto. La religione, gli usi e costumi del popolo tibetano dovranno essere rispettati ed i conventi dei Lama dovranno essere tutelati. Le autorità centrali dovranno lasciare immutati le fonti d'introito dei conventi.

8. Le forze armate tibetane verranno integrate passo per passo nell'armata di liberazione del popolo e diverranno parte delle forze nazionali di difesa della Reppublica Popolare di Cina.

9. La lingua scritta e parlata nonché le strutture scolastiche dell'etnia tibetana dovranno essere sviluppate passo per passo in conformità alle condizioni odierne nel Tibet.

10. L'agricoltura, l'allevamento, l'industria ed il commercio tibetani dovranno essere sviluppati passo per passo ed il livello di vita del popolo dovrà essere migliorato passo per passo, in conformità alle condizioni odierne del Tibet.

11. Riguardo a diverse riforme nel Tibet, le autorità centrali non eserciteranno nessuna costrizione. Rimarrà a discrezione del governo locale nel Tibet di attuare autonomamente delle riforme e se nel popolo si manifesteranno dei desideri di riforma, questi dovranno essere esauditi dopo aver consultato le persone autorevoli nel Tibet.

12. Per quanto riguarda i funzionari che in precedenza inclinavano verso l'imperialismo ed il Kuomintang, ma che hanno ora rotto tutti i rapporti con le forze imperialiste ed il Kuomintang, e non eserciteranno sabotaggio né opporranno resistenza, essi potranno rimanere nelle loro funzioni nonostante il loro passato.

13. L'armata di liberazione del popolo che entrerà nel Tibet osserverà le direttive politiche sopraccitate, si comporterà per bene in ogni caso di compravendita e non prenderà assolutamente niente con la forza – né ago né filo – alla popolazione.

14. Il Governo Centrale del Popolo dovrà gestire gli affari esteri del territorio del Tibet in modo uniforme. Con i Paesi vicini si stabilirà una coesistenza pacifica e sulla base della parità, del reciproco profitto e del reciproco rispetto delle frontiere e della sovranità verranno istaurati e sviluppati rapporti economici e commerciali leali.

15. Per assicurare l'attuazione pratica di questo trattato, il Governo Centrale del Popolo dovrà creare un comitato militare ed amministrativo nonché un quartiere generale nel Tibet. Oltre alle persone inviate dal Governo Centrale del Popolo dovrà essere chiamato a collaborare ed impiegato tanto personale indigeno tibetano quanto possibile.

16. Al personale indigeno tibetano, che collabora nel comitato militare ed amministrativo, possono appartenere delle forze patriottiche del Governo locale del Tibet di diverse zone e di conventi primeggianti; la lista dei nomi dovrà essere stabilita su consultazione tra gli incaricati del Governo Centrale del Popolo e le diverse autorità interessate e dovrà essere presentata al Governo Centrale del Popolo per l'approvazione.

17. I costi del Comitato Militare Amministrativo, il quartiere generale e l'armata di liberazione del popolo entrante nel Tibet vengono sostenuti dal Governo Centrale del Popolo. Il governo locale del Tibet aiuterà l'armata di liberazione del popolo nell'acquisto e nel trasporto di viveri, mangime ed altre cose del fabbisogno quotidiano.

18. Questo trattato entra in vigore subito dopo che siano state apposte le firme ed i sigilli ai documenti.

Sottoscritto e sigillato dai delegati autorizzati del Governo Centrale del Popolo: Delegato Capo Li Wei-han (Presidente della Commissione per gli Affari delle Nazionalità); Delegati: Chang Ching-wu, Chang Kuo-hua, Sun Chih-yuan.

Delegati autorizzati del governo nazionale del Tibet: Delegato Capo: Kaloon Ngabou Ngawang Jigme (Ngabo Shape); Delegati: Dazasak Khemey Sonam Wangdi, Khentrung Thupten Tenthar, Khenchung Thupten Lekmuun, Rimshi Samposey Tenzin Thundup. *

Per quanto l'accordo fosse un vero e proprio diktat e accantonasse la sovranità del Tibet, in esso tuttavia erano presenti alcune garanzie.

Ben presto però i cino-comunisti violarono quasi ogni articolo dell'accordo.

Non appena l'intesa fu firmata, il governo di Pechino inviò a Lhasa il generale Chang Chin-wu come suo rappresentante. Dato

---

* Da: H. E. RICHARDSON, *Tibet. Storia e destino*, Francoforte/Berlino 1964.

che questi, per recarsi in Tibet, passò attraverso l'India attraverso Dromo Yatung, la città dove si era rifugiato il Dalai Lama, lí ebbe luogo il loro primo incontro. A tale proposito il Dalai Lama scrisse:

> Mentre era ancora lontano, guardai dalla finestra perché volevo sapere quale aspetto avesse. Ciò che vidi furono tre uomini in giacca grigia e berretti a punta; accanto ai miei funzionari con i loro abiti pregiati di colore rosso e oro, essi apparivano monotoni e insignificanti. Allora non potevo supporre la tetra monotonia nella quale la Cina avrebbe finito per spingerci, ma la mia impressione che questo generale fosse insignificante era solo un'illusione.

Nell'estate del 1951 il Dalai Lama ritornò a Lhasa nel Norbulingka e i cinesi cominciarono a mettere in pratica gli accordi. Il Tibet orientale rimase occupato e a Lhasa vennero a stabilirsi 16.000 soldati cino-comunisti. Questi espropriarono terreni per i loro accampamenti e sotto il peso delle loro richieste di cibo e di vettovagliamento la debole economia tibetana non resse. Tutti i soldati dovevano essere nutriti con le magre risorse del paese. Improvvisamente, il prezzo del grano salí di dieci volte, quello del burro di nove, per i generi di consumo generale il prezzo salí di due o tre volte. Per la prima volta a memoria d'uomo, Lhasa si trovava ai margini di una terribile carestia. Fame e miseria sono le caratteristiche principali che accompagnano ogni presa del potere dei comunisti. Nella fornitura del vettovagliamento, i generali cinesi parlavano di un prestito il cui controvalore avrebbe dovuto essere investito nello sviluppo industriale del paese. Una promessa questa destinata a non essere mai soddisfatta. Il sequestro di case e la pretesa di approvvigionamenti costituivano una aperta violazione degli articoli 13, 16 e 17 dell'accordo. Il popolo cominciava a mostrare i primi segni della collera. Si cominciavano ad udire insulti da parte dei bambini che pure cominciavano a lanciare sassi contro i soldati comunisti cinesi. Un altro duro colpo contro i sentimenti religiosi dei tibetani e un'altra violazione degli accordi, fu il rogo di animali morti all'interno della città santa di Lhasa. Il generale Chang Chin-wu si rifiutava di indagare sui motivi della ostilità della popolazione, ma si lagnava del fatto che per le strade venissero indirizzati ai soldati canti di scherno e di ingiuria. Egli pretendeva che Lokhangwa vietasse semplicemente il cantare per le strade. Il Premier scrisse l'ordine in una forma piú dignitosa e lo emanò. Poco dopo, i cinesi pretesero che venissero vietati gli assembramenti per evitare le critiche che quotidianamente erano mosse nelle assemblee pubbliche alle autorità cinesi. Sebbene in virtú dell'art. 4 dell'accordo il sistema politico tibetano non potesse essere soggetto a mutamenti, i cinesi cominciarono a limitare la libertà d'espressione. Un altro motivo di tensione fu costituito dalla pretesa del generale Chang Chin-wu di inviare le truppe tibetane ad addestrarsi nei campi militari cinesi di Lhasa. Allorché Lokhangwa oppose un rifiuto, il generale esigette che su tutti gli accampamenti tibetani venisse issata la bandiera cinese. Il Premier chiarí che era un controsenso pretendere dai tibetani relazioni amichevoli quando poi non si perdeva occasione per ferire il loro orgoglio nazionale e minacciare la integrità del paese. E aggiunse ancora a voce: "Se si colpisce un uomo sulla testa rompendogli il cranio, difficilmente si potrà pretendere da lui gentilezza ed amicizia". Queste prese di posizione finirono per irritare i cinesi e, su loro pressione, il Dalai Lama dovette licenziare il primo ministro.

Già a quel tempo si pose al Dalai Lama il dilemma se dovesse o no chiamare il suo popolo a riscattare la libertà con la forza. Poiché la lotta appariva priva di prospettive, essa rappresentava ai suoi occhi un vero e proprio suicidio. A ciò si aggiungevano poi le sue convinzioni religiose. Scrive nel suo libro: "La resistenza armata non solo non era praticabile, ma era anche contraria alla morale. La non violenza era l'unica via morale". Il Dalai Lama conservò ancora a lungo questa convinzione nel suo esilio indiano.

Per far cambiare opinione ai tibetani, i cinesi avanzarono al Kashag la proposta di inviare in Cina una delegazione di funzionari, monaci, commercianti e altra gente perché constatasse di persona come nella repubblica popolare cinese vigesse la massima libertà religiosa. I tibetani accettarono la proposta e scelsero i membri della delegazione. Dal rapporto che questa presentò al suo ritorno, apparve chiaramente che esso era stato formulato secondo le direttive dei cinesi.

Il Dalai Lama venne invitato a recarsi a Pechino all'assemblea nazionale.

Il Tibet aveva ricevuto dieci posti nell'assemblea nazionale. I rappresentanti cinesi erano stati, per cosí dire, eletti. Il Dalai Lama venne pregato di procedere alla nomina dei membri tibetani. Il governo cinese desiderava che fosse il Dalai Lama a guidare la delegazione. Egli accettò questa proposta e nel 1954 si recò a Pechino. Durante il viaggio notò che i cinesi avevano costruito numerose strade strategiche. La costruzione di queste strade aveva accresciuto tra i tibetani l'insoddisfazione e il malcontento, perché molti operai erano stati costretti a lavorare dato che nessuno era disposto a collaborare volontariamente. La paga poi era stata molto bassa. Il territorio era stato espropriato senza alcun risarcimento, in violazione dell'articolo 13 dell'accordo. Il Dalai Lama, acclamato da una massa di studenti e di membri delle organizzazioni giovanili cinesi, cosí descriveva nel suo libro l'impressione ricevuta da questa accoglienza:

> Avevo però un cattivo presentimento: questi uomini che pure ci accoglievano con tanta cordialità, ugualmente ci avrebbero rimproverato aspramente. Era solo necessario dir loro ciò che dovevamo fare. Ricordavo la storia della visita di un funzionario cinese in una città tibetana. Gli abitanti, accorsi in massa, applaudivano in modo frenetico. Molto rallegrato dall'accoglienza, egli domandò ad uno di essi se fossero felici sotto il nuovo regime. "Si, molto felici" – era stata la risposta – "Tutto è eccellente. Solo questa tassa non ci piace". "Nuove tasse?" "Sí, la tassa dell'applauso. Ogni volta che viene uno di voi, dobbiamo tutti accorrere ad applaudire". Se si pensa a tutte le tasse che erano state introdotte in Tibet per lavori piú o meno graditi, questa storia potrebbe essere anche vera.

Circa le trattative con i cinesi, il Dalai Lama riferisce che durante gli interminabili discorsi nessuno stava ad ascoltare. Un alto membro del partito, infine, riferí l'opinione ufficiale ed il presidente la accettò senza ulteriore discussione. A proposito del suo soggiorno in Cina il Dalai Lama ebbe a scrivere:

> Questa fu l'impressione generale che rimase in me del soggiorno di quasi un anno in Cina: produttività e progresso materiale,

ma tutt'intorno la grigia nebbia del livellamento e della uniformità, che contrastavano con la tradizionale magia e con la gentilezza dell'antica Cina. Questa uniformità mitiga la terribile forza del comunismo ed io, del resto, non riuscivo a credere che i cinesi sarebbero stati capaci di sottoporre i tibetani ad una tale schiavitú dello spirito. Fede, umore e individualità sono per il nostro popolo il respiro vitale e nessuno cambierebbe volontariamente questi tre valori con il progresso materiale, anche se il cambio non dovesse comportare la sottomissione di un altro popolo.

A Pechino il Dalai Lama ebbe lunghi colloqui con Zhou Enlai e Mao Tsetung. Questi gli disse che era dispiaciuto del fatto che alcuni responsabili cinesi in Tibet non si comportassero bene. Il Dalai Lama credette alla buona fede di Mao Tsetung e durante l'esilio in India rimase della convinzione che non fosse stato Mao ad ordinare le misure repressive.

Mao Tsetung annunciò la costituzione di un "Comitato per la preparazione del territorio tibetano autonomo", del quale avrebbero fatto parte 51 componenti, tutti tibetani ad eccezione di 5.

Nel frattempo i cinesi avevano inasprito la collettivizzazione nel paese della economia agricola, irritando i contadini. Essi avevano poi aizzato alcuni scontenti e nell'autunno 1955 organizzarono dei processi pubblici contro i proprietari terrieri tibetani. Portati davanti al tribunale, questi vennero trattati come criminali ed offesi dal popolo. Questo provvedimento trasgrediva gli articoli 4 e 11 dell'accordo. Ai sobillatori venne promesso che essi avrebbero ricevuto tutta la terra, ma per loro doveva esserci un brutto risveglio, in quanto i terreni migliori tra quelli espropriati furono riservati ai coloni cinesi e alle famiglie dei soldati.

Intanto erano state istituite in Tibet alcune "scuole delle nazionalità" per educare i bambini al comunismo. I bambini tibetani non volevano assimilare la concezione materialista e cosí l'iniziativa finí nel nulla. La conseguenza fu che i cinesi decisero di togliere ai genitori i bambini appena nati per mandarli in Cina, nella speranza di farli crescere secondo i principi comunisti. Il successo di tale iniziativa rimase in dubbio e comunque queste misure trasgredivano in maniera grave l'articolo 7 dell'accordo.

Durante il suo ritorno da Pechino, il Dalai Lama attraversò il distretto di Chamdo dove aveva avuto inizio l'invasione e dove i cinesi avevano insediato il comitato di liberazione "Chamdo" che avrebbe dovuto collaborare in seguito con lui. Anche se in esso erano presenti alcuni membri tibetani, tutto il potere era nelle mani dei funzionari cinesi. In questo distretto vivevano i Khampas, per i quali la cosa più importante era il fucile che possedevano. Quando i cinesi ordinarono la consegna di tutte le armi, i Khampas si decisero alla resistenza. Il Dalai Lama tentò di calmare la popolazione, rinviando ogni decisione alla attività del comitato preparatorio. I Khampas comunque formarono bande di guerriglieri, capeggiati dal quarantaquattrenne Andrutshang, diventato in seguito l'eroe della resistenza. Prima di tutto, i Khampas attaccarono i posti di guardia cinesi per procurarsi armi e munizioni; in tre mesi diventarono molte centinaia. I cino-comunisti risposero con il bombardamento di Tschating, Batang e Tranko e con la distruzione di alcuni monasteri. Furono poi bombardate Tschekundo e Litang, due città sospettate di sostenere i Khampas.

Nel 1956 si insediò il comitato preparatorio che elaborò una costituzione accettabile priva di qualunque traccia di comunismo. Quando però si conobbe la composizione del comitato, tutte le speranze svanirono. Anche se venti membri erano tibetani, essi appartenevano al comitato di liberazione "Chamdo" e al comitato costituito dai comunisti nel distretto occidentale del Panchen Rimpoche. Entrambe erano creature cinesi. A ciò si aggiungevano inoltre cinque membri cinesi. Nella pratica poi, però, fu un altro organismo a stabilire le linee di azione politica: il comitato del Partito Comunista Cinese in Tibet del quale non facevano parte i tibetani. Per quanto fosse il presidente del comitato, il Dalai Lama non poteva fare granché. Allorché il comitato cominciò ad insediare i suo uffici, la popolazione si rese conto di cosa l'aspettasse. La reazione non fu una sorpresa. A Lhasa ebbe luogo una pubblica riunione di protesta nella quale venne abbozzata una risoluzione in cui si rifiutava il "comitato di preparazione". I cinesi pretesero nuovamente che le assemblee venissero vietate e, contro voglia, il Dalai Lama sottoscrisse questa disposizione.

Nel 1956, durante la festa di Monlam, lo scontento e l'amarezza nei confronti dei cinesi aveva pervaso ormai tutti i ceti della popolazione. Apparvero personalità politiche spontaneamente scelte dal popolo. Questo e i suoi capi volevano cacciare i cinesi, ma il Dalai Lama si oppose alla loro volontà di ricorrere alla forza. Per evitare loro conseguenze piú gravi, tre dei capi vennero fatti arrestare per ordine del governo tibetano.

A Chamdo intanto i cino-comunisti convocarono un'assemblea di 350 dirigenti tibetani per deliberare in qual modo sarebbero dovute essere introdotte le "riforme". Le discussioni si protrassero per giorni interi e, alla fine, circa cento membri dell'assemblea votarono per le riforme, a condizione che il Dalai Lama e il resto del paese fossero d'accordo. In quaranta si pronunciarono per una immediata realizzazione, ma duecento si schierarono contro. I cinesi annunciarono che le riforme sarebbero state introdotte in un tempo adeguato. Quattro settimane dopo convocarono a Jomdha Dzong una assemblea, circondata dai soldati, e in essa dichiararono che le "riforme democratiche sarebbero dovute essere realizzate immediatamente. I funzionari là convenuti sarebbero stati istruiti in proposito. Dopo che questi furono d'accordo vennero allontanate le sentinelle. Durante la notte però i funzionari fuggirono – erano piú di duecento – e raggiunsero le bande della guerriglia.

In occasione del duemilacinquecentesimo anniversario della nascita del Buddha, il Dalai Lama venne invitato a recarsi in India. A prezzo di molte umiliazioni ricevette il permesso di recarsi nel paese vicino. In India ebbe occasione di parlare con Nehru, che però non gli promise né un appoggio militare, né un sostegno diplomatico. Disperato e stanco di una lotta senza prospettive, il Dalai Lama pensò seriamente di trattenersi in India e di dedicarsi unicamente alla vita religiosa. I cinesi lo invitarono a tornare a Lhasa, ricordandogli il proverbio "Il leone delle nevi appare dignitoso se resta nella sua grotta, se invece scende a valle viene trattato come un cane". Cosí egli decise di tornare in Tibet. I cinesi con molto buon gusto avevano innalzato alla frontiera accanto alle piccole bandiere di preghiera le rosse insegne della

La presenza militare in Tibet è un segreto, ma viene calcolata sui trecentomila soldati. I tibetani vengono obbligati a servire nella cosiddetta "Armata popolare di liberazione" o nella "Milizia popolare", interamente controllata dai comunisti. Alcune donne tibetane, costrette ad imparare l'uso delle armi.

Dimostrazioni di protesta a Nuova Delhi contro la riprese dei colloqui fra Cina ed India.

Soldati del "corpo di occupazione cinese" per le vie di Lhasa.

I Mig-21 di costruzione cinese, ricoperti da speciali involucri di stoffa, ripresi all'aeroporto di Gongga, oltre a vigilare sul Tibet, hanno il compito di controllare la contesa frontiera con l'India.

Un dimostrante tibetano lancia pietre contro la stazione di polizia in fiamme a Lhasa.

Dichiarazione di Bonn
sulla situazione nel Tibet

Hearing Internazionale "Tibet e diritti dell'uomo"
Bonn, 21 aprile 1989

Noi, partecipanti dell'hearing internazionale 'Tibet e diritti dell'uomo' siamo convenuti da tutte le parti del mondo per ascoltare le esperienze e le opinioni di profughi tibetani, di scienziati, di testimoni oculari, di parlamentari e di persone colpite. Sono stati toccati tutti gli aspetti della questione tibetana.

Noi condanniamo l'occupazione illegale del Tibet, tuttora in atto, nonché le gravi e sistematiche violazioni dei diritti dell'uomo, la distruzione dell'ambiente e la massiccia presenza militare.

Noi chiediamo che la Repubblica Popolare Cinese abolisca subito la legge marziale e rimetta in libertà tutti i tibetani che sono stati incarcerati per essersi battuti in favore della libertà e dei diritti dell'uomo.

Ribadiamo ancora una volta il diritto inalienabile alla libertà del popolo tibetano. Chiediamo che la Repubblica Popolare Cinese rispetti i diritti del popolo tibetano, affinché detto popolo possa determinare autonomamente il proprio futuro, libero dalle influenze di Stati stranieri, secondo quanto previsto dalla risoluzione dell'ONU no. 1723 del 1961, riconoscendo ai tibetani il diritto di partecipare ad organizzazioni indipendenti, internazionali, che si occupano dei diritti dell'uomo, nonché il libero accesso alla stampa.

Noi appoggiamo fervidamente i cinque punti del piano di pace di Sua Santità il Dalai Lama.

Chiediamo che la Repubblica Popolare Cinese assuma serie trattative con i rappresentanti di Sua Santità il Dalai Lama.

Facciamo appello a politici influenti ed a tutte le persone di buona volontà, affinché venga intrapreso ogni sforzo per appoggiare gli obiettivi del popolo tibetano.

Noi, partecipanti di quest'hearing, confermiamo la nostra intenzione di attirare l'attenzione pubblica su tale risoluzione, di invitare parlamentari e governi ad occuparsi della questione tibetana e di tenere anche in futuro simili iniziative.

Documenti e mozioni accolti ed approvati

AL PARLAMENTO ITALIANO

Il giorno 15 marzo 1989 alla Camera dei Deputati è stata presentata la seguente mozione sottoscritta da tutti i Gruppi politici:

La Camera, premesso che,

il 10 aprile del 1950 le truppe della Repubblica Popolare Cinese invasero il Tibet, iniziando da allora una politica di occupazione e di progressiva restrizione delle garanzie di autonomia inizialmente previste per la popolazione tibetana;

il Governo della Repubblica Popolare Cinese RPC ha attuato da tempo una politica di trasferimenti massicci di popolazione cinese in Tibet e di "assimilazione" forzata, tanto che oggi sono già sette milioni e mezzo i coloni cinesi in Tibet, rispetto a sei milioni di tibetani;

oltre l'ottanta per cento delle foreste tibetane è stato raso al suolo, senza alcun piano di rimboschimento, per ottenere legname da esportazione;

la RPC progetterebbe di usare il Tibet che già ospita depositi di scorie nucleari, a deposito delle scorie prodotte anche in altri Paesi;

in seguito a tale situazione, il popolo tibetano vede gravemente minacciata la propria cultura, le proprie tradizioni religiose, la propria lingua;

Amnesty International, l'Associazione internazionale per i diritti dell'Uomo, l'Asia Watch di New York ed altre autorevoli organizzazioni internazionali hanno denunciato, supportate da numerose testimonianze, le violazioni dei diritti umani fondamentali compiute in Tibet dalle autorità cinesi;

il Dalai Lama, capo del governo tibetano in esilio, ha presentato nel corso del 1988 in diverse sedi internazionali ed in particolare al Parlamento Europeo un "piano di pace" in cinque punti, che prevede:

1. la trasformazione di tutto il Tibet in una zona di pace, con conseguente ritiro delle truppe cinesi e con l'impegno del governo indiano a ritirare le proprie truppe e a smantellare le installazioni militari al confine del Tibet;

2. l'abbandono da parte della RPC della politica di "assimilazione";

3. il rispetto dei diritti umani fondamentali e della libertà autodecisionale a darsi un Governo basato su libere elezioni;

4. il ripristino e la protezione dell'ambiente naturale;

5. l'avvio di serie trattative sul futuro del Tibet e sulle relazioni tra il popolo cinese e quello tibetano;

la situazione del Tibet minaccia di aggravarsi ulteriormente, mentre le autorità cinesi hanno ammesso recentemente di avere piú volte ordinato di sparare sulle folle di manifestanti nell'antica capitale, Lhasa, e nei giorni scorsi a seguito di gravi incidenti si sono registrate centinaia di vittime tra la popolazione civile; in Tibet esiste una cultura maggioritaria pacifica e non violenta, ma non passiva, di tibetani che chiede con forza il diritto ad esistere e di essere rispettata, ma che rischia di essere scavalcata da elementi estremisti, in seguito alla assenza di sviluppi realmente positivi della situazione;

impegna il Governo

1. ad intraprendere ogni azione possibile perché cessino le violazioni dei diritti umani e le compromissioni dell'ambiente in Tibet e perché attraverso il dialogo si pervenga al piú presto ad una soluzione pacifica del problema tibetano, nel rispetto delle caratteristiche di necessaria autonomia dell'area e nella contestuale salvaguardia degli interessi di Pechino quanto alle esigenze della politica estera e di difesa della Repubblica Popolare Cinese;

2. ad intervenire per risolvere tale delicatissima questione non solo nelle sedi internazionali competenti ma anche nel quadro delle relazioni politiche, economiche e di cooperazione bilaterale tra l'Italia e la Repubblica Popolare Cinese.

Commissione Affari Esteri della Camera dei Deputati

La Commissione Affari Esteri della Camera riunita sotto la presidenza del presidente on. Flaminio Piccoli ha approvato, in data 12.4.1989, una versione modificata e rimaneggiata della mozione presentata in data 15.3.1989. Nonostante l'opposizione dei parlamentari radicali e missini, e nel timore di non irritare eccessivamente il Governo della Repubblica Popolare Cinese la maggioranza ha portato alla cancellazione di alcune significative parti della proposta, precisamente quelle che denunciavano la Cina come paese invasore del Tibet e riconoscevano il Dalai Lama come principale autorità politica, oltre che spirituale, dell'intero popolo tibetano.

Pubblichiamo di seguito il testo approvato:

"La situazione del Tibet minaccia di aggravarsi ulteriormente, mentre le autorità cinesi hanno ammesso recentemente di avere piú volte ordinato di sparare sulle folle di manifestanti nell'antica capitale, Lhasa, e nei giorni scorsi a seguito di gravi incidenti si sono registrate centinaia di vittime tra la popolazione civile; in Tibet esiste una cultura maggioritaria pacifica e non violenta, ma non passiva, di tibetani che chiede con forza il diritto ad esistere e ad essere rispettata, ma che rischia di essere scavalcata da elementi estremisti in seguito alla assenza di sviluppi realmente positivi della situazione:

impegna il Governo

1. ad acquistare ogni informazione sulla attuale situazione in Tibet;

2. ad intraprendere ogni azione possibile perché cessino le violazioni dei diritti umani e le compromissioni dell'ambiente in Tibet e perché attraverso il dialogo si pervenga al piú presto ad una soluzione pacifica del problema tibetano, nel rispetto delle caratteristiche di necessaria autonomia dell'area e nella contestuale salvaguardia degli interessi di Pechino quanto alle esigenze della politica estera e di difesa della Repubblica Popolare Cinese;

3. ad intervenire per risolvere tale delicatissima questione non solo nelle sedi internazionali competenti, ma anche nel quadro delle relazioni politiche, economiche e di cooperazione bilaterale tra l'Italia e la Repubblica Popolare Cinese".

AL PARLAMENTO SVIZZERO

Il 16 marzo 1989, al parlamento svizzero, ventinove membri su quarantasei della Camera alta e centoquarantuno su duecento della Camera bassa, hanno presentato un appello urgente al Ministro degli Esteri della Confederazione Elvetica, Sig. René Felber e all'Ambasciata Cinese a Berna. Nell'appello si afferma quanto segue:

I sottoscritti membri del Parlamento svizzero invitano il Governo cinese al rispetto dei diritti e della dignità del popolo tibetano e a porre fine alle violente misure di repressione in atto. Ci appelliamo al Governo cinese affinché si adoperi per una soluzione politica durevole che esaudisca le richieste di autogoverno formulate dai tibetani.

A questo fine è necessario dare avvio a immediati e seri negoziati con il Dalai Lama, volti alla creazione di uno Stato Autonomo del Tibet nell'ambito della Repubblica Popolare Cinese.

Le misure repressive adottate dalle autorità cinesi in queste ultime settimane costituiscono un serio ostacolo al tentativo di giungere ad una soluzione duratura.

Chiediamo perciò al Governo cinese:

1. il rispetto dei diritti umani e il ripristino della libertà di espressione e di riunione in Tibet.

2. una risposta positiva e sincera alle proposte di negoziato presentate dal Dalai Lama.

AL PARLAMENTO EUROPEO

RISOLUZIONE sui diritti dell'uomo in Tibet (adottata il 16 marzo 1989)

Il Parlamento europeo

a. considerando le recenti dimostrazioni avvenute nel Tibet, durante le quali le forze di polizia cinese hanno aperto il fuoco uccidendo e ferendo molte persone,

b. considerando che il 7 marzo la Cina ha decretato la legge marziale nel Tibet, per cui sono state bandite tutte le dimostrazioni, petizioni e riunioni pubbliche,

c. notando inoltre che sono stati espulsi tutti gli stranieri e i giornalisti,

d. convinto che il conflitto esistente nel Tibet non può essere risolto con la forza,

e. prendendo atto dei cambiamenti introdotti nella politica del governo cinese per quanto riguarda il problema del Tibet, negli anni '80, con cui si tollera il buddhismo, vengono riaperti diversi monasteri, ma l'insegnamento religioso e lo studio della filosofia buddhista sottostanno a severe restrizioni:

1. condanna energicamente la violenza delle repressioni, e soprattutto l'uso delle armi, che hanno avuto luogo nella capitale tibetana, e chiede l'abrogazione della legge marziale;

2. deplora le vittime causate da tali disordini ed esprime la propria profonda simpatia alle famiglie colpite;

3. chiede al Governo della Repubblica Popolare Cinese di tenere ora le trattative da tempo rinviate sul futuro del Tibet con il Dalai Lama;

4. invita tutte le parti interessate ad intensificare il dialogo e chiede al governo cinese di rilanciare la politica di apertura nei confronti del Tibet, nel rispetto dello Stato di autonomia di questa regione e nell'ambito delle norme costituzionali cinesi;

5. chiede ai Ministri degli Affari Esteri dei Dodici e alla Commissione di interporre i loro buoni uffici presso le parti interessate per promuovere una giusta soluzione del problema del Tibet;

6. incarica il proprio Presidente di trasmettere la presente risoluzione alla Commissione, al Consiglio, ai Ministri degli Affari Esteri riuniti nell'ambito della cooperazione politica europea, al governo della Repubblica Popolare Cinese e al Dalai Lama.

.... Ed ecco la posizione della Repubblica Popolare Cinese:

NOTA FORMALE DELL'AMBASCIATA CINESE PRESSO LA CEE (BRUXELLES)

Secondo alcune informazioni pervenuteci, tre parlamentari europei di nazionalità italiana intendono presentare al Parlamento Europeo con provvedimento d'urgenza un progetto di risoluzione sulla situazione tibetana. In questo documento si accusa calunniosamente il governo cinese di esercitare "repressioni" in Tibet e si chiede ai dodici Paesi membri della Comunità Europea di rispondere all'appello del Dalai Lama convocando una riunione internazionale per discutere il cosiddetto "programma di pace" da lui presentato. Questa iniziativa ci preoccupa vivamente.

La regione autonoma del Tibet è parte integrante della Cina e gli affari del Tibet riguardano la politica interna cinese: nessun governo, parlamento o singolo cittadino straniero ha il diritto di interferirvi. Se il Parlamento Europeo discuterà la situazione del Tibet questo sarà considerato un'ingerenza negli affari interni della Cina che noi non possiamo assolutamente accettare.

AL SENATO DEGLI STATI UNITI D'AMERICA

Risoluzione nr. 88

Preoccupazione del Senato Americano sulle violazioni dei Diritti Umani in Tibet.

– Considerato che negli ultimi quaranta anni la politica repressiva posta in atto dai Cinesi ha causato la morte di oltre un milione di tibetani, la distruzione di gran parte del patrimonio culturale del Tibet, l'allontanamento del Dalai Lama e di decine di migliaia di tibetani dalla madrepatria.

– Considerato che, tranne per il breve periodo (1978-1982) in cui i cinesi hanno cercato di venire incontro alle richieste del popolo tibetano, i piú recenti rapporti provenienti da organizzazioni per i Diritti Umani del tutto degne di fede, quali Asia Watch e Amnesty International e dalla stampa internazionale confermano il continuo aumento dei casi di violazione dei Diritti Umani in Tibet, compreso l'arresto arbitrario e la detenzione e l'impiego di metodi violenti contro dimostranti pacifici;

– Considerato che il Congresso aveva approvato e il presidente Reagan firmato, e quindi resa operante, una risoluzione di legge (in data 22 Dicembre 1987) in cui si diceva: "Il governo della Repubblica Popolare Cinese dovrebbe rispettare i diritti umani riconosciuti internazionalmente, dovrebbe porre termine alla violazione degli stessi contro il popolo tibetano... e adoperarsi attivamente per rispondere alle proposte del Dalai Lama al fine di aprire un dialogo costruttivo;"

– Considerato che il 16 Settembre 1988 il Senato degli Stati Uniti ha approvato all'unanimità la risoluzione N. 129 in cui si lodavano i tentativi del Dalai Lama di risolvere i problemi del Tibet attraverso le trattative, si sosteneva la sua proposta per ristabilire la pace, proteggere l'ambiente, garantire un sistema democratico per il Tibet e per il suo popolo e si invitava il governo della Repubblica Popolare Cinese ad intavolare delle trattative al fine di risolvere la questione tibetana sulla base delle proposte del Dalai Lama;

– Considerato che il 21 Settembre 1988 il governo cinese aveva accettato di avviare dei negoziati col Dalai Lama ed aveva dichiarato: "I colloqui potranno avere luogo ad Hong Kong, a Pechino o in qualsiasi altra ambasciata o consolato cinese all'estero. Ove il Dalai Lama non trovi alcuno di questi luoghi di suo gradimento può scegliere qualsiasi altra sede a sua discrezione, a patto che nessuno straniero prenda parte agli incontri";

– Considerato che i tibetani continuano le loro dimostrazioni a favore del ripristino dei diritti umani e delle libertà democratiche in Tibet (il 5-6-7 Marzo, secondo alcune fonti, almeno sessanta persone sono morte e centinaia sono rimaste ferite quando, a Lhasa, la polizia cinese ha aperto il fuoco contro dimostranti disarmati);

– Considerato che le autorità di Pechino hanno imposto la legge marziale a Lhasa, la capitale tibetana, e nei confronti della città. I turisti occidentali presenti a Lhasa durante le manifestazioni hanno riferito di arresti in massa eseguiti a caso e di maltrattamenti inflitti ai tibetani dalle autorità cinesi:

– per tutti i motivi di cui sopra, il Senato americano:

1. Condanna il ricorso alla violenza contro i tibetani che, disarmati, hanno partecipato alle dimostrazioni dei giorni 5-6-7 Marzo 1989.

2. Esprime la sua simpatia per i tibetani che hanno sofferto e sono morti a causa della politica cinese in Tibet nel corso degli ultimi quaranta anni.

3. Sollecita la Repubblica Popolare Cinese al rispetto dei diritti umani internazionalmente riconosciuti ed a porre fine alla violazione degli stessi in Tibet.

4. Sollecita la Repubblica Popolare Cinese ad abolire le restrizioni imposte in Tibet dalle autorità governative sia nei confronti della stampa estera sia nei confronti delle organizzazioni che si occupano del rispetto dei diritti umani.

5. Sollecita l'Amministrazione a proporre l'invio in Tibet di un gruppo di osservatori delle Nazioni Unite allo scopo di verificare la situazione esistente in questo paese.

6. Sollecita gli Stati Uniti a considerare il trattamento riservato al popolo tibetano un importante elemento nella valutazione del tipo di relazioni da intrattenere con la Repubblica Popolare Cinese.

7. Sollecita gli Stati Uniti, attraverso il Segretario di Stato, a rivolgersi e a richiamare l'attenzione delle Nazioni Unite e delle altre organizzazioni internazionali sui diritti del popolo tibetano.

8. Appoggia gli sforzi di pace del Dalai Lama e di quanti si adoperano per risolvere pacificamente il problema del Tibet.

9. Invita il governo della Repubblica Popolare Cinese ad incontrare i rappresentanti del Dalai Lama e ad iniziare un dialogo costruttivo sul futuro del Tibet.

IL GOVERNO FRANCESE

Segretario di Stato per i Problemi Umanitari (Ufficio del Primo Ministro)

Comunicato

Il Segretario di Stato per i Problemi Umanitari esprime la sua emozione e la sua preoccupazione circa i recenti sviluppi della situazione in Tibet. L'elevato numero delle vittime evidenzia la violenza degli scontri, gli ultimi di una lunga serie di analoghi incidenti. L'imposizione della legge marziale a Lhasa e l'espulsione dei turisti stranieri hanno ulteriormente aggravato lo stato di emergenza esistente in Tibet. È molto importante che, sia in questa parte del mondo sia altrove, venga rispettata la libertà di informazione. A questo scopo sarebbe auspicabile l'invio in loco di osservatori neutrali. Questa misura assicurerebbe le garanzie necessarie e permetterebbe di dare una risposta a quanti, in tutto il mondo, hanno espresso la loro preoccupazione su quanto è accaduto.

Il Segretario di Stato per i Problemi Umanitari desidera richiamare l'attenzione sul fatto che ovunque esista una situazione di pericolo per la popolazione civile, dovrebbe essere garantito il libero accesso ai rappresentanti delle Nazioni Unite e di altre organizzazioni non governative che, agendo in modo imparziale e neutrale, siano in grado di fornire alle vittime della violenza la necessaria assistenza sul piano umano.

Il Segretario di Stato si dichiara pronto ad appoggiare, sia direttamente che attraverso le apposite organizzazioni, qualsiasi iniziativa di aiuto alla popolazione tibetana, come ad esempio l'invio di medicinali, mezzi di prima necessità e volontari.

IL GOVERNO OLANDESE

Preoccupazione olandese per la repressione cinese in Tibet

L'Aja, 29 marzo 1989 – Attraverso canali diplomatici, il governo olandese ha espresso alle autorità cinesi la sua preoccupazione per l'imposizione della legge marziale a Lhasa e dintorni. C'è stato dibattito sulla questione tibetana tra i membri del Mercato Comune.

Il Ministro van den Borke (Affari Esteri) ha tenuto questo discorso alla Camera dei Rappresentanti, in risposta alle interrogazioni presentate dai partiti politici PVDA (Laburisti) e CDA (Democratici cristiani). È la terza volta dalla repressione della rivolta d'autunno '87 che gli olandesi prendono posizione sulla questione tibetana. Secondo il deputato del PVDA Melkjert, è necessaria "una protesta piú forte" contro il modo con cui il governo cinese ha fronteggiato la rivolta. Egli ha fatto notare che è riprovevole che cosí pochi paesi del Mercato Comune abbiano espresso la loro preoccupazione per la tragica situazione.

A parere di van den Broek, l'Olanda non può impedire che la Cina diventi presidente della Commissione dell'ONU per i Diritti Umani. Il PVDA e il CDA hanno chiesto al ministro di sollevare la questione tibetana quando tale candidatura verrà discussa.

L'Olanda non è al momento membro di questa commissione, avendo solamente lo status di osservatore. Pertanto, il nostro paese non ha diritto di voto. Van den Broek ha comunque sottolineato che è compito dei paesi asiatici proporre una candidatura alternativa.

Van den Broek afferma di comprendere la preoccupazione del governo cinese generata dai movimenti indipendentisti tibetani. Ciò, tuttavia, non impedisce al governo olandese di essere preoccupato per la maniera brutale con cui la rivolta di Lhasa è stata soffocata.

IL GOVERNO CANADESE

Comunicato del Ministro degli Affari Canadesi n. 055

Il 10 marzo una petizione riguardante il Tibet, divulgata da un gruppo denominato "Comitato Tibet-Canada", è stata presentata a funzionari del Dipartimento degli Affari Esteri da rappresentanti del gruppo. I funzionari del Dipartimento hanno ribadito al gruppo la posizione del governo.

Il 7 marzo 1989, funzionari del Dipartimento degli Affari Esteri hanno espresso le preoccupazioni del Canada a proposito dei recenti avvenimenti in Tibet ai funzionari dell'ambasciata della Repubblica Popolare Cinese e hanno richiamato le autorità cinesi al rispetto dei basilari diritti umani e delle libertà fondamentali. Anche se il Canada non mette in discussione la sovranità cinese sul Tibet, il Governo canadese si aspetta che la Cina aderisca ai principi della Dichiarazione Universale dei Diritti Umani. L'ambasciata canadese a Pechino è stata inoltre istruita affinché ribadisca le preoccupazioni del Canada a proposito della situazione tibetana alle competenti autorità cinesi.

Al governo non risulta la presenza di canadesi in Tibet e, di conseguenza, nessun canadese corre attualmente pericolo in quella regione.

Il Segretario di Stato per gli Affari Esteri

Risoluzione delle Nazioni Unite sul Tibet

Risoluzioni adottate il 21 ottobre 1959

L'Assemblea Generale,

– **ricordando** i principi riguardanti i diritti umani e le libertà fondamentali esposti nella Carta delle Nazioni Unite, proclamati nella Dichiarazione Universale dei Diritti Umani (1948) ed adottati dall'Assemblea Generale dell'ONU il 10 dicembre 1948;

– **considerando** che i diritti umani e le libertà fondamentali spettano al popolo tibetano – al pari di ogni altro popolo – ed includono il diritto alla libertà civile e religiosa per tutti indistintamente;

– **memore** anche della peculiare eredità culturale e religiosa del popolo del Tibet e dell'autonomia di cui ha tradizionalmente goduto;

– **gravemente** preoccupata per le informazioni pervenutele –incluse le dichiarazioni ufficiali di Sua Santità il Dalai Lama – circa la negazione – posta in atto con metodi violenti – al popolo tibetano dei diritti umani e delle libertà fondamentali;

– **deplorando** gli effetti di tali eventi, quali l'aumento delle tensioni internazionali e l'avvelenamento delle relazioni tra i popoli, specie in un'epoca in cui enormi sforzi vengono fatti da "leaders" responsabili al fine di ridurre le tensioni e migliorare le relazioni internazionali:

1. **AFFERMA** la sua convinzione che il rispetto dei principi della Carta delle Nazioni Unite e della Dichiarazione Universale dei Diritti Umani è essenziale per l'evoluzione di un ordine mondiale basato sulla sovranità delle leggi;

2. **FA APPELLO** affinché i diritti umani e le libertà fondamentali del popolo tibetano vengano rispettati.

(*testo completo 1ª risoluzione*)

Risoluzione approvata durante la sedicesima sessione delle Nazioni Unite, il 12 dicembre 1961 e che richiama la risoluzione n. 1353 (XIV) del 21 ottobre 1959 sulla questione del Tibet.

L'Assemblea Generale,

– **gravemente preoccupata** per la continuazione di eventi in Tibet che includono la vidimazione dei diritti umani e delle libertà fondamentali e la soppressione della vita culturale e religiosa di cui il popolo tibetano ha sempre goduto,

– **prendendo atto** con profonda ansietà delle tremende sofferenze che tali eventi infliggono al popolo tibetano, come è evidenziato dall'esodo su ampia scala dei rifugiati tibetani nei paesi vicini,

– **considerando** che tali eventi violano i diritti umani e le libertà fondamentali esposti nella Carta delle Nazioni Unite e proclamati nella Dichiarazione Universale dei Diritti Umani, incluso il principio dell'autodeterminazione dei popoli e delle Nazioni ed hanno il deplorevole effetto di aumentare le tensioni internazionali e di avvelenare le relazioni tra i popoli:

1. **RIAFFERMA** la sua convinzione che il rispetto dei principi della Carta delle Nazioni Unite e della Dichiarazione Universale dei Diritti Umani è essenziale per l'evoluzione di un ordine mondiale basato sulla sovranità delle leggi;

2. **RINNOVA** solennemente il suo appello per la cessazione di comportamenti che privino il popolo tibetano dei diritti umani e delle libertà fondamentali incluso il diritto all'autodeterminazione;

3. **ESPRIME** la speranza che gli Stati membri prendano ogni possibile iniziativa intesa a raggiungere gli scopi della presente risoluzione.

(*testo completo della 2ª risoluzione*)

Risoluzione approvata nel corso della ventesima sessione del 1965.

L'Assemblea Generale,

– **ricordando** i principi riguardanti i diritti umani e le libertà fondamentali esposti nella Carta delle Nazioni Unite e proclamati nella Dichiarazione Universale dei Diritti Umani,

- **riaffermando** le sue risoluzioni n. 1353 (XIV) del 21 ottobre 1959 e n. 1723 (XIV) del 12 dicembre 1961 sulla questione del Tibet,

- **gravemente** preoccupata per la continua violazione dei diritti umani e delle libertà fondamentali del popolo del Tibet e per la soppressione della sua vita culturale e religiosa, come è reso evidente dall'esodo di rifugiati nei paesi vicini:

1. **DEPLORA** la continua violazione dei diritti umani e delle libertà fondamentali del popolo del Tibet;

2. **RIAFFERMA** che il rispetto dei principi della Carta delle Nazioni Unite e della Dichiarazione Universale dei Diritti Umani è essenziale per l'evoluzione di un ordine mondiale basato sulla sovranità della legge;

3. **DICHIARA** la sua convinzione che la violazione dei diritti umani e delle libertà fondamentali in Tibet e la soppressione della vita culturale e religiosa del suo popolo, sono causa di aumento delle tensioni internazionali e di avvelenamento delle relazioni tra i popoli;

4. **RINNOVA** solennemente il suo appello per la cessazione di tutti i comportamenti che privino il popolo tibetano dei diritti umani e delle libertà fondamentali di cui ha sempre goduto.

(*testo completo della 3ª risoluzione*)

Eccezionale documento scientifico annulla le argomentazioni cinesi sul Tibet

Anche per il "Dipartimento Scientifico" della Camera dei Deputati della Germania Federale (Deutsche Bundestag) il Tibet è stato oggetto di una ingiusta appropriazione da parte della Cina.

Da uno studio curato dal "Servizio scientifico specializzato in diritto internazionale" del Bundestag di Bonn, che pubblichiamo integralmente, si può ampiamente dedurre quanto nulle siano le argomentazioni che Pechino usa per legittimare la sua occupazione in Tibet.

>Camera dei Deputati
>della Repubblica Federale di Germania
>Servizio Scientifico
>Settore specializzato II
>Diritto internazionale estero

OGGETTO: **Appropriazione di territorio nazionale**

RELATORE: Dr. Hienstorfer

TEMA: *Quali punti di vista contrastano con l'incorporamento del Tibet nella compagine statale cinese, valido in base al diritto internazionale?*

SOMMARIO

    A. *Questione base ancora da chiarire*
    B. *Lo stato esistente nel 1950 in base al diritto internazionale*
    C. *Appropriazione indebita di territorio*
        I. *Annessione*
        II. *Riconoscimento secondo il diritto internazionale*
        III. *Usucapione*
    D. *Ricapitolazione*

A - Questione non chiarita dello stato giuridico

Il viaggio del Cancelliere Federale in Tibet ha reso attuale il problema dell'annessione di tale Paese alla compagine statale cinese. Prima del viaggio, la parlamentare Petra Kelly ricevette la seguente risposta alla sua interpellanza con cui si chiedeva se il Cancelliere "avrebbe accennato alla questione tibetana, problema non chiarito dal punto di vista del diritto internazionale", nei confronti del governo cinese. La risposta del Governo Federale dell'8.7.1987 fu la seguente: "Per il Governo Federale, come pure per tutta la comunità di stati, risulta chiaro il fatto che il Tibet è parte della compagine statale cinese, in base al diritto internazionale" [1].

Un esame di tale presa di posizione ha fatto risultare che il Governo Federale non ha provveduto ad analizzare il problema dell'annessione del Tibet, né si può basare su ricerche condotte sullo stato del Tibet, da un punto di vista del diritto internazionale. Il suo atteggiamento si basa soltanto su una semplice premessa, valida per il periodo che parte dal 1950. Ciò venne espresso in modo evidente in una precedente presa di posizione [2].

Dall'epoca dell'invasione da parte delle truppe cinesi, nel 1950, il problema dello status del Tibet, secondo il diritto internazionale, non è stato toccato. Gli stati accettano l'esercizio della sovranità territoriale da parte della Cina come un fatto reale e non contestano il diritto stesso della Cina, mentre si astengono però, quasi senza alcuna eccezione, da un riconoscimento esplicito del Tibet come parte della Cina.

Il Tibet costituirebbe però secondo il diritto internazionale una parte del territorio cinese soltanto se un tale stato fosse esistito già prima dell'invasione, oppure se la Cina avesse acquistato in seguito un titolo territoriale valido.

B - Lo stato esistente nel 1950, in base al diritto internazionale

Per poter giudicare l'attuale situazione giuridica, è determinante accertare se il Tibet rappresentava uno stato indipendente prima

---

[1] Pubblicazione del Parlamento Federale 11/608, questione 6, pag. 3.
[2] Risposta del Governo Federale all'interpellanza dei deputati Sig.ra Kelly, Rusche e del gruppo dei VERDI circa la situazione del Tibet da un punto di vista dei diritti dell'uomo e del diritto internazionale dell'8.10.1986, pubblicazione della Camera dei Deputati tedesca 10/6127, Punto 13 a.

dell'occupazione cinese, nel 1950. In questo senso sarà bene riandare alla storia precedente [3].

Dal tempo in cui i re teocratici, nel 7° ed 8° secolo, unirono insieme le stirpi tibetane, fino ad allora pagane, formando uno stato, si alternarono periodi di indipendenza e periodi di assoggettamento del Tibet alla Cina. In determinati periodi il Tibet risultò uno Stato autonomo, in altri periodi rimase piú o meno sottomesso ad una sovranità cinese [4]. Quando nel 1717 i giungari assalirono il Tibet, i Tibetani chiesero l'intervento dell'imperatore cinese che liberò nel 1720 il Dalai Lama, stipulando con lui un trattato in base a cui il Tibet si sottometteva alla sovranità della dinastia manciú. Il Tibet rimase però in un certo senso indipendente, tanto che il XIII° Dalai Lama non riconobbe il trattato commerciale britannico-cinese riguardante il Tibet e soltanto in seguito ad un intervento armato britannico, nel 1904, il Dalai Lama venne costretto a riconoscere determinati diritti commerciali della Gran Bretagna. I rapporti relativamente buoni tra Tibet e Cina, esistiti fino al 1890, vennero cosí disturbati.

La Cina prese lo spunto dall'accordo esistente prima del 1720 per riaffermare la sua sovranità ed il suo diritto ad estendere la sua autorità sul Tibet. Il Tibet considerava invece l'accordo come non piú valido [5] dall'epoca in cui la dinastia manciú era crollata, ossia dal 1911.

Non è possibile esprimere un giudizio sulla controversia in quanto non si dispone del testo dell'accordo.

Un tale esame non risulta del resto neppure necessario per giudicare quale fu la situazione di partenza nel 1950. Infatti dopo la rivoluzione cinese del 1911, al piú tardi dagli anni 20, il Tibet ha soddisfatto tutte le condizioni richieste dal diritto internazionale per costituire uno Stato autonomo [6]. La commissione di giuristi parlò di un periodo di completa indipendenza 'de facto' dalla Cina [7].

Nel 1911 i tibetani espulsero le guarnigioni cinesi istituite nel 1910. All'inizio del 1912 il XIII° Dalai Lama proclamò l'indipendenza del suo Paese. In base a quanto rilevato dalla commissione di giuristi non sussi-

---

[3] Esposizione dettagliata della COMMISSIONE INTERNAZIONALE GIURISTI, *The Question of Tibet and the Rule of Law*, Ginevra 1959, pag. 75 e segg. (P 59224).
Inoltre: COMMISSIONE INTERNAZIONALE GIURISTI, *Relazione del Comitato d'inchiesta per il Tibet: "Tibet e la Repubblica Popolare Cinese"*, Ginevra 1960, pag. 142 (P 505 160).

[4] Cfr. GEORG DAHM, *Diritto internazionale*, vol. 2, Stoccarda 1961, pag. 137.

[5] Cfr. EDGAR SCHWÖRBEL, *Tibet*, Strupp/Schlochauer, *Prontuario di diritto internazionale*, vol. 3, Berlino 1962, pag. 442 1.

[6] Cfr. DAHM, *op. cit.*, pag. 137; COMMISSIONE GIURISTI, *Tibet*, ved. pag. 148; circa gli elementi di Stato cfr. MENZEL/IPSEN/MAGIERA, *Diritto internazionale*, 2ª edizione, Monaco 1979, pag. 101 e segg.

[7] COMMISSIONE GIURISTI, *Tibet*, pag. 144, 162.

stevano ostacoli giuridici contro un formale riconoscimento del Tibet, anche se tale riconoscimento non ebbe poi luogo [8].

L'esistenza di uno stato non dipende infatti dal suo formale riconoscimento. In base ai piú recenti insegnamenti un riconoscimento avrebbe ancora soltanto un effetto dichiarativo [9]. Ebbe luogo in ogni caso un riconoscimento di fatto. La Gran Bretagna, allora potenza dominante in quella regione, trattò dal 1912 il Tibet come uno Stato indipendente. Nel 1943 il Tibet intensificò le sue attività in politica estera ed istituí un proprio ufficio per affari esteri. Passaporti tibetani vennero riconosciuti come documenti di viaggio validi.

In seguito alla disfatta del governo del Kuomintang, il governo tibetano impose nel luglio 1949 a tutti i rappresentanti della Cina di lasciare il Paese, per documentare in questo modo che la Cina non possedeva alcun diritto sul Tibet [10].

In questo modo il Tibet avrebbe sciolto ogni legame contrattuale, valido da un punto di vista del diritto internazionale, che poteva limitare la sua indipendenza, ammesso che fossero ancora esistiti tali legami. Il Tibet aveva la facoltà di compiere un tale passo secondo le regole della 'clausula sic stantibus'. Si ha una perdita della base per un accordo quando intervenisse un cambiamento di circostanze essenziali, non prevedibile al momento in cui venne stipulato il trattato, cosí come fu il caso con l'assunzione del potere da parte di governi rivoluzionari cinesi negli anni 1911 e 1949 [11].

Per quanto riguarda i diritti della Cina e della sua aumentata potenza, il Tibet commise un errore politico quando esitò ad assumere rapporti diplomatici ed a chiedere di entrare a far parte come membro delle Nazioni Unite [12].

C - Appropriazione indebita di territorio nazionale

Il 7 ottobre 1950 la Repubblica Popolare Cinese, dopo aver tenuto trattative con una delegazione tibetana, inviò truppe nel Tibet, incorporando con la forza il Tibet nella compagine di Stato cinese [13].

---

[8] Cfr. COMMISSIONE GIURISTI, *Tibet*, pag. 154.

[9] Cfr. MENZEL/IPSEN/WEHSER, *Diritto Internazionale*, 2ª edizione, Monaco di Baviera 1979, pag. 138; COMMISSIONE GIURISTI, *Tibet*, pag. 155 e segg.

[10] COMMISSIONE GIURISTI, *Tibet*, pag. 160, SCHWÄRBEL, *op. cit.*, pag. 442.

[11] Cfr. KIMMINICH, *op. cit.*, pag. 275; MENZEL/IPSEN/LAGONI, *op. cit.*, pag. 331.

[12] Cfr. COMMISSIONE GIURISTI, *Tibet*, pag. 160.

[13] Il 7.11.1950 il governo tibetano si rivolse alle Nazioni Unite, affermando la propria indipendenza ed incolpando la Cina di aggressione. Cosí pure rivolse un appello al Consiglio di Sicurezza. Il Salvador chiese un dibattito sul Tibet nell'Assemblea

La Cina non ha però acquisito nessun titolo valido per un incorporamento legale del territorio in base al diritto internazionale.

I. *Annessione*

L'incorporamento del Tibet nella compagine di Stato cinese, avvenuta nel 1951, rivestí il significato di annessione [14], da un punto di vista del diritto internazionale.

Benché il rapporto tra i due Paesi fosse stato regolato mediante il trattato del 25 maggio 1951, con cui venne accordata al Tibet una certa autonomia, mentre la Cina si riservava il diritto di occuparsi degli affari esteri e del potere militare, tale accordo aveva lo scopo di distogliere l'attenzione dall'annessione del territorio tibetano, avvenuto su iniziativa unilaterale della Cina [15]. Il trattato si fondava inoltre sulla sottomissione militare tibetana ed era stato imposto contro il volere tibetano [16]. In base all'art. 52 della Convenzione di Vienna circa il diritto dei trattati, considerano come nulli quelli che vengono stipulati sotto costrizione, per confermare un'occupazione. Inoltre sono state violate molte garanzie concesse dalla Cina al Tibet. Con il "ritorno alla grande madrepatria", come era riportato nell'accordo, il Tibet perse la propria indipendenza [17].

La proclamazione dell'indipendenza del Tibet da parte del governo del Dalai Lama, l'11.3.1959, e la pubblica denuncia del trattato con la Cina per opera ancora del Dalai Lama, in data 20.6.1959, fanno comprendere che la sottomissione era avvenuta soltanto in seguito all'invasione militare.

L'annessione del Tibet venne conclusa allorché la Cina, dopo aver represso la sommossa contro la dominazione cinese e dopo la fuga del XIV° Dalai Lama nel marzo 1959, sciolse il governo tibetano e incorporò il Paese nel sistema amministrativo cinese, per cui il Tibet perdette la sua restante autonomia. La rinuncia ad una deposizione formale del Dalai Lama non si trova in opposizione con una tale realtà.

Generale. Su richiesta della Gran Bretagna, appoggiata dall'India, la questione venne rimandata ad una data indefinita (cfr. COMMISSIONE GIURISTI, *Tibet*, pag. 161. Esposizione dettagliata: CHANAKYA SEN, *Tibet disappears*, Bombay, ecc. 1960, pag. 65 e segg. - M 505 145). Al tempo stesso ne risulta che il Tibet affermò la propria indipendenza nei confronti della Cina davanti alla comunità degli Stati che accettò il Tibet come Stato indipendente.

[14] Cfr. DAHM, *op. cit.*, pag. 137.
[15] Cfr. COMMISSIONE GIURISTI, *Rule of the Law*, pag. 97.
[16] Cfr. MENZEL/IPSEN/WEHSER, *op. cit.*, pag. 159.
[17] Cfr. COMMISSIONE GIURISTI, *Tibet*, pag. 162.

Secondo il diritto internazionale di oggi, l'annessione non rappresenta un titolo valido per incorporare un territorio [18].

La libertà di annessione prevista dal classico diritto internazionale derivava dal principio del libero diritto di condurre guerre. Con il moderno sviluppo del diritto internazionale, a tale diritto libero di condurre guerre è subentrato il divieto della violenza (art. 2, comma 4, della Carta delle NU), nel senso che dalla libertà di annessione si passò al divieto di annessione. Già prima che entrasse in vigore la Carta delle NU era universalmente riconosciuto che qualsiasi annessione effettuata durante una guerra, anche nel caso di uno Stato completamente occupato, non è valida secondo il diritto internazionale. Il divieto di violenza non ha fatto altro che confermare una tale posizione giuridica [19].

Rimane cosí da rilevare che, in base al divieto di annessione, la Cina esercita de facto la sovranità sul Tibet senza un valido titolo [20].

II. *Riconoscimento in base al diritto internazionale*

Il riconoscimento secondo il diritto internazionale viene considerato da alcuni autori come strumento per eliminare il controsenso tra un'affermata acquisizione mediante annessione e la situazione giuridica che si basa sull'inefficacia di tale acquisizione [21]. Si tratta di una dichiarazione di volontà da parte di uno Stato, con cui un fatto controverso od una situazione giuridica non chiara viene asserita in un determinato senso, ossia come effettivamente o legalmente sussistente. Ci si trova di fronte ad una fonte di attrito esistente tra il principio dell'effettività ed il principio della legittimità. Il relativo significato giuridico risulta discusso. A causa della sovrapposizione di una determinata prassi circa il rico-

---

[18] Cfr. per es. OTTO KIMMINICH, *Introduzione nel diritto internazionale*, Pullach presso Monaco di Baviera 1975, pag. 116; inoltre MENZEL/IPSEN/WEHSER, *op. cit.*, pag. 160.

[19] Cfr. A. VERDROSS/B. SIMMA, *Diritto internazionale universale*, 3ª edizione, Berlino 1985, § 970.

[20] Tale risultato corrisponde alla posizione base ufficiale della Cina. Nella dichiarazione del Governo, del 29.10.1971, è detto: "Il Governo della Repubblica Popolare Cinese ed il popolo cinese si oppongono permanentemente alla politica di aggressione e di guerra perseguita dall'imperialismo, appoggiando nella loro giusta lotta le nazioni assoggettate ed i popoli oppressi, per una liberazione nazionale, contro ogni ingerenza dall'esterno, per un governo autonomo..." (Citaz. da: KAMINSKI/O. WEGGEL, *La Cina ed il diritto internazionale*, Amburgo 1982, pag. 82 - P 480106).

Delegati cinesi, nella 29ª seduta dell'assemblea generale delle Nazioni Unite, reclamarono il diritto all'autodeterminazione (cfr. KAMINSKI/WEGGEL, *op. cit.*, pag. 98).

[21] Cfr. MENZEL/IPSEN/WEHSER, *op. cit.*, pag. 160.

noscimento, sotto l'influsso di centri politici, non è quasi per nulla possibile stabilire regole generali [22].

La Cina non può invocare nessun titolo territoriale, né in base ad un riconoscimento ammesso dal diritto internazionale, né in base ad altri motivi [23].

Per quanto riguarda il Tibet la dottrina Stimson prende le mosse dal non riconoscimento di mutamenti territoriali ottenuti con la violenza [24].

Tale dottrina intende impedire, in base al divieto della violenza, che mutamenti territoriali con cui si trasgredisce al principio della non violenza e quindi inefficaci dal punto di vista del diritto internazionale, non acquistino validità giuridica in seguito al consolidamento di un riconoscimento ottenuto da terzi Stati. In considerazione delle molteplici conferme della dottrina Stimson [25], espresse in contratti ed in altre forme, si può oggi supporre che perlomeno si va facendo strada nel diritto consuetudinario internazionale un principio in base a cui sarà vietato il riconoscimento di mutamenti territoriali ottenuti con la forza [26].

Per quanto riguarda l'appropriazione di territorio appartenente allo Stato tibetano non sussistono neppure le premesse esteriori. I membri della comunità degli Stati, in particolare la Repubblica Federale di Germania, partono sí dal presupposto che il Tibet rappresenta una parte della Cina, pochi soltanto però hanno riconosciuto tale fatto, apportando un chiarimento.

Il 29 aprile 1954 ciò avvenne da parte dell'India, il 20 settembre 1956 da parte del Nepal [27]. Nei limiti in cui l'incorporamento del Tibet non viene semplicemente contestato, ciò non significa nessun riconoscimento efficace dello stato de facto, secondo il diritto internazionale. Non si deve qui dimenticare che il divieto di annessione e la dottrina Stimson condivisa dalle Nazioni Unite, con cui si vieta il riconoscimento di mutamenti territoriali avvenuti con la forza, si oppongono ad un titolo territoriale della Cina ottenuto con l'esplicito riconoscimento.

Un riconoscimento può essere concesso anche tacitamente con atti adeguati. Come atti adeguati in tale senso si potrebbero considerare

---

[22] Cfr. MENZEL/IPSEN/WEHSER, *op. cit.*, pag. 137.

[23] Cfr. KIMMINICH, *op. cit.*, pag. 99.

[24] Cfr. MENZEL/IPSEN, WEHSER, *op. cit.*, pag. 160; VERDROSS/SIMMA, *op. cit.*, § 971.

[25] Cfr. - Risoluzioni dell'assemblea della Società delle Nazioni dell'11.3.1932; Risoluzione 2625 (XXV) dell'assemblea generale delle Nazioni Unite del 24.10.1970; Art. 5 della 3ª risoluzione 3314 (XXIX) dell'assemblea generale delle Nazioni Unite del 14.12.1974.

[26] Cfr. MENZEL/IPSEN/WEHSER, *op. cit.*, pag. 161.

[27] Cfr. COMMISSIONE DI GIURISTI, *Tibet*, pag. 162.

anche i fatti registrati in occasione del viaggio del Cancelliere Federale nel Tibet. Anche qui però si dispone di scarsi punti di riferimento.

III. *Usucapione*

Anche secondo il diritto internazionale esiste un'acquisizione di territorio mediante usucapione: "The continuous and peaceful display of territorial sovereignty is as good as a title" [28]. Come premessa di ciò si considera l'esercizio del potere sovrano che viene documentato all'estero ed ha luogo in modo indisturbato, ininterrotto ed incontestato. Il periodo di tempo necessario per un'usucapione efficace viene determinato in base alle circostanze del caso concreto [29].

Non è necessario appurare se l'usucapione può creare un titolo per quanto riguarda un intero Stato. A proposito del Tibet un tale motivo di acquisizione non risulta giustificato per il fatto che non è possibile un'usucapione di territori che sono stati occupati violando i principi della Carta delle Nazioni Unite, in particolare ricorrendo all'impiego della forza, violando il diritto internazionale. Un tale fatto si opporrebbe al fondamentale principio contenuto nella Carta delle Nazioni Unite, come risulta dal divieto di annessione, dalla dottrina Stimson che ne è derivata e dalla nullità di una rinuncia forzata, prevista nell'art. 52 della Convenzione di Vienna.

Simili gravi violazioni contro il diritto internazionale non possono essere sanate semplicemente con il trascorrere del tempo. Per questo le annessioni di territori conquistati non possono mai come tali comportare l'acquisizione di un titolo territoriale [30].

Il fatto che effettivamente un territorio sia stato conquistato con la forza non può significare un'acquisizione di territorio, valida secondo il diritto internazionale [31].

D - **Ricapitolazione**

La comunità degli Stati ritiene che il Tibet faccia parte della compagine di Stati cinese, lo status del Tibet non venne però mai chiarito né definito.

---

[28] Decisione sul caso Palmas, Nazioni Unite-RIAA Vol. 2, 839.

[29] Cfr. MENZEL/IPSEN/WEHSER, *op. cit.*, pag. 160, 162 e segg.

[30] Così anche VERDROSS/SIMMA, *op. cit.*, § 1163. In parte si richiede nella letteratura anche la buona fede del possesso, come premessa dell'usucapione (per es. OTTO KIMMINICH, *Introduzione al diritto internazionale*, Pullach presso Monaco di Baviera 1975, Pag. 115).

[31] Cfr. VERDROSS/SIMMA, *op. cit.*, § 1163, ultimo capoverso.

Al momento dell'incorporamento violento del Tibet nella compagine di Stati cinese il Tibet rappresentava uno Stato indipendente.

La Cina non ha acquistato nessun titolo territoriale valido in quanto vi si oppone il principio base del divieto di annessione, conseguente all'uso della forza. Il fatto che si eserciti effettivamente la sovranità su un territorio, instaurata con la violenza, non può costituire un titolo di acquisizione territoriale valido secondo il diritto internazionale.

Dr. Hienstorfer Bonn

12 agosto 1987

Associazione Italia-Tibet

Come in altri paesi europei, anche in Italia le iniziative di solidarietà alla causa tibetana non mancano.

Da qualche anno è stata costituita l'Associazione ITALIA-TIBET (con sede a Milano, Via Marco Aurelio 3 – tel. 02/2854406), che cerca di unire, coordinare e raggruppare tutti coloro che hanno a cuore la drammatica situazione in cui versa il popolo tibetano.

L'associazione realizza importanti iniziative tendenti a sensibilizzare l'opinione pubblica sulla dimensione di questo olocausto dimenticato.

Il bollettino dell'Associazione, nel numero di presentazione, ebbe a scrivere:

> Nel 1950 le truppe dell'esercito della Repubblica Popolare Cinese invasero e occuparono il Tibet, uno Stato fino ad allora assolutamente indipendente e del tutto differente dalla Cina in quanto ad etnia, sistema sociale, cultura, religione e tradizioni.
>
> Quello che è stato fatto subire al Tibet ed al suo popolo negli ultimi quarant'anni è uno spaventoso sopruso che ripugna alle coscienze di tutte le persone libere e amanti della libertà, della pace e dei diritti umani. Un vicino immensamente piú forte sul piano del numero e della potenza militare ha consumato e sta consumando un vero e proprio genocidio ai danni della nazione tibetana; oltre un milione e duecentomila morti, a causa diretta o indiretta dell'invasione; piú del 95% dei templi, monasteri e luoghi di culto distrutti; l'impossibilità (totale fino al 1980, parziale oggi) di praticare realmente il Buddhismo (come del resto il *Bon*, l'antica religione autoctona del Tibet); l'imposizione della lingua cinese nelle scuole (dove fino a poco tempo fa era addirittura proibito lo studio di quella tibetana, oggi consentito come seconda lingua).
>
> Sono dati ampiamente documentati e che atterriscono. È l'olocausto di un popolo gentile, onesto, laborioso, fedele alle proprie radici che si rifiuta ostinatamente ed eroicamente di scomparire in quanto tale.

Nel cercare di aiutare il Tibet e la sua gente in un momento cosí difficile e drammatico è nata l'ASSOCIAZIONE ITALIA-TIBET con sede a Milano. Dallo statuto dell'Associazione Italia-Tibet meritano essere citati i seguenti punti:

a) l'Associazione si propone di promuovere in Italia la conoscenza della cultura tibetana in tutti i suoi aspetti: sociali, culturali e religiosi.

b) l'Associazione riconosce S. S. il Dalai Lama come massima autorità spirituale e politica del popolo tibetano e il Governo Tibetano in esilio come unico rappresentante morale e legale della Nazione Tibetana.

c) l'Associazione sostiene il "piano di pace in cinque punti" che S. S. il Dalai Lama ha proposto per la soluzione del problema tibetano.

d) l'Associazione si propone di far conoscere in Italia le violazioni dei fondamentali diritti umani attuate in Tibet al fine di creare un movimento di opinione pubblica che possa contribuire al ristabilimento delle libertà democratiche nella società tibetana.

e) l'Associazione intende aiutare economicamente i profughi tibetani rifugiati in India mediante raccolta di fondi e provvedere alle loro necessità mediche.

f) l'Associazione intende pubblicare periodicamente un bollettino d'informazione ed altro materiale inerente agli aspetti culturali, sociali e religiosi del mondo tibetano. Inoltre l'Associazione ha in programma di promuovere convegni, seminari, proiezioni, dibattiti e manifestazioni atti a perseguire agli scopi di cui sopra.

Il modo migliore per aiutare e rimanere in contatto con l'ASSOCIAZIONE ITALIA-TIBET è quello di iscriversi a una delle tre categorie di soci previste:

      a) *socio ordinario* (L. 50.000 annue)
      b) *socio sostenitore* (L. 150.000 annue)
      c) *socio benemerito* (L. 500.000 annue)

N. B.: l'iscrizione a *socio ordinario* dà diritto a ricevere gratuitamente il bollettino "Tibet News-Italia" che sarà pubblicato trimestralmente dall'Associazione a partire dall'autunno 1988; l'iscrizione a *socio sostenitore* dà diritto a ricevere il bollettino, piú il dono del volume sonoro: *I popoli del Tibet* edito dalla Ludi Sound; l'iscrizione a *socio benemerito* dà diritto a ricevere il bollettino, piú il dono di una videocassetta sul mondo dei profughi tibetani.

È possibile inoltre sottoscrivere l'abbonamento al solo bollettino (L. 15.000 annue).

Tutti i versamenti debbono essere effettuati tramite assegno bancario intestato all'Associazione Italia-Tibet. In caso di invio di vaglia telegrafico si prega di inviare l'importo al consigliere Giovanni Ribaldone.

Il Consiglio dell'ASSOCIAZIONE ITALIA-TIBET è attualmente costituito dai seguenti membri:

      Piero Verni (scrittore), presidente
      Chodup Tsering (docente), vice-presidente
      Carmen Leccardi (docente), segretario
      Vicky Sevegnani (fotografa), tesoriere
      Susanna Parodi (stilista), consigliere
      Giovanni Ribaldone (docente), consigliere
      Gianluca Vido (giornalista), consigliere

COSTITUZIONE DEL TIBET

promulgata da
S.S. il DALAI LAMA
10 marzo 1963

Prefazione

Ancora prima della mia partenza dal Tibet nel marzo 1959, ero giunto alla conclusione che nelle circostanze cangianti del mondo moderno, il sistema di governo nel Tibet doveva essere modificato e migliorato in modo da permettere ai rappresentanti eletti del popolo di svolgere un ruolo piú effettivo nella guida e realizzazione della politica sociale ed economica dello Stato. Credevo pure fermamente che ciò sarebbe potuto accadere soltanto tramite delle istituzioni democratiche basate sulla giustizia economica e sociale. Sfortunatamente per me ed il mio popolo, tutti i nostri sforzi vennero annientati dalle autorità cinesi, che avevano stabilito nel Tibet la peggiore forma di regime coloniale.

Ben presto, dopo il mio arrivo in India, decisi che si preparasse la bozza di una costituzione per donare al popolo del Tibet una nuova speranza ed una nuova concezione; come il Tibet avrebbe dovuto essere governato, quando avesse acquistato la sua libertà ed indipendenza. A questo scopo vennero annunciati i tratti dei principi della costituzione, il 10 ottobre 1961. Ciò venne accolto calorosamente da tutti i tibetani in India ed all'estero, particolarmente dai rappresentati eletti dei tibetani adesso viventi in esilio. Poi, sulla base di questi principi e dopo consultazioni con i rappresentanti del popolo, sia laici che religiosi, questa costituzione venne elaborata nel dettaglio. Questa considera le dottrine enunciate da N.S. Buddha, l'eredità spirituale e temporale del Tibet e le idee e gli ideali del mondo moderno. Cosí s'intende assicurare al popolo del Tibet un sistema di democrazia basato sulla giustizia ed uguaglianza e garantire il suo progresso culturale, religioso ed economico.

È il mio serio auspicio che non appena il Tibet ridiventerà libero ed indipendente, il sistema di governo, come stabilito in questa costituzio-

ne, sia adottato per il beneficio del mio popolo. Poi verrà dato l'ultimo tocco alla costituzione in conformità ai desideri ed alle aspirazioni dell'Assemblea Nazionale.

Questa costituzione è stata da me proclamata nel quarto anniversario della ribellione del popolo del Tibet contro l'aggressore cinese. In quel giorno, che segna la gloria ed il coraggio del mio popolo, spiegai a tutti la situazione con la quale eravamo confrontati. Ora faccio appello ancora una volta al mio popolo all'interno ed all'esterno del Tibet, che ognuno di noi debba portare la responsabilità per riacquistare la libertà del nostro amato Paese tramite sforzi seri ed uniti. Dobbiamo tutti ricordare l'insegnamento di N.S. Buddha che la verità e la giustizia prevarranno alla fine.

Il Dalai Lama

Swargashram
Upper Dharamsala
Punjab, India

COSTITUZIONE DEL TIBET

Poiché è diventato crescentemente evidente che il sistema di governo che ha prevalso fino ad oggi nel Tibet si è dimostrato di non sufficentemente corrispondere ai bisogni presenti ed al futuro sviluppo del popolo

e poiché è stato ritenuto desiderabile e necessario che i principi d'uguaglianza e democrazia insegnati da N.S. Buddha siano rinforzati e rafforzati nel governo del Tibet

e poiché è stato ritenuto essenziale che il popolo del Tibet abbia una voce più effettiva nel plasmare il proprio destino

ora perciò S.S. il Dalai Lama si compiacque di disporre e con il presente ordinò quanto di seguito:

Capitolo I

PRELIMINARI

Inizio – articolo 1. La costituzione dovrà entrare in vigore il giorno fissato a questo scopo da S.S. il Dalai Lama.

Natura della politica tibetana – articolo 2. Il Tibet dovrà essere uno Stato unitario e democratico fondato sui principi insegnati da N.S. Buddha, e nessuna modifica dovrà essere apportata a questa costituzione salvo in conformità con le norme più sotto specificate.

Principi di governo – articolo 3. Sarà il dovere del governo del Tibet aderire strettamente alla Dichiarazione Universale dei Diritti dell'Uomo e promuovere il bene morale e materiale del popolo del Tibet.

Invalidità costituzionale – articolo 4. (1) Ogni legge, ordinanza o regolamento od ogni atto amministrativo, che contraddice ad una norma di questa costituzione, dovrà essere nullo nella misura della contraddizione.

(2) La Corte Suprema dovrà essere specificatamente autorizzata a decidere se delle leggi, delle ordinanze, dei regolamenti od atti amministrativi violino i termini di questa costituzione.

Riconoscimento del Diritto Internazionale – articolo 5. Ogni legge, ordinanza e regolamento in vigore nei territori dello stato dovrà essere conforme ai principi generalmente riconosciuti del Diritto Internazionale, e lo stato legale degli stranieri dovrà essere regolato da delle leggi in conformità alle regole internazionali ed i trattati.

Rinuncia alla guerra – articolo 6. In accordo alle sue tradizioni, il Tibet rinuncia alla guerra quale strumento di politica offensiva, e la violenza non dovrà essere usata contro la libertà di altri popoli e quale mezzo di soluzione di controversie internazionali; esso aderirà ai principi della Carta delle Nazioni Unite.

Cittadinanza – articolo 7. L'Assemblea Nazionale dovrà elaborare tali norme, che potranno essere necessarie rispetto all'acquisto od alla perdita della nazionalità tibetana e di tali altre materie ad esse connesse.

CAPITOLO II

DIRITTI E DOVERI FONDAMENTALI

Uguaglianza dinanzi alla legge – articolo 8. Tutti i tibetani dovranno essere uguali dinanzi alla legge, ed il godimento dei diritti e delle libertà enunciati in questo capitolo dovrà essere assicurato senza discriminazione di qualsiasi causa quali sesso, razza, lingua, religione, origine sociale, proprietà, nascita od altro stato.

Diritto alla vita, libertà e proprietà – articolo 9. Nessuno dovrà essere privato della vita, della libertà o proprietà senza processo legale.

Diritto alla vita – articolo 10. Ogni persona dovrà avere il diritto alla vita, premesso che la privazione della vita non dovrà essere ritenuta contravvenente a questo articolo, se risulta dall'uso della violenza in misura strettamente ed assolutamente necessaria a) per la difesa di qualsiasi persona contro una violenza illegale b) per effettuare un arresto legale o prevenire la fuga di una persona legalmente detenuta oppure c) durante un'azione intrapresa legalmente per sedare una ribellione od un'insurrezione.

Diritto alla libertà – articolo 11. (1) Nessuna persona arrestata dovrà essere detenuta senza essere informata il piú presto possibile dei motivi di tale arresto e non le dovrà essere nemmeno negato il diritto di consultare e di essere difeso da un avvocato di sua scelta e di avere tempo e possibilità adeguati per la preparazione della sua difesa.

(2) Ogni persona arrestata e detenuta dovrà essere prodotta dinanzi alla corte piú vicina avente giurisdizione entro un periodo di 24 ore dall'arresto, escluso il tempo necessario per il viaggio tra il luogo d'arresto e la corte del magistrato, e nessuna persona dovrà essere detenuta oltre tale periodo senza l'autorizzazione del magistrato.

(3) Ogni persona arrestata e detenuta contravvenendo a tale norma di quest'articolo dovrà avere un diritto esigibile d'indennità.

Garanzia in procedimenti giudiziari – articolo 12. Ogni persona dovrà avere il diritto all'ascolto equo e pubblico entro un lasso di tempo ragionevole da parte d'un tribunale indipendente ed imparziale stabilito dalla legge. Il giudizio dovrà essere pronunciato pubblicamente, ma la stampa ed il pubblico possono essere esclusi da tutto o da una parte del processo nell'interesse della moralità pubblica, dell'ordine pubblico o della sicurezza nazionale, quando l'interesse di giovani o la protezione della vita privata delle parti lo richiedono oppure, nella misura strettamente necessaria nell'opinione della corte, in circostanze speciali, nelle quali la pubblicità pregiudicherebbe gli interessi della giustizia.

(2) Ogni persona imputata d'una violazione della legge penale dovrà essere presunta innocente finché non è provata la sua colpa conforme alla legge.

(3) Ogni persona imputata d'una violazione penale dovrà avere l'assistenza gratuita di a) un avvocato, se gli interessi della giustizia lo richiedono, in caso che non abbia sufficienti mezzi per pagarlo e b) un interprete, se non può intendere o parlare la lingua usata nella corte.

Protezione concernente il riconoscimento di violazione di leggi – articolo 13. (1) Nessuno dovrà essere riconosciuto colpevole d'una violazione di legge salvo che per una violazione d'una legge in vigore al momento della commissione dell'atto imputato quale violazione di legge, e nemmeno dovrà essere soggetto ad una pena maggiore di quella che avrebbe dovuto essere inflitta sotto la legge in vigore al momento della commissione della violazione di legge.

(2) Nessuno dovrà essere perseguito e punito per la stessa violazione di legge piú d'una volta.

(3) Nessuno accusato d'una violazione di legge dovrà essere obbligato a testimoniare contro se stesso.

Divieto di trattamento disumano – articolo 14. Nessuno dovrà essere soggetto a tortura o trattamento o punizione disumano o degradante.

Divieto di schiavitú e lavoro forzato – articolo 15. (1) Nessuno dovrà essere tenuto in schiavitú od obbligato a compiere lavoro forzato od al quale sia costretto.

(2) Agli effetti di quest'articolo, il termine "lavoro forzato od al quale si è costretto" non dovrà includere a) ogni lavoro il cui compimento viene richiesto nel corso di detenzione su sentenza di una corte legale b) ogni servizio richiesto in caso d'emergenza o di calamità minacciante la vita od il benessere della comunità c) ogni servizio a carattere militare o d) ogni lavoro o servizio che fa parte dei normali obblighi civici d'una nazione.

Divieto di lavoro da parte di bambini – articolo 16. Nessun bambino al di sotto dell'età di 14 anni dovrà essere impiegato al lavoro in una fabbrica od una mina od in ogni altra occupazione pericolosa.

Libertà religiosa – articolo 17. (1) Ogni denominazione religiosa è uguale davanti alla legge.

(2) Ogni tibetano dovrà avere il diritto alla libertà di pensiero, di coscienza e di religione. Il diritto include la libertà di credere, praticare, adorare ed osservare apertamente ogni religione da solo od in comunità con altri.

(3) La libertà di manifestare la propria religione od il credo e di occuparsi di una qualsiasi materia concernente dei fini religiosi o caritativi o da solo od in comunità con altri dovrà essere soggetta soltanto a tali limitazioni quali sono prescritte dalla legge e sono necessarie nell'interesse della sicurezza pubblica, per la protezione dell'ordine pubblico, la salute o la morale o per la protezione dei diritti e della libertà di altri.

Altre libertà fondamentali – articolo 18. Soggetti ad ogni legge imponente delle restrizioni ragionevoli nell'interesse della sicurezza dello Stato, dell'ordine pubblico, della salute o della moralità, tutti cittadini dovranno avere il diritto a:

a) libertà di parola e d'espressione
b) riunione pacifica e senza armi
c) formazione di associazioni o di sindacati
d) spostamento libero per tutto il territorio del Tibet
e) possesso di passaporto per viaggiare al di fuori di tali territori
f) residenza ed abitazione in ogni parte del Tibet
g) acquisto, mantenimento e disposizione di proprietà
h) esercizio di ogni professione, occupazione, commercio o svolgimento di ogni affare.

Diritto alla proprietà – articolo 19. Nessuno dovrà essere privato della sua proprietà salvo che per legge e per un fine pubblico contro equa indennità.

Diritto di voto – articolo 20. Tutti i tibetani, uomini e donne, che hanno raggiunto l'età di 18 e piú anni, dovranno avere il diritto di voto. Il diritto di voto dovrà essere personale, uguale, libero e segreto, ed il suo esercizio dovrà essere ritenuto un'obbligo civico.

Incapacità al voto – articolo 21. (1) Una persona dovrà essere inabile al voto, se risulta non sana di mente ed è dichiarata tale da una corte competente.

(2) Una persona non dovrà avere il diritto di voto, se dichiarata inabile da una legge.

Diritto a svolgere una funzione pubblica – articolo 22. Tutti i tibetani di ambo i sessi dovranno avere diritto di svolgere una funzione pubblica, sia elettiva che di altra natura, su condizioni di uguaglianza in conformità ai requisiti di legge.

Obblighi dei cittadini – articolo 23. Tutti i tibetani dovranno adempiere ai seguenti obblighi costituzionali:

a) usare lealtà nei confronti dello Stato del Tibet
b) soddisfare ed osservare lealmente la costituzione e le leggi dello Stato
c) pagare le tasse imposte dallo Stato in conformità alle leggi e
d) adempiere a tali obblighi che possono essere imposti dalla legge nel caso di minaccia della sicurezza nazionale o di altra pubblica calamità.

Rivendicazione di diritti – articolo 24. Ogni cittadino i cui diritti e libertà enunciati in questo capitolo sono violati, dovrà avere diritto di rivolgersi alla Corte Suprema, Corte Regionale ed altre corti che l'Assemblea Nazionale può designare tramite legge per la rivendicazione di tali diritti e libertà elencati in questo capitolo, e la corte dovrà possedere il diritto di rilasciare quei provvedimenti che saranno necessari per la tutela di tali diritti.

Capitolo III

DEI FONDI

Possesso di fondi – articolo 25. (1) Tutti i fondi dovranno appartenere allo Stato e dovranno essere messi a disposizione contro pagamento d'un fitto annuo quale può essere fissato di tempo in tempo per la costruzione, per scopi agricoli ed altri secondo le necessità.

(2) Lo Stato dovrà prevenire la concentrazione di possesso di fondi in modo da promuovere la giustizia economica e sociale.

(3) Nessun fondo dovrà essere trasferibile da parte del possessore o poter essere usato per qualsiasi scopo differente da quello per il quale è stato concesso, senza il permesso dello Stato.

Capitolo IV
PRINCIPI DIRETTIVI DELLO STATO

Benessere sociale – articolo 26. (1) Lo Stato dovrà adoperarsi per assicurare che la proprietà ed il controllo delle risorse materiali della comunità siano distribuite in maniera da servire nel miglior modo al bene comune e che il funzionamento del sistema economico non dia il risultato di una concentrazione di ricchezze e di mezzi di produzione nociva alla comunità.

(2) Il sistema di tassazione dovrà essere impostato in modo che gli oneri siano distribuiti secondo le capacità.

(3) Lo Stato dovrà dirigere la propria politica in modo d'assicurare a tutti i cittadini, uomini e donne in modo uguale, d'aver diritto ad adeguati mezzi di sussistenza e che vi sia una uguale paga per uguale lavoro per uomini e donne.

Educazione e cultura – articolo 27. (1) Lo Stato dovrà adoperarsi per promuovere l'educazione in modo che ad ogni bambino al di sopra dei 6 anni d'età siano messe a disposizione delle possibilità educative e che sia assicurata un'educazione primaria gratuita per un periodo di 7 anni.

(2) Lo Stato dovrà rivolgere speciale attenzione ai giovani e promuovere l'educazione tecnica, professionale e superiore. Una tale educazione dovrà essere generalmente accessibile e disponibile sulla base dei meriti, e delle borse di studio dovranno pure essere disponibili sulla base dei meriti per coloro che non hanno i mezzi per tale educazione.

(3) Tutti gli istituti educativi dovranno essere sotto il controllo e la supervisione dello Stato.

(4) Lo Stato dovrà adoperarsi per conservare e promuovere la cultura nazionale e sostenere delle ricerche sia nelle arti che nelle scienze.

Salute – articolo 28. (1) Lo Stato dovrà adoperarsi a promuovere adeguatamente la salute ed i servizi medici e garantire che tali servizi siano disponibili gratuitamente per quelle sezioni della popolazione che non sono in grado di pagare gli stessi.

(2) Lo Stato dovrà adoperarsi per provvedere alle necessarie possibilità di istituzioni per la cura degli anziani e degli infermi.

Capitolo V
DEL GOVERNO ESECUTIVO

Potere esecutivo – articolo 29. (1) Il potere esecutivo dello Stato risiede in S.S. il Dalai Lama dopo raggiungimento del 18° anno di età e dovrà essere esercitato da lui o direttamente o tramite dei funzionari a lui subordinati in conformità a questa costituzione.

(2) Senza pregiudizio per tutte quante le norme precedenti, S.S. il Dalai Lama quale Capo dello Stato dovrà

a) accreditare o richiamare dei rappresentanti diplomatici in Paesi stranieri e ricevere dei rappresentanti dei diplomatici stranieri e ratificare dei trattati internazionali previa approvazione in certi casi dell'Assemblea Nazionale o della Commissione Permanente dell'Assemblea Nazionale

b) concedere la grazia, la sospensione od il condono di punizioni o sospendere, revocare o commutare la sentenza circa ogni persona dichiarata colpevole di una violazione di legge

c) conferire degli onori e dei riconoscimenti di meriti

d) promulgare delle leggi ed ordinanze aventi vigore e validità di leggi

e) convocare ed aggiornare l'Assemblea Nazionale

f) inviare dei messaggi all'Assemblea Nazionale ed arringarla ogni volta che, secondo il suo giudizio, lo ritiene necessario e

g) autorizzare lo svolgimento d'un referendum nei casi previsti da questa costituzione.

(3) Niente in quest'articolo dovrà essere ritenuto atto ad alterare od intaccare in qualsiasi maniera il potere e l'autorità di S.S. il Dalai Lama quale Capo Supremo Spirituale dello Stato.

Ministri ed il Kashag – articolo 30. (1) S.S. il Dalai Lama dovrà di tanto in tanto nominare un tale numero di ministri quali possono essere necessari. Oltre ai già citati ministri S.S. il Dalai Lama dovrà nominare un Primo Ministro e non meno di cinque altri ministri come membri del Kashag.

(2) Nessun ministro dovrà essere membro dell'Assemblea Nazionale.

(3) Ogni persona nominata ministro dovrà, dopo tale nomina, nel caso che sia membro dell'Assemblea Nazionale, rinunciare al suo seggio nell'Assemblea Nazionale.

(4) Prima che un ministro entri nelle sue funzioni, S.S. il Dalai Lama dovrà fargli prestare il giuramento d'ufficio e di segretezza secondo la forma e la procedura prescritta dalla legge.

(5) Il Kashag dovrà aiutare e consigliare S.S. il Dalai Lama nell'amministrazione del governo esecutivo dello Stato.

(6) Gli stipendi ed i rimborsi spese dei ministri dovranno essere di tale entità quanto l'Assemblea Nazionale potrà, di tanto in tanto, determinare tramite legge.

Riunioni del Kashag – articolo 31. (1) S.S. il Dalai Lama dovrà presiedere alle riunioni del Kashag, ed in sua assenza tali riunioni dovranno essere presiedute dal Primo Ministro o dal ministro più anziano presente.

(2) S.S. il Dalai Lama può invitare ogni altro ministro a partecipare a tali riunioni del Kashag.

Promulgazione di leggi – articolo 32. S.S. il Dalai Lama dovrà promulgare delle leggi entro due settimane dalla loro trasmissione al Kashag dopo la loro approvazione finale da parte dell'Assemblea Nazionale. Premesso sempre, che S.S. il Dalai Lama può chiedere all'Assemblea di riconsiderare la legge od ogni provvedimento prima del decorso di tale periodo, e l'Assemblea Nazionale dovrà riconsiderarla conforme al messaggio di S.S. il Dalai Lama.

Sottimissione a referendum – articolo 33. S.S. il Dalai Lama può, secondo suo giudizio o su raccomandazione del Kashag, sottoporre ogni proposta di legge a referendum, e se la legge proposta viene approvata dalla maggioranza degli elettori, S.S. il Dalai Lama dovrà promulgarla entro il periodo specificato nell'articolo precedente.

Scioglimento dell'Assemblea Nazionale – articolo 34. S.S. il Dalai Lama può sciogliere l'Assemblea Nazionale dopo consultazione col Kashag ed il Presidente dell'Assemblea Nazionale. Premesso sempre che in tali casi dovranno essere tenute elezioni generali entro non meno di 40 giorni dopo lo scioglimento.

Conduzione degli affari del governo – articolo 35. (1) Tutta l'azione esecutiva del governo del Tibet dovrà essere espressa in modo da risultare intrapresa nel nome di S.S. il Dalai Lama.

(2) Previa approvazione di S.S. il Dalai Lama, il Kashag potrà emanare delle regole per lo svolgimento più conveniente degli affari del gover-

no del Tibet e per la distribuzione dei compiti fra i ministri e poi sottomettere tale bozza di proposta a S.S. il Dalai Lama per l'approvazione.

Consiglio di reggenza – articolo 36. (1) Ci dovrà essere un Consiglio di Reggenza, che eserciterà i poteri esecutivi nelle seguenti circostanze:

a) fino al momento che il Dalai Lama reincarnato raggiunge l'età da poter assumere i poteri dei suoi predecessori

b) fino al momento che S.S. il Dalai Lama ha assunto i poteri del suo predecessore

c) nel caso un'inabilità impedisca S.S. il Dalai Lama d'esercitare le sue funzioni esecutive

d) nel caso d'assenza di S.S. il Dalai Lama dallo Stato

e) quando l'Assemblea Nazionale, con la maggioranza di due terzi del suo numero totale di membri, dopo consultazione con la Corte Suprema, decide che nel piú alto interesse dello Stato sia cogente che le funzioni esecutive di S.S. il Dalai Lama siano esercitate dal Consiglio di Reggenza.

(2) Il Consiglio di Reggenza dovrà consistere di tre membri eletti dall'Assemblea Nazionale di cui uno dovrà essere un rappresentante ecclesiastico. Premesso che un membro dell'Assemblea Nazionale dovrà rinunciare al suo seggio, se eletto membro del Consiglio di Reggenza.

(3) Ogni ministro, se eletto membro del Consiglio di Reggenza, dovrà cessare di svolgere la sua funzione di ministro.

(4) Una persona, non appena eletta membro del Consiglio di Reggenza, dovrà prestare il giuramento d'ufficio dinanzi all'Assemblea Nazionale secondo la forma prescritta dalla legge.

(5) Ogni qualvolta un membro del Consiglio di Reggenza, in seguito a morte o per altre ragioni, è inabile a svolgere le sue funzioni, l'Assemblea Nazionale dovrà eleggere un nuovo membro.

(6) Se viene richiesto che un membro del Consiglio di Reggenza sia rimosso dal suo ufficio, mentre l'Assemblea Nazionale non è in sessione, la Commissione Permanente dell'Assemblea, dopo consultazione col Kashag, può privare il membro delle sue funzioni e raccomandare piú tardi all'Assemblea Nazionale di rimuovere tale persona dal suo ufficio. L'Assemblea Nazionale può rimuovere questo membro, se lo considera appropriato, e dopo la rimozione, dovrà eleggere un nuovo membro nella stessa sessione.

(7) Se viene richiesto di rimuovere due o tre membri del Consiglio di Reggenza dal loro ufficio, mentre l'Assemblea Nazionale non è in sessione, la Commissione Permanente dell'Assemblea, dopo consultazione col Kashag, può convocare un'Assemblea d'Emergenza e raccomandare all'Assemblea Nazionale di rimuovere tali persone dal loro ufficio. L'Assemblea può rimuovere tutti o una parte dei membri se lo ritiene appropriato. L'Assemblea dovrà, dopo tale rimozione, eleggere nuovi membri al posto di quelli rimossi nella stessa sessione.

(8) La durata d'ogni Consiglio di Reggenza sarà dello stesso periodo che quello dell'Assemblea Nazionale.

(9) Il Consiglio di Reggenza, dopo consultazione col Kashag, il Consiglio Ecclesiastico e la Commissione Permanente dell'Assemblea Nazionale, condurrà le ricerche per la reincarnazione di S.S. il Dalai Lama. Il Consiglio sottometterà poi i suoi risultati e l'opinione circa la determinazione e l'istallazione della reincarnazione all'Assemblea Nazionale per l'approvazione d'una soluzione.

(10) Il Consiglio di Reggenza non dovrà avere nessun potere d'alienare una qualsiasi parte del territorio dello Stato o stipulare un qualsiasi accordo internazionale in relazione all'indipendenza dello Stato, salvo che previa approvazione da parte della maggioranza degli elettori espressa in un referendum tenuto in conformità alle norme di questa costituzione e tali altre leggi, che possono essere emanate a questo riguardo dall'Assemblea Nazionale.

Consiglio Ecclesiastico – articolo 37. (1) Ci dovrà essere un Consiglio Ecclesiastico, che amministrerà gli affari dei monasteri e delle istituzioni religiose nello Stato sotto la diretta autorità di S.S. il Dalai Lama.

(2) Il Consiglio Ecclesiastico dovrà consistere di non meno di cinque membri direttamente nominati da S.S. il Dalai Lama di tanto in tanto.

(3) Il Consiglio Ecclesiastico, previa approvazione dal S.S. il Dalai Lama, avrà la responsabilità ed il potere d'amministrare tutti gli affari religiosi.

Capitolo VI
DELL'AUTORITÀ LEGISLATIVA

Potere legislativo – articolo 38. (1) Tutto il potere legislativo dovrà risiedere nell'Assemblea Nazionale soggetto all'approvazione da parte di S.S. il Dalai Lama.

Composizione dell'Assemblea Nazionale – articolo 39. (1) L'Assemblea Nazionale dovrà consistere di:

a) 75% di membri direttamente eletti dal popolo nei distretti elettorali territoriali

b) 10% di membri eletti dai monasteri ed altre istituzioni religiose conformemente alle leggi emanate a questo riguardo

c) 10% di membri eletti dai Consigli Regionali e Distrettuali in conformità alle leggi emanate a questo riguardo e

d) 5% di membri nominati direttamente da S.S. il Dalai Lama. Tali persone dovranno essere scelte per i loro eccezionali servizi nel campo dell'arte, della scienza e della letteratura.

(2) Per gli scopi della cifra 1 a), lo Stato dovrà essere diviso in distretti elettorali territoriali. Ogni distretto elettorale dovrà essere costituito da una parte uguale degli aventi diritto al voto. Il numero di membri d'attribuire ad ogni distretto elettorale dovrà essere determinato da una Commissione Elettorale nominata a questo scopo da S.S. il Dalai Lama.

Durata dell'Assemblea Nazionale – articolo 40. (1) Ogni Assemblea Nazionale, se non viene sciolta prima, dovrà continuare per cinque anni dalla data fissata per la sua prima riunione e non piú a lungo, ed il decorso di tale periodo di cinque anni dovrà avere l'effetto di scioglimento della Camera.

(2) Ci dovrà essere una Commissione Permanente dell'Assemblea Nazionale, mentre l'Assemblea non è in sessione.

(3) L'Assemblea Nazionale dovrà preparare delle proposte circa gli obblighi, i poteri ed il numero dei membri della Commissione Permanente e presentare tali proposte a S.S. il Dalai Lama per l'approvazione.

Qualificazione a membro dell'Assemblea Nazionale – articolo 41. Nessuno dovrà essere qualificato ad essere eletto all'Assemblea Nazionale, se non è a) cittadino tibetano, che abbia raggiunto l'età di venticinque anni e b) non soggetto ad una qualsiasi inabilità, che può essere sancita a questo riguardo o da una qualsiasi legge emanata dall'Assemblea Nazionale.

Sessioni dell'Assemblea Nazionale – articolo 42. (1) S.S. il Dalai Lama dovrà di tanto in tanto convocare la regolare Assemblea Nazionale a riunirsi in quel luogo ed a quel tempo, che può essere fissato a questo riguardo, ma non dovranno passare sette mesi tra l'ultima seduta in una sessione e la data fissata per la prima seduta nella seguente sessione.

(2) Soggetto a quanto sancito in questa costituzione, S.S. il Dalai Lama può a) aggiornare l'Assemblea Nazionale b) sciogliere l'Assemblea Nazionale.

Discorso e messaggio all'Assemblea Nazionale da parte di S.S. il Dalai Lama – articolo 43. (1) All'inizio della prima sessione dopo le elezioni generali ed all'inizio della prima sessione di ogni anno, S.S. il Dalai Lama dovrà arringare l'Assemblea Nazionale ed informarla delle cause della sua convocazione.

(2) S.S. il Dalai Lama può inviare dei messaggi all'Assemblea Nazionale o concernenti una proposta di legge trattata dall'Assemblea od altro, e l'Assemblea dovrà poi, con conveniente urgenza, considerare ogni materia contenuta nel messaggio ed additata alla considerazione.

Sessioni speciali – articolo 44. (1) Delle sessioni speciali dell'Assemblea Nazionale possono essere convocate da S.S. il Dalai Lama su richiesta del Kashag o della maggioranza dei membri dell'Assemblea.

(2) Tutte le speciali sessioni dell'Assemblea Nazionale dovranno essere aperte e chiuse tramite un decreto di S.S. il Dalai Lama.

Diritto all'accesso di ministri – articolo 45. Ogni ministro dovrà avere il diritto di parlare o di partecipare in altro modo ai dibattiti dell'Assemblea Nazionale e di ogni commissione dell'Assemblea Nazionale di cui può essere nominato ad essere membro, ma non dovrà avere il diritto di voto.

Il Presidente dell'Assemblea Nazionale – articolo 46. (1) L'Assemblea Nazionale dovrà eleggere nella sua prima sessione dopo le elezioni generali due membri dell'Assemblea ad essere rispettivamente il suo Presidente e Vicepresidente, ed ogni qualvolta l'ufficio di Presidente o Vicepresidente non è più ricoperto, l'Assemblea dovrà eleggere un altro membro a Presidente o Vicepresidente, come si presenterà il caso.

(2) Il Presidente o Vicepresidente dovrà rinunciare al suo ufficio, se cessa di essere membro dell'Assemblea Nazionale oppure è rimosso dal suo ufficio tramite una risoluzione dell'Assemblea approvata dalla maggioranza di due terzi di tutti i membri dell'Assemblea.

(3) Dovranno essere pagati al Presidente od al Vicepresidente dell'Assemblea Nazionale un tale stipendio e tali rimborsi spese, come può essere fissato dall'Assemblea Nazionale tramite legge.

Privilegi dei membri dell'Assemblea – articolo 47. Nessun membro dell'Assemblea Nazionale potrà essere sottoposto ad una procedura dinanzi ad una qualsiasi corte riguardo a qualsiasi cosa detta o per un qualsiasi voto nell'Assemblea Nazionale od in un qualsiasi comitato della stessa, e nessuno dovrà essere sottoposto ad una tale procedura riguardo ad una pubblicazione di o sotto le autorità dell'Assemblea Nazionale, sia sotto forma di rapporto, documento o verbale.

(2) Quando l'Assemblea è in sessione, nessun membro della stessa potrà essere perseguito od arrestato per violazioni di leggi civili o penali senza la previa autorizzazione del Presidente dell'Assemblea Nazionale, salvo che venga arrestato in flagrante.

(3) In altri riguardi, i privilegi dei membri dell'Assemblea Nazionale dovranno essere tali come di tanto in tanto potranno essere definiti dall'Assemblea Nazionale tramite legge.

Giuramento o dichiarazione in luogo di giuramento da parte di membri – articolo 48. Ogni membro dell'Assemblea Nazionale dovrà, prima di occupare il suo seggio, prestare e sottoscrivere un giuramento od una dichiarazione in luogo di giuramento dinanzi al Presidente od una persona nominata a tale scopo secondo la forma prescritta dalla legge.

Votazioni nell'Assemblea – articolo 49. (1) Salvo sancito diversamente in questa costituzione, tutte le questioni in ogni seduta dell'Assemblea Nazionale dovranno essere decise da una maggioranza di voti dei membri presenti e votanti oltre al Presidente od alla persona agente da Presidente. Il Presidente o la persona agente come tale non dovrà votare nella prima istanza, ma dovrà avere ed esercitare il voto decisivo nel caso d'uguaglianza di voti.

(2) L'Assemblea Nazionale dovrà avere il potere d'agire malgrado la mancanza di uno o piú membri, ed i provvedimenti ed i dibattiti

dell'Assemblea dovranno essere validi, anche se susseguentemente si scoprisse che una persona, che non ne aveva il diritto, aveva occupato un seggio o votato o partecipato in altro modo ai dibattiti ed ai provvedimenti.

(3) Il quorum per una riunione dell'Assemblea Nazionale dovrà essere d'un quinto del numero totale del numero dei membri dell'Assemblea Nazionale.

(4) Se in qualsiasi momento, durante una riunione dell'Assemblea Nazionale, non sussiste il quorum, dovrà essere il dovere del Presidente o della persona agente come tale o d'aggiornare l'Assemblea o sospendere la riunione, finché sarà raggiunto di nuovo il quorum.

Seggi vacanti – articolo 50. (1) Se un membro dell'Assemblea Nazionale è eletto a membro del Consiglio di Reggenza o a ministro o diventa soggetto alle ragioni d'inabilità menzionate nell'articolo successivo o rinuncia al suo seggio, scrivendo una lettera di propria mano indirizzata al Presidente, il suo seggio dovrà diventare vacante.

(2) Se per un periodo di sessanta giorni un membro dell'Assemblea Nazionale è assente da tutte le riunioni della stessa senza il permesso dell'Assemblea, questa può dichiarare il suo seggio vacante. Premesso che nel calcolo di tale periodo di sessanta giorni non dovrà essere tenuto conto d'un qualsiasi periodo durante il quale l'Assemblea è aggiornata per piú di quattro giorni consecutivi.

Inabilità ad essere membro – articolo 51. Una persona dovrà essere inabile ad essere scelta come ed a svolgere la funzione di membro dell'Assemblea Nazionale:

a) se ha un ufficio rimunerato sotto il governo del Tibet tranne che l'ufficio sia dichiarato non inabilitante da parte dell'Assemblea Nazionale tramite legge

b) se è insana di mente ed è stata dichiarata tale da una corte competente

c) se è insolvente

d) se non è un cittadino tibetano od è stato riconosciuto leale od aderente ad uno Stato straniero

e) se è soggetto a motivi d'inabilità dichiarati da una legge dell'Assemblea Nazionale.

Decisione di questioni circa l'inabilità di membri – articolo 52. Se si presenta la questione se il membro dell'Assemblea Nazionale sia divenuto soggetto ad un qualsiasi motivo d'inabilità menzionato nell'articolo precedente, la questione dovrà essere trasmessa al Giudice Superiore della Corte Suprema, e la sua decisione dovrà essere definitiva.

Penalità per occupazione di seggio e votazione prima del prestamento di giuramento o se inabile – articolo 53. Se una persona occupa un seggio o vota quale membro dell'Assemblea Nazionale prima d'aver prestato e sottoscritto un giuramento od una dichiarazione in luogo di giuramento o se essa sa che non è qualificata o che è inabile ad essere membro dell'Assemblea o che le è stato vietato di esserlo da una norma di legge emanata dall'Assemblea Nazionale, dovrà essere passibile d'una multa di ... per ogni giorno nel quale occupa il seggio o vota.

Stipendi e rimborsi spese per membri – articolo 54. Dei membri dell'Assemblea Nazionale dovranno avere il diritto d'ottenere degli stipendi e dei rimborsi spese di tale entità, come di tanto in tanto può essere fissato dall'Assemblea Nazionale tramite legge.

Presentazione ed approvazione di disegni di legge – articolo 55.
(1) Nessun disegno di legge concernente l'imposizione, l'abolizione, l'esenzione, la modifica o la disciplina d'una qualsiasi tassa o la disciplina d'un prestito o la concessione d'una garanzia da parte del governo del Tibet, potrà essere presentata o trattata salvo che su raccomandazione del Kashag. Premesso che una mozione di modifica od integrazione sancente la riduzione o l'abolizione d'una qualsiasi tassa non necessiterà di tale raccomandazione.

(2) Un disegno di legge non dovrà essere ritenuto sancente una qualsiasi materia specificata nel comma precedente soltanto perché sancisce l'imposizione di multe od altre penalità pecuniarie o la domanda od il pagamento di diritti per licenze o compensi per servizi resi.

(3) Un disegno legge che signifcihi in qualsiasi modo una spesa per il governo del Tibet non potrà essere approvato dall'Assemblea Nazionale senza raccomandazione del Kashag.

(4) Soggetto alle norme dei commi precedenti, ogni membro dell'Assemblea Nazionale può presentare un disegno di legge o presentare una qualsiasi risoluzione o proporre una qualsiasi modifica od integrazione d'un disegno legge.

(5) Tutti i disegni legge o risoluzioni presentati da un membro privato e tutti i disegni di legge proposti dal Kashag dovranno essere trasmessi per l'esame a dei comitati nominati apposta a tale scopo, se cosí viene richiesto.

Budget annuale – articolo 56. (1) Il Kashag dovrà presentare all'Assemblea Nazionale un budget delle entrate ed uscite stimate per ogni anno.

(2) Le spese stimate contenute nel budget dovranno dimostrare separatamente a) le somme richieste per coprire le spese alle quali lo Stato è obbligato secondo il comma successivo e b) le somme richieste per coprire le spese proposte.

(3) Le seguenti spese dovranno essere ritenute obbligatorie per lo Stato:

a) delle spese necessarie per l'ufficio e la dignità di S.S. il Dalai Lama

b) lo stipendio ed i rimborsi spese del Presidente e del Vicepresidente dell'Assemblea Nazionale

c) gli stipendi, i rimborsi spese e le pensioni dovute ai giudici della Corte Suprema

d) debiti dei quali risponde il governo, inclusi gli interessi e gli oneri per fondi d'ammortamento ed oneri per ammortamento

(4) per quanto riguarda le spese obbligatorie dello Stato, queste non dovranno sottostare al voto dell'Assemblea Nazionale, ma niente in questo comma dovrà essere costruito in modo da evadere la discussione nell'Assemblea Nazionale d'una voce qualsiasi.

(5) Per quanto riguarda le voci concernenti altre spese, queste dovranno essere presentate sotto forma di mozioni per la concessione all'Assemblea Nazionale, e l'Assemblea dovrà avere il potere d'accogliere o rifiutare una qualsiasi mozione o di accogliere una domanda a condizione d'una riduzione dell'ammontare ivi specificato.

(6) Regole di procedura – articolo 57. L'Assemblea Nazionale dovrà emanare delle regole per la disciplina della sua procedura e la conduzione dei suoi affari, ferme restando le norme di questa costituzione.

Restrizioni di discussione – articolo 58. Nessuna discussione dovrà aver luogo nell'Assemblea Nazionale riguardo alla condotta d'un giudice della Corte Suprema nello svolgimento dei suoi doveri, salvo che su mozione di rivolgersi a S.S. il Dalai Lama con la preghiera di rimuovere il giudice come sancito piú sotto.

Promulgazione di ordinanze da parte di S.S. il Dalai Lama – articolo 59. (1) Se in un qualsiasi momento, mentre l'Assemblea Nazionale non è in sessione, S.S. il Dalai Lama è convinto che sussistano le circostanze che gli rendono necessaria ed urgente un'azione immediata, egli può, dopo consultazione con la Commissione Permanente dell'Assemblea Nazionale, promulgare tali ordinanze, come le circostanze gli sembrano di richiedere.

(2) Un'ordinanza promulgata secondo quest'articolo dovrà avere lo stesso rigore ed effetto come una legge dell'Assemblea Nazionale, ma su proposta dell'Assemblea Nazionale ogni tale ordinanza potrà essere integrata, modificata o revocata da S.S. il Dalai Lama.

Consenso a disegni legge – articolo 60. Quando un disegno di legge è stato approvato dall'Assemblea Nazionale, esso dovrà essere presentato a S.S. il Dalai Lama, e S.S. il Dalai Lama dovrà dichiarare o che acconsente al disegno di legge o che ne rifiuta il consenso. Premesso che S.S. il Dalai Lama può, dopo la presentazione del disegno di legge per il suo consenso, ritornare il disegno legge all'Assemblea Nazionale con un messaggio che chiede che venga riconsiderato il disegno legge o delle qualsiasi norme di questo ed in particolare venga considerata la desiderabilità d'apporre tali modifiche o integrazioni, come può essere raccomandato nel messaggio.

Corti senza diritti d'inchiesta sui dibattiti e provvedimenti dell'Assemblea Nazionale – articolo 61. (1) La validità di qualsiasi dibattito dell'Assemblea Nazionale non dovrà essere posta in discussione a causa d'una irregolarità di procedura allegata.

(2) Nessun membro dell'Assemblea Nazionale cui questa costituzione ha conferito il potere di regolare la procedura o la condotta degli affari o curare il mantenimento dell'ordine dell'Assemblea Nazionale dovrà essere soggetto alla giurisdizione d'una corte riguardo all'esercizio dei suoi poteri.

Capitolo VII

DELLA GIURISDIZIONE

Costituzione della Corte Suprema – articolo 62. (1) Ci dovrà essere una Corte Suprema costituita da un Giudice Superiore e fino a quando l'Assemblea Nazionale non prescrive un numero piú ampio tramite legge, da non piú di tre altri giudici.

(2) Ogni giudice della Corte Suprema dovrà essere nominato da S.S. il Dalai Lama e dovrà esercitare il suo ufficio fino a quando piace a S.S. il Dalai Lama, se non è rimosso prima da una maggioranza di due terzi dell'Assemblea Nazionale e con l'approvazione di S.S. il Dalai Lama. Premesso che nel caso di nomina d'un giudice, che non sia il Giudice Superiore, il Giudice Superiore dovrà essere consultato.

(3) Nessuno dovrà essere qualificato alla nomina di giudice della Corte Suprema, se non è tibetano ed è stato per almeno cinque anni giudice d'una Corte Regionale o più od altre Corti successive od è stato per almeno dieci anni un avvocato iscritto presso la Corte Regionale o la Corte Suprema. Premesso che per un periodo di cinque anni dall'entrata in vigore di questa costituzione, S.S. il Dalai Lama può dispensare dai requisiti di questo comma nel caso di una o tutte le nomine in base a questo articolo.

(4) Ogni persona nominata Giudice della Corte Suprema dovrà, prima d'entrare nelle sue funzioni, prestare e sottoscrivere un giuramento od una dichiarazione in luogo di giuramento secondo la forma prescritta dall'Assemblea Nazionale tramite legge dinanzi a S.S. il Dalai Lama.

Stipendi ecc. di giudici – articolo 63. (1) Dovranno essere pagati ai giudici della Corte Suprema tali stipendi, rimborsi spese e pensioni come potrà essere specificato dall'Assemblea Nazionale tramite legge.

(2) Gli stipendi, rimborsi spese ed altri privilegi dei giudici della Corte Suprema non dovranno essere ridotti o modificati a loro detrimento durante la durata del loro ufficio.

Giurisdizione della Corte Suprema – articolo 64. (1) La Corte Suprema dovrà essere la Corte d'Appello più alta e dovrà essere la massima autorità esclusiva dell'amministrazione giudiziaria dello Stato e dovrà esercitare tutti i poteri che sono necessari per lo svolgimento delle sue funzioni conformemente alle regole ed ordinamenti, che possono essere emanati da essa stessa previa approvazione di S.S. il Dalai Lama.

(2) Si potrà ricorrere in appello alla Corte Suprema contro ogni giudizio, decreto od ordine finale d'una Corte Regionale od un tribunale, sia in un procedimento civile, penale od altro, se soddisfa le condizioni che dovranno essere sancite dall'Assemblea Nazionale tramite legge. Premesso sempre che si potrà ricorrere di diritto in appello presso la Corte Suprema, se un caso comporta una questione legale sostanziale riguardo all'interpretazione di questa costituzione.

Diritto speciale all'appello – articolo 65. A prescindere da qualsiasi norma di questa costituzione o qualsiasi altra legge specificante le condizioni per un appello alla Corte Suprema, la Corte Suprema può, secondo il suo giudizio, concedere uno speciale diritto di appello contro ogni giudizio, decreto, sentenza od ordinanza in qualsiasi causa o procedimento passato per una qualsiasi corte od un qualsiasi tribunale.

Regole della Corte – articolo 66. Soggetta alle norme d'una qualsiasi legge emanata dall'Assemblea Nazionale, la Corte Suprema può in tanto in tanto emanare delle regole per la disciplina generale della pratica e della procedura della Corte con l'approvazione di S.S. il Dalai Lama.

Richiesta di opinione della Corte Suprema – articolo 67. Se, in un qualsiasi momento, a S.S. il Dalai Lama sembra che una questione di diritto o di fatto sia stata sollevata o venga probabilmente sollevata che sia di tale natura o di tale pubblica importanza che risulti conveniente richiedere l'opinione della Corte Suprema a tale riguardo, egli può trasmettere la questione a quella Corte per l'esame, e la Corte dovrà, dopo l'ascolto di chi e sulla materia che riterrà opportuno, riferire a S.S. il Dalai Lama la propria opinione su tale questione.

Capitolo VIII
DEL GOVERNO REGIONALE

Regioni dello Stato – articolo 68. (1) Il territorio intero dello Stato dovrà essere suddiviso in regioni come segue:

(2) L'estensione d'ogni regione dovrà essere determinata dall'Assemblea Nazionale con l'approvazione di S.S. il Dalai Lama.

Governatori Regionali – articolo 69. In ogni regione ci dovrà essere un funzionario esecutivo capo direttamente nominato da S.S. il Dalai Lama, che dovrà portare il titolo di Governatore della Regione.

(2) Ci dovrà essere anche un Vicegovernatore in ogni regione eletto dal rispettivo Consiglio Regionale ed approvato da S.S. il Dalai Lama.

(3) Il Governatore e Vicegovernatore dovranno svolgere la loro funzione per tale periodo, come può essere determinato da S.S. il Dalai Lama dopo consultazione con l'Assemblea Nazionale.

(4) Durante l'assenza, la malattia od altra inabilità del Governatore, il Vicegovernatore dovrà svolgere l'ufficio e le funzioni del Governatore.

(5) Gli stipendi del Governatore e del Vicegovernatore dovranno essere fissati dall'Assemblea Nazionale e non dovranno essere ridotti durante il periodo del loro ufficio.

Costituzione di Consigli Regionali – articolo 70. (1) Ci dovrà essere un Consiglio Nazionale in ogni regione consistente di un tale numero di membri, come può essere determinato da S.S. il Dalai Lama dopo consultazione con l'Assemblea Nazionale.

(2) I membri del Consiglio Regionale dovranno essere eletti da persone aventi diritto al voto per l'elezione dei membri dell'Assemblea Nazionale.

(3) L'elezione dovrà tenersi ogni volta che il Governatore la indice dopo consultazione col Kashag.

(4) Ogni Consiglio Regionale dovrà essere in carica per tre anni dalla data della sua prima riunione, e non dovrà essere soggetto a scioglimento salvo per decorso di tempo.

Sessioni del Consiglio Regionale – articolo 71. Il Governatore di ogni regione dovrà fissare, tramite pubblico avviso, i tempi delle sessioni per il Consiglio Regionale che ritiene opportuni. Premesso che ci dovrà essere una sessione di ogni Consiglio Regionale almeno tre volte ogni anno, in modo che non passi un periodo di quattro mesi tra l'ultima seduta del Consiglio in una sessione e la sua prima seduta nella successiva sessione.

Presidente del Consiglio Regionale – articolo 72. Il Governatore, ed in sua assenza il Vicegovernatore della regione dovranno presiedere al Consiglio Regionale, ed il Governatore dovrà emanare delle regole per la disciplina dei suoi dibattiti dopo consultazione col Kashag ed in conformità a tali leggi, come possono essere emanate dall'Assemblea Nazionale a tale riguardo.

Poteri dei Consigli Regionali – articolo 73. Soggetto alle norme di questa costituzione ed alle leggi emanate dall'Assemblea Nazionale, il Consiglio Regionale può regolare le seguenti materie:

a) sanità pubblica e servizio sanitario inclusa l'istituzione, il mantenimento e l'amministrazione di ospedali ed istituzioni caritative

b) educazione primaria e secondaria soggetta a tali leggi, come possono essere emanate dall'Assemblea Nazionale

c) lavori locali ed imprese nell'ambito della regione

d) strade, ponti ed altri lavori di costruzione

e) benessere sociale ed assistenza pubblica

f) irrigazione, agricoltura, allevamento di animali e piccole industrie

g) l'imposizione di punizioni con multe per violazione d'una qualsiasi disciplina della regione emanate in relazione alle materie enumerate in quest'articolo e

h) ogni altra materia, che può essere delegata al Consiglio Regionale dall'Assemblea Nazionale. In caso di conflitto tra una disciplina del Consiglio Regionale ed una legge emanata dall'Assemblea Nazionale dovrà prevalere quest'ultima.

Relazioni – articolo 74. Alla fine di ogni anno, il Governatore di ogni regione dovrà sottoporre al Kashag una relazione dettagliata concernente il lavoro svolto dal Consiglio Regionale, e tutti tali rapporti dovranno essere presentati all'Assemblea Nazionale.

Capitolo IX

RIORGANIZZAZIONE

Riorganizzazione dei dipartimenti pubblici – articolo 75. Al piú presto possibile, dopo l'entrata in vigore di questa costituzione S.S. il Dalai Lama dovrà nominare una Commissione per il Servizio Pubblico, che dovrà emanare delle raccomandazioni per quelle misure di riorganizzazione dei dipartimenti del servizio pubblico, come potrà essere necessario.

Commissione per i Servizi Pubblici – articolo 76. Dopo che le norme di questa costituzione saranno entrate in vigore, S.S. il Dalai Lama dovrà nominare una Commissione Permanente per i Servizi Pubblici con tali poteri ed obblighi riguardo alla nomina, disciplina, il pensionamento, le dimissioni dei funzionari pubblici, come S.S. il Dalai Lama può determinare dopo consultazione con l'Assemblea Nazionale.

Capitolo X

MODIFICHE ED INTEGRAZIONI DELLA COSTITUZIONE

Procedura per la modifica ed integrazione costituzionale – articolo 77. (1) Questa costituzione od una qualsiasi norma della stessa può essere integrata, modificata o variata da una legge approvata con una maggioranza di due terzi del numero totale di membri dell'Assemblea Nazionale ed approvata da S.S. il Dalai Lama.

(2) S.S. il Dalai Lama può determinare che ognuna di tali integrazioni o modifiche sia sottoposta a referendum, e ogni tale integrazione o modifica non dovrà entrare in vigore, se non è stata ratificata da una maggioranza di due terzi degli elettori aventi diritto al voto per le elezioni all'Assemblea Nazionale.

(3) Niente in quest'articolo dovrà essere ritenuto atto a conferire un qualsiasi potere o autorità all'Assemblea Nazionale d'intaccare in qualsiasi maniera lo stato e l'autorità di S.S. il Dalai Lama quale Capo Spirituale dello Stato.

Bibliografia

In lingua italiana:

Le Religioni del Tibet
    di Giuseppe Tucci
    Edizioni Mediterranee (Roma) 1986

Tibet, Provincia indomita di un Impero
    di Marco Restelli
    "Storia Illustrata" n. 375 - (Milano) febbraio 1989

Astrologia Tibetana
    di Luciana Maringelli
    Edizioni Mediterranee (Roma) 1985

Nel Tibet ignoto
Lo straordinario viaggio di Ippolito Desideri
    di Augusto Luca
    Edizioni EMI - Servizio Missionario (Bologna) 1987.

Il Libro Tibetano dei Morti
    a cura di Namkai Norbu
    Edizioni Newton Compton (Roma) 1985

Il Nuovo Ramusio
I Missionari italiani nel Tibet e nel Nepal
    7 volumi editi da "La Libreria dello Stato" (Roma) 1952

Guida al Tibet
    di Paolo Oliaro
    edito da CDA - Centro Documentazione Albina (Torino) 1987

Indo-Tibetica
    di Giuseppe Tucci
    4 volumi in 7 tomi editi dalla Reale Accademia d'Italia
    nella collana Studi e Documenti (Roma) 1932-XI, 1941-XIX

Cronaca della Missione scientifica Tucci nel Tibet Occidentale 1933
    di G. Tucci - E. Gheresi
    edita da Reale Accademia d'Italia (Roma) 1934-XII

La Prima Missione Cattolica nel Tibet
    di Giuseppe M. Toscano
    edito dall'Istituto Missioni Estere (Parma) 1951

Il Giornale di Fra' Cassiano da Macerata, Missionario in Tibet
    di Maurizio Marini
    edito da L'Universo n. 3 - 1954

Visioni Orientali
    di Edvige Toeplitz Mrozowska
    Mondadori Editore (Milano) 1930

Tibetani in Svizzera
    di Antonio Marazzi
    Franco Angeli Editore (Milano) 1975

Segreto Tibet
    di Fosco Maraini
    edito da: Leonardo da Vinci Editrice (Bari) 1959; Dall'Oglio Editore (Milano) 1984

Messaggio dal Tibet all'Occidente e all'Italia
    di Kwang Hsih
    Sesante Edizioni (Roma) 1946

La Compana Ferita
    di Silvano Garello
    Tipografia Editrice ESCA (Vicenza) 1987

Tibet (Patria perduta)
    di Norbu-Harrer
    Garzanti Editore (Milano) 1960

Tibet Ignoto
    di Giuseppe Tucci
    New Compton Editori (Roma) 1985

Tra Giungle e Pagode
    di Giuseppe Tucci
    Edizioni La Libreria dello Stato (Roma) 1953

Figlia del Tibet
    di Rinchen Dolma Taring
    Serra e Riva Editori (Milano) 1988

Con i Lama del Tibet
    di Paul Arnold
    Città Nuova Editrice (Roma) 1972

Un Lama Tibetano alla ricerca della Verità
(La vita e l'insegnamento di Chesce Rabten)
    Che Pel Ling Edizioni (Milano) 1984

A Lhasa e Oltre
    di Giuseppe Tucci
    Edizioni New Compton (Roma) 1980

Alla scoperta del Tibet
Relazione dei Missionari del Secolo XVII
    di Giuseppe M. Toscano
    Edizioni EMI-Bologna 1977

Il Potere Latente
    di Antonio Marazzi
    Franco Angeli Editore (Milano) 1979

Tenzin Gyatzo (XIV Dalai Lama)
Benevolenza, chiarezza e introspezione
    Edizioni Ubaldini (Roma) 1980

La Civiltà Tibetana
    di Rolf Alfred Steiner
    Edizioni Einaudi (Torino) 1986

Il Dalai Lama ci parla
    di John F. Avedon
    Edizioni Chiara Luce (Pomaia-Pisa) 1986

Un approccio umano alla Pace mondiale
    di S. S. il XIV° Dalai Lama
    Edizioni Chiara Luce (Pomaia-Pisa) 1985

Intervista con S. S. il XIV° Dalai Lama
    di Piero Verni
    Edizioni Fiore d'Oro (Milano) 1981

Il buddhismo del Tibet e la chiave per la via di mezzo
    di Tenzin Gyatso XIV° Dalai Lama
    Edizioni Astrolabio Ubaldini (Roma) 1976

L'apertura dell'Occhio della Saggezza
    di Tenzin Gyatso XIV° Dalai Lama
    Edizioni Astrolabio Ubaldini (Roma) 1982

Il Tibet
    di Marino Omodeo-Sale
    Mursia Editore (Milano) 1989

Il Dalai Lama
Grande Oceano di saggezza
    di Roger Hicks e Ngakpa Cho
    Edizioni Armenia (Milano) 1989

Dizionario Buddhista
    di Christmas Humphreys
    Ubaldini Editore (Roma) 1982

Il Dalai Lama
    Dall'Olio Editore (Milano) 1989

In lingua tedesca

Tibet
    di Helfried Weyer
    Ed. Eulen Verlag (Friburgo/Br.) 1988

China Sonne über Lhasa
    di Han Suyin
    Ed. Droemer-Knauer Verlag, 1980

Wiedersehen mit Tibet
    di Heinrich Harrer
    Ed. Ullstein Sachbuch Verlag, 1986

Sieben Jahre in Tibet
    di Heinrich Harrer
    Ed. Ullstein Verlag, 1984

Ein Interview mit dem Dalai Lama
    di John F. Avedon
    Ed. Diamant Verlag Jägerndorf, 1985

Dalai Lama - mein Leben und mein Volk
    Ed. Knaur Verlag, 1962

Dalai Lama (Weiter Ozean)
    Ed. Synthesis Verlag, 1985)

Tibet - Wahrheit und Legende
    di Martin Grassnick, Horst Kitzki, Roland Nyffeler
    Ed. Badenia Verlag (Karlsruhe) 1982

Gebet Tibetflüchtlingen eine Chance!
    di Ernst Wiederkehr
    Ed. Raeber Verlag (Lucerna) 1970

Denn wir sind Menschen voller Hoffnung
    di Michael von Brück
    Ed. Chr. Kaiser Verlag (Monaco) 1988

Dalai Lama-ausgewählte Texte
    Ed. Wilhelm Goldmann Verlag (Monaco) 1987

Mythos Tibet
    di Michael Taylor
    Ed. Georg Westermann (Braunschweig) 1988

Der Dalai Lama
    di Antoine Borromée - Dagpo Rimpoché
    Ed. Dianus Tricont Buchverlag (Monaco) 1984

Tibeter über Tibet
    China im Aufbau Verlag (Pechino) 1988

Tibet - ein vergewaltigtes Land
    di Petra Kelly e Gert Bastian
    Ed. Rowohlt Taschenbuch Verlag (Amburgo) 1988

Tibet
    di Klemens Ludwig
    Ed. C.H. Beck'sche (Monaco) 1989

Die Gespräche im Bodhgaya mit S. H. dem Dalai Lama
    Ed. Aquamarin Verlag (Grafing) 1989

Sein Leben in Tibet
    di Peter Aufschnaiter
    Ed. Steiger Verlag (Berwang-Tirolo) 1988

Bhutan - Ladakh - Sikkim
    di Willi Senft/Bert Katschner
    Ed. Leopold Stocker Verlag (Graz-Stoccarda) 1979

Widerstand in Tibet
    di Michael Alexander
    Tibet Information Service (Langenfeld) 1989

Tibet - Versuch einer geopolitischen Analyse
    di Michael Alexander
    Tibet Information Service (Langenfeld) 1989

Tibet - Traum oder Trauma
    Ed. Verein der Tibeter in Deutschland e.V.
    Gesellschaft für bedrohte Völker (Göttingen) 1987

Bucher's Tibet
    di Peter Thiele
    Ed. Verlag C.J. Bucher (Monaco) 1988

In lingua inglese:

The quest for universal responsability
(Human Rights Violations in Tibet)
    di Howard C. Sacks
    Ed. "Information Office, Central Tibetan Secretariat (Dharamsala, India) 1983

A long look homeward
(An interview with the Dalai Lama of Tibet)
    di Glenn H. Mullin
    Ed. The Tibetan Cultural Center - Potala Publications (New York) 1987

His Holiness the XIV° Dalai Lama of Tibet
   Ed. Office of Information - Central Tibetan Secretariat
   (Dharamsala, India) 1988

A survey of Tibetan history
   di Tenzin P. Atisha
   Ed. Information Office of His Holiness the Dalai Lama (New Delhi) 1984

From liberation to liberalisation
Views on Liberalised Tibet
   Ed. Information Office of His Holiness the Dalai Lama (New Delhi) 1982

The Status of Tibet
(A bief summary 1959 Tibet Documents)
   Ed. Information Office-Central Tibetan Secretariat
   (Dharamsala, India) 1987

Five point Peace plan for Tibet
   Ed. Information Office of His Holiness the Dalai Lama (New Delhi) 1988

1987 Uprising in Tibet
   Ed. Assembly of Tibetan People's Deputies (Dharamsala) 1988

Address to Members of the European Parliament by His Holiness the Dalai Lama and press comments
   Ed. Office of Information Central Tibetan Secretariat
   (Dharamsala, India) 1988

Tibet - 84
(25 Years of Struggle and Reconstruction)
   Ed. Samphel-Organizing Committee, Tibet 84 (New Delhi, India) 1984

"Evading scrutiny
Violations of Human rights after the closing of Tibet
   Ed. Asia Watch (Washington) 1988

"Human rights in Tibet
   Ed. Asia Watch Report (Washington) 1988

Tibet - a political history
   di Tsepon W. D. Shakabpa
   edito da: Potala Publications (New Jork) 1984

Red star over Tibet
>di Dawa Norbu
>edito da: Sterling Publishers Private Limited (New Delhi, India) 1987

Tibetan life in exile
>The Council for Home Affairs of His Holiness the Dalai Lama
>(Dharamsala - India) 1987

Tibetan National Flag
>Library of Tibetan Work + Archives
>(Dharamsala - India) 1980

Constitution of Tibet
His Holiness the Dalai Lama
>(New Delhi - India) 1963

Dharmsala - a little Lhasa in India
>Information Office of His Holiness the Dalai Lama
>(Dharamsala - India)

Tibet: The Facts
>Tibetan Yong Buddhist Association
>(Dharamsala - India) 1986

Tibetan Children Village Dharamsala
>Silver Jubilee/Year
>Others Before Self (Dharamsala - India) 1985

Books on Tibetan
>by Library of Tibetan Works + Archives
>(Dharamsala - India)

Tibetan Buddhism - past and present
>by Council for Religious and Cultural Affairs of H. H. the Dalai Lama
>(Dharamsala - India) 1982

Glimpses of Tibet to day
>edito da: Information Office of His Holiness the Dalai Lama
>(Dharamsala - India) 1978

Four Rivers, Six Ranges
>di Grompo Tashi Andrugtsang
>edito da: Information and Publicity Office of His Holiness the Dalai Lama
>(Dharamsala - India) 1973

The Necklace of Gzi: A cultural History of Tibet
   di Namkhai Norbu
   edito da: Information Office of His Holiness the Dalai Lama
   (Dharamsala - India) 1981

1987 Uprising in Tibet
   by Assembly of Tibetan People's Deputies
   (Dharamsala - India) 1988

His Holiness the XIV Dalai Lama
   edito da: The Information Office of His Holiness the Dalai Lama
   (Dharamsala - India) 1982

Tibetans in exile
   edito da: Information Office Central Tibetan Secretariat
   (Dharamsala - India) 1981

In exile from the Land of Snow
   di John F. Avedon
   by Wisdom Publication (Londra) 1985

Tibet - Self Determination in Politics Among Nations
   di Swarn Lata Sharma
   by Criterion Publications (New Delhi - India) 1988

The Status of Tibet
(History, Rights and Prospects in international Law)
   di Michael C. van Walt van Praag
   Westview Press - Boulder (Colorado - USA) 1987

A History of Tibet - Book 1
The Land of Snow
   di Christopher Gibb
   edito da: Tibetan Children's Village (Dharamsala - India) 1984

A History of Tibet Book 2
Indipendance To Exil
   di Christopher Gibb
   edito da: Tibetan Children's Village (Dharamsala - India) 1987

A Survey of Tibet
   Ed. Tibet People's Publishing House 1987

Tibet on The Roof of The World
   Ed. China Esperento Press (Pechino) 1987

In lingua francese

"Le Tibet et La République Populaire de Chine
(Rapport présenté à la Commission Internationale de Juristes par le Comité Juridique d'Enquète sur la question du Tibet)
Ed. Commissione Internazionale dei Giuristi (Ginevra) 1960

Mon Pays et mon Peuple
Mémoires du Dalaï Lama
Ed. Editions Olizane (Ginevra) 1988

Fonti delle fotografie

Tibet Photo Service
(Upper-Dharamsala, India)

Bundesbildstelle der Presse und Informationsamt der Bundesregierung (Bonn)

DPA-Deutsche Presse Agentur (Amburgo)

Archivio dell'autore (Stoccarda)

Finito di stampare
nel mese di maggio dell'anno 1990
dalla Grafischena s.r.l.
Fasano di Brindisi (Italia)